3052. juin

PROCÈS-VERBAL
DE L'ASSEMBLÉE
DE NOSSEIGNEURS
DES
ÉTATS GÉNÉRAUX
DU PAYS ET COMTÉ
DE PROVENCE.

A AIX,
De l'Imprimerie de B. Gibelin-David, & T. Emeric-David,
Avocats, Imprimeurs du Roi & des États de Provence.

M. DCC. LXXXVIII.

PROCÈS-VERBAL

DE L'ASSEMBLÉE

DE NOSSEIGNEURS

DES ÉTATS GÉNÉRAUX

DU PAYS ET COMTÉ

DE PROVENCE

Convoquée en la Ville d'Aix au 30 Décembre 1787.

DÉLIBÉRATIONS ET ORDONNANCES FAITES par les Gens des Trois Etats du Pays & Comté de Provence, convoqués par autorité du Roi au trentieme jour du mois de Décembre mil sept cent quatre-vingt-sept, pour commencer le lendemain trente-un dudit mois ; auquel jour lesdits Gens des Trois Etats se sont assemblés dans l'Eglise du Collège Royal-Bourbon de cette Ville, par-devant MONSEIGNEUR L'ARCHEVEQUE D'AIX, Président.

Les Trois Ordres se sont rendus à l'Eglise du College Royal-Bourbon, & ont pris leur place, ainsi qu'il est dit dans le Cérémonial qui avoit été convenu entre MM. les Commissaires du Roi, & MM. les Représentans des Trois Ordres.

Dès que les trois Ordres ont eu pris leur séance, Monseigneur l'Archevêque d'Aix, Président des Etats a dit, qu'il convenoit de députer les Greffiers des Etats, pour avertir MM. les Commissaires du Roi que les Etats étoient assemblés.

Mes. de Regina & Ricard, Greffiers des Etats, se sont rendus chez MM. les Commissaires du Roi, dans l'ordre de marche rappellé dans le Cérémonial, & leur ont dit, qu'ils avoient l'honneur d'être députés par les Etats pour les avertir que l'Assemblée étoit formée.

MONSEIGNEUR LE COMTE DE CARAMAN, Lieutenant Général des Armées du Roi, Lieutenant Général de Sa Majesté en la Province de Languedoc, Grand-Croix de l'Ordre royal & militaire St. Louis, Commandant en Chef dans ce Pays & Comté de Provence, & MONSIEUR DES GALOIS, Chevalier, Marquis de Saint-Aubin, Vicomte de Glené, Seigneur de La Tour, Bourbon-Lancy, Chezelles, Dompierre, & autres lieux, Conseiller du Roi en tous ses Conseils, Maître des Requêtes, honoraire de son Hôtel, Premier Président du Parlement d'Aix, Intendant de Justice, Police & Finances en Provence, Commissaires de Sa Majesté, sont venus à l'Eglise où les Etats étoient assemblés. L'ordre de la marche est retracé dans le Cérémonial.

Ils ont été reçus à la Porte de l'Eglise par huit Députés du Tiers-Etat, & à l'entrée intérieure, par quatre Députés de la Noblesse.

Le Clergé & les autres Membres des Etats étoient à leur place, debout.

MM. les Commissaires du Roi ayant pris leur place dans l'Assemblée :

MONSEIGNEUR LE COMTE DE CARAMAN a remis à Me. de Regina, l'ancien des Greffiers des Etats, qui s'est avancé pour la recevoir, la lettre close de Sa Majesté aux Etats.

Me. de Regina, Greffier des Etats, a fait lecture de ladite lettre close, dont la teneur suit :

DE PAR LE ROI, COMTE DE PROVENCE. *Lettre du Roi aux Etats.*

TRES-CHERS ET BIEN AMÉS, Ayant jugé à propos de convoquer l'Assemblée des Trois Etats de notre Pays & Comté de Provence, pour les causes & considérations plus particuliérement contenues en nos lettres que nous avons fait expédier à cette fin, & que nous avons adressées à notre cher & bien amé le sieur Riquet Comte de Caraman, Lieutenant Général de nos Armées, Lieutenant Général en notre Province de Languedoc, Grand-Croix de l'Ordre Royal

& Militaire de St. Louis, Commandant en chef pour notre service en notre Pays & Comté de Provence, & à notre amé & féal le sieur de La Tour, Conseiller en nos Conseils, Premier Président en notre Cour de Parlement d'Aix, & Intendant de Justice, Police & Finances en notredit Pays & Comté, desquels vous apprendrez plus particuliérement nos intentions. A CETTE CAUSE, nous vous prions, & néanmoins mandons d'ajouter entiere créance en tout ce qu'ils vous diront de notre part, & de faire suivre leurs demandes des effets que nous devons attendre de votre zele & affection comme nos bons & loyaux sujets : Si n'y faites faute ; CAR tel est notre plaisir. DONNÉ à Versailles le vingt-huit Novembre mil sept cent quatre-vingt-sept. *Signé*, LOUIS. *Et plus bas*: LE BARON DE BRETEUIL.

Discours de Monseigneur le Comte de Caraman.

Après quoi, MONSEIGNEUR LE COMTE DE CARAMAN s'est découvert, a salué l'Assemblée, a dit : MESSIEURS, s'est recouvert, ainsi que les Etats, & a dit :

L'ASSEMBLÉE générale des Etats de Provence vient d'être convoquée après cent quarante-sept ans d'interruption.

Quel grand spectacle, & qu'il est intéressant pour ceux qui ont l'honneur de vous porter les volontés du Roi !

Son amour pour ses Sujets du Comté de Provence s'étend sur tous les Ordres, sur toutes les Classes qui le composent. Elles doivent également participer à l'intérêt paternel qu'il prend à leur félicité.

Sa bonté voudroit connoître le principe du bonheur de chacun de fes Sujets, & le vœu de fon cœur feroit de prévenir leurs defirs.

C'eft là, Messieurs, l'objet de la convocation des Etats généraux du Comté de Provence tels qu'ils étoient en 1639.

L'Adminiftration intermédiaire a fans doute des droits à votre reconnoiffance. Le zele le plus infatigable pour foutenir les intérêts de la Patrie, la conftance la plus inébranlable pour conferver fes droits conftitutifs, fes foins empreffés pour répartir avec égalité les charges indifpenfables, tout doit mériter aux Citoyens zélés qui ont rempli ces importantes fonctions, des témoignages authentiques de votre fatisfaction.

Mais leur nombre ne répondoit pas à l'étendue de leur travail; & le Clergé, ainfi que la Nobleffe, ne pouvoient contribuer à l'avantage général que par un petit nombre de Repréfentans de ces deux Corps.

Le vœu de tous les Ordres étoit pour la convocation de l'Affemblée des Etats, & chaque Provençal étoit jaloux d'employer fon zele, fes lumieres, & fon crédit pour la profpérité de la Nation. C'eft cette profpérité que le Roi vouloit; & plus il y aura de Citoyens occupés d'en découvrir les principes, & de les porter aux pieds du Trône, & plus son cœur trouvera de douceur à connoître toute l'étendue des besoins qui doivent exciter sa bonté.

Vous voilà donc réunie, Nation fidele autant qu'éclairée; Clergé respectable par vos fonctions augustes, & votre étude approfondie des intérêts qui vous sont confiés; Noblesse antique dont le sang coula tant de fois pour vos Rois, dont vous ornez & défendez le Trône; Officiers municipaux toujours occupés de conserver les droits du Peuple sans cesser d'offrir le fruit de ses travaux pour augmenter la gloire & l'honneur de la France.

Qu'il est flatteur pour moi, MESSIEURS, d'être à portée de rendre compte de la sagesse de vos Délibérations, de vos soins pour augmenter l'agriculture, le commerce & la circulation intérieure & extérieure de la Provence; pour répandre dans tous les Etats cette instruction si essentielle à l'ordre & à la tranquillité publique, pour fournir aux Cultivateurs & aux Artisans les avantages nécessaires aux progrès de leur culture & de leur industrie, pour réparer leurs malheurs, & pour établir par-tout une sage économie, en assurant cependant aux habitans des Villes & des Campagnes tout ce qui peut contribuer au bonheur & à l'agrément de leur vie.

Et comment la Nation provençale ne prendroit-elle pas un nouvel essor par la réunion de tant de Citoyens éclairés, présidés par un Prélat, dont le nom sera gravé dans les fastes

de

de la Provence, par son zele ardent pour les intérêts du Pays, & par les succès dus à la sagesse de ses démarches, à la justesse de son esprit, & à son ame vraiment patriotique ?

Tandis que l'Assemblée des Etats indiquera les moyens d'augmenter le bonheur public, un Gouverneur dont les ancêtres ont rempli cette importante Dignité sous les anciens Comtes de Provence, s'empressera de joindre ses sollicitations à celles de ces zélés patriotes.

A peine a-t-il été nommé à cette Place éminente, qu'on l'a vu s'occuper d'assurer la tranquillité des habitans de la Ville de Marseille, par une main-forte proportionnée à sa population; d'agrandir son enceinte; d'augmenter l'étendue de son port; de préserver des dangers du feu les trésors qu'elle renferme; de conduire dans ses murs une eau limpide & salutaire; & de fonder la subsistance du pauvre sur les amusemens de la classe aisée des Citoyens. Vous le verrez toujours, Messieurs, porter dans les détails de son Gouvernement une attention suivie, éclairée par son esprit, échauffée par son cœur, & soutenue par son crédit.

Mais la force de la vérité m'emporte, & j'oublie que j'ai l'honneur d'être son neveu.

Conduit par les mêmes principes, un Magistrat dont le nom sera toujours cher à la Provence, & dont les lumieres & la sagesse trouvent également la vérité & les formes qui peuvent la rendre utile; cet ami de la Patrie s'oc-

B

cupera d'accorder les besoins de l'Etat avec les intérêts du peuple, & d'adoucir la levée d'un impôt sans doute nécessaire, mais souvent augmenté par les moyens employés pour sa perception.

Tel est, MESSIEURS, l'apperçu de la félicité qui sera due au travail des Administrateurs du Comté de Provence, & des Terres adjacentes. Leurs justes demandes & leurs sages réglemens seront encore appuyés par deux Tribunaux respectables, également persuadés que la grandeur du Prince n'est fondée que sur le bonheur de ses sujets; & qu'ils ne peuvent mieux témoigner au Roi leur respect & leur zele, qu'en veillant avec la plus grande attention sur les intérêts de ses peuples.

Qu'il en coûte, MESSIEURS, au cœur d'un Roi aussi juste qu'il est bon, de ne pouvoir soulager ses sujets aussi-tôt & autant qu'il le voudroit; mais dans la perception des impôts, il ne considere que le terme qui les fera cesser; dans la forme de la levée, que les moyens les moins onéreux d'y parvenir : Il daigne sacrifier au soulagement de la Nation jusqu'à l'éclat de son Trône ; & son auguste Epouse, pénétrée des mêmes sentimens, s'est empressée de suivre l'exemple de cette sage économie.

Oui, MESSIEURS, vos cœurs sont pénétrés de la plus vive reconnoissance pour le Monarque bienfaisant auquel vous devez votre restauration.

Vous n'oublierez jamais qu'un aussi grand événement est dû aux sages conseils d'un Miniftre, qui ne croit devoir propofer au Roi de fixer les bafes de la Monarchie que fur les droits de l'humanité. En promenant vos regards fur cette grande Affemblée, vous fentez la force d'une Nation réunie pour le bonheur de ceux qui la compofent. Vous ne perdrez point un tems précieux à des difcuffions de rang, de prérogatives & de droits individuels; vous ne ferez animés que par un feul defir, celui de parvenir au bien public par les moyens les plus courts & les plus fûrs. Vos avis réunis ne formeront qu'une feule voix, & cette voix fera celle de la Provence. Parmi tant de plans qui vous feront préfentés, elle vous infpirera le choix de ceux qu'il faut préférer. Vous les clafferez felon leur degré d'utilité; & la fageffe qui aura fixé le vœu de la Nation, préfidera à leur exécution.

A peine ai-je eu le bonheur, MESSIEURS, d'être nommé au commandement du Comté de Provence, que je me fuis occupé de le parcourir avec le defir le plus ardent de connoître fes vrais intérêts. Mon ame s'eft échauffée en voyant les efforts & les fuccès d'une Nation induftrieufe qui a fçu fertilifer les rochers, repouffer par fon courage les ennemis qui avoient ofé pénétrer dans fon fein, & contribuer par une valeur conftante aux fuccès des Flottes & des Armées du Roi; j'ai cru voir, MESSIEURS, par ce qu'elle avoit fait, tout ce qu'elle étoit capable de faire, & je me fuis fenti doublement glorieux d'avoir l'honneur d'être chargé des ordres du Roi, & d'avoir celui de les préfenter à la Nation provençale.

M. de La Tour inftruit comme moi des volontés du Roi, va vous en développer les principes.

Difcours de Monfieur des Galois de La Tour.

MONSIEUR DES GALOIS DE LA TOUR s'eft découvert, a falué l'Affemblée, a dit, MESSIEURS, s'eft recouvert, ainfi que les Etats, & a dit:

QU'IL eft confolant, qu'il eft glorieux pour vous de voir renaître ces Affemblées nationales qui furent inftituées par la fageffe de vos peres, que nos Souverains honoroient de leur confiance, qui ont toujours mérité l'hommage & la reconnoiffance des Citoyens.

Un Prélat, dont l'élévation & le fafte éclipfoit jufqu'à la majefté perfonnelle de fon maître, qui ne connoiffoit d'autre prérogative que celle du pouvoir abfolu qu'il exerçoit lui-même, avoit fufpendu vos fonctions.

Un Monarque qui ne veut regner que par les Loix, qui ne fonde fa grandeur que fur l'amour de fes Sujets, plus occupé de votre bonheur que de fon autorité, vous invite à tracer vous-mêmes les inftitutions falutaires qui doivent vous gouverner; il vous confie les droits les plus jaloux de la fouveraineté.

Jamais aucune Nation ne reçut un témoignage plus éclatant de la confiance de fon Roi. L'Hiftoire ne nous a tranfmis un pareil exemple, que dans cette République ou le Héros qui mérita le nom de Publicola, dit au Peuple le plus célèbre de l'Univers: *Romains, faites vous-mêmes les Loix qui doivent vous rendre heureux.*

Connoiffez tous vos avantages, toute l'importance du miniftere augufte que vous allez remplir.

Travailler pour la gloire du Trône : pofer les bafes permanentes de la félicité publique : donner à votre Patrie des Loix éternelles : devenir les interpretes des befoins des Peuples, les modeles, les garans de leur obéiffance ; voilà le but intéreffant auquel vous devez atteindre ; voilà le grand, l'unique objet de vos Délibérations.

Vous ne pouviez répondre utilement aux vues bienfaifantes du Prince, ni fatisfaire à l'efpoir d'une Province pour qui votre abfence étoit une difgrace, qu'en vous réuniffant fous ces formes antiques qui vous rappellent vos droits & vos devoirs. Ce n'eft qu'en raffemblant les Citoyens de tous les Ordres, qu'on peut parvenir à faire le bien de tous.

Un Ecrivain célebre, né dans une République auftere, qui avoit confacré fa plume à la liberté ; difoit : *J'aurois choifi pour ma Patrie un Pays où le droit à l'Adminiftration fût commun à tous les Citoyens ; je n'aurois point approuvé les Plébifcites, où les Chefs & les plus intéreffés à la confervation de l'Etat auroient été exclus des Délibérations ; où par une abfurde inconféquence, les Magiftrats auroient été privés des droits dont jouiffoient les fimples Citoyens.*

Uniffez-vous donc par ce fentiment noble & vertueux, qui fait céder l'intérêt particulier à l'intérêt général, qui épure les pensées, qui commande les sacrifices, qui dévoue généreusement chaque Citoyen à la Patrie.

Votre sort est dans vos mains ; que l'époque de la réunion commune devienne celle de la prospérité d'une Province que le Souverain confie particuliérement à vos soins.

Quelles ressources la Patrie ne trouvera-t-elle pas dans ces Ministres d'une religion sainte, qui sont établis par la Providence pour être les bienfaiteurs de l'humanité ; dans cette Noblesse qui donne des sujets distingués à toutes les professions qui conduisent à la gloire, qui se dévoue particuliérement au patriotisme & à l'honneur ; dans ces dignes représentans des Cités, qui depuis plus d'un siecle ont conservé avec fidélité & courage, le dépôt précieux de vos maximes & de vos Loix ?

Dans cette circonstance intéressante, l'union des cœurs & des esprits peut seule rendre utile ce concours de lumieres, de talens & de vertus. Clergé, Noblesse, Tiers-Etat, vous n'êtes plus ici que Citoyens.

Respecter la Loi du Prince ; défendre les droits du Peuple ; diriger les institutions particulieres au bien général ; veiller aux besoins de la société, sans s'écarter de l'ordre simple de la nature, répartir les contributions avec justice, distribuer les revenus publics avec économie ; *Disposer les Citoyens à porter docilement & avec liberté, le joug de la félicité publique :*

Telles font les obligations qui vous lient envers le Souverain, la Patrie & les Peuples.

Qelle circonſtance plus favorable pour donner l'eſſor à votre patriotiſme, pour conſommer le grand œuvre du bonheur public! Le tems n'eſt plus où l'Adminiſtration, enveloppée des myſteres de la politique, ſe déroboit à tous les regards.

Un Monarque dont le plaiſir le plus doux eſt de faire le bien, dont l'intérêt le plus cher à ſon cœur eſt la proſpérité du Royaume, donne à toutes les Provinces le droit de s'adminiſtrer elles-mêmes, & les fait participer à la douceur, & aux avantages du Gouvernement paternel dont vous jouiſſez.

Vous l'avez vu raſſembler autour du Trône des hommes dignes de ſa confiance. Il les a interrogés ſur les beſoins des Peuples, il a été éclairé ſur les abus trop long-tems autoriſés ; les plaies de l'Etat ont été découvertes, & il ſe livre au doux eſpoir de réparer tous les maux. Ce Roi citoyen, ce Prince ami de la vérité a ouvert ſon cœur aux juſtes réclamations de ſes Cours, qui lui ont préſenté avec autant de reſpect que de confiance les maximes fondamentales de la Monarchie, qui lui ont expoſé l'affligeante ſituation du Royaume ; il a reconnu, avec un de ſes auguſtes Prédéceſſeurs qui mérite le nom de Grand, *que la parfaite proſpérité d'un Etat eſt que les ſujets obéiſſent aux Princes, que le Prince obéiſſe à la Loi, & que la Loi ſoit droite & toujours dirigée vers le bien public.*

Les vues du meilleur des Princes font secondées par un Prélat qui a développé les plus grands talens, les qualités les plus éminentes, dans l'adminiftration d'une Province importante, dans le gouvernement d'un vafte Diocefe. Il y a laiffé des monumens & des exemples qui perpétueront fa mémoire. Ses premiers pas dans le Miniftere font marqués par des opérations, qui fuffiroient pour honorer la plus longue carriere.

La noble & fage économie s'introduit dans toutes les parties; les établiffemens publics reçoivent une meilleure forme. Le commerce ne fera plus gêné par des barrieres qui arrêtoient fon activité. Une Loi fage, devenue néceffaire, follicitée par l'humanité, la faine politique, la religion même, ramenera dans vos climats des hommes qui foupiroient après leur Patrie, & rapportera leurs richeffes & leur induftrie.

Déja nous voyons l'aurore de ce jour fortuné, où un Souverain digne de l'amour & de la reconnoiffance de fes Sujets, annoncera à la Nation affemblée le rétabliffement de l'ordre, & viendra fceller au milieu d'elle l'alliance fi defirée de l'autorité avec la liberté.

Reconnoiffez la bienveillance particuliere dont le Roi a honoré cette Province, en lui donnant un Commandant auffi digne de fa confiance, que de celle des Peuples. Déja inftruit de l'étendue de vos befoins, il a travaillé dans le fecret & le filence à les faire connoître au Gouvernement. Il a repréfenté avec force la néceffité nécessité de ménager dans la distribution des charges un pays où l'industrie lutte sans cesse contre la Nature. La Renommée vous a annoncé ses talens militaires : sa présence vous découvre ses vertus publiques & privées. Destiné aux plus grandes places, il est reconnu digne de les remplir. Ainsi se vérifie cette maxime mémorable d'un grand Ministre, *qui recommandoit aux Princes, qui veulent être aimés de leurs Sujets, de ne confier leur autorité qu'à des personnes si estimées, qu'on puisse trouver la cause de leur choix dans leur mérite.*

Vous éprouvez l'heureuse influence d'un Gouverneur sans cesse occupé de vos intérêts. Sous vos Comtes, ses aïeux étoient revêtus des premieres places. Belleval commanda les armées, il éclaira vos Souverains dans les Conseils ; Chef de la Justice, il dicta des Loix que vous suivez encore. Les Peuples étoient assurés de trouver en lui un défenseur : Héritier de son nom, M. le Prince de Beauvau vous fait ressentir les mêmes avantages.

Le Prélat qui vous préside s'est distingué dans tous les tems par son zele pour le bien public, par son attachement constant à la Province. Il a dirigé les Administrateurs du Pays par ses lumieres : il a préparé, il a assuré le succès de leurs démarches par son crédit.

Lorsque dans l'Assemblée des Notables, tous les intérêts publics ont été discutés sous les auspices de la Majesté Royale, que n'avez-vous été témoins de son attention soutenue, de sa vi-

C

gilance éclairée à saisir tout ce qui pouvoit vous être utile, à écarter tout ce qui pouvoit compromettre vos droits & vos libertés.

Si vous jouissez aujourd'hui de l'heureux retour de votre Constitution, quels droits n'a-t-il pas dans cette révolution intéressante, à la reconnoissance publique ?

Eloigné de vous, il a travaillé, dans ces momens difficiles, à fixer sur le sort d'une Province intéressante, la justice & la bonté paternelle du Roi.

Si des circonstances impérieuses n'ont pas permis de vous délivrer de toute nouvelle charge, votre fidélité répond de votre empressement à concourir aux nécessités publiques, au bien & à la gloire de l'Etat.

Aucun sacrifice ne coûtera à vos cœurs, quand un Souverain, pour qui votre amour est sans bornes, déclare lui-même dans une Loi solemnelle : *que les sacrifices les moins pénibles à son ame, sont ceux qu'il consacre à votre bonheur.*

Discours de Monseigneur l'Archevêque d'Aix, Président des Etats.

MONSEIGNEUR L'ARCHEVEQUE D'AIX, Président des Etats, a répondu au nom de l'Assemblée, & a dit :

MESSIEURS,

C'est un beau spectacle que celui d'une Nation qui reprend ses privileges & ses droits; qui rappelle ses formes antiques long-tems en sevelies dans le silence & dans l'oubli; qui retrouve sa Constitution toute entiere posée sur des fondemens que le tems n'a pas pu détruire, & qui n'admet d'autre changement que celui du progrès même de ses lumieres & de ses vertus.

Cette Constitution, respectée par vos anciens Souverains, n'avoit point éprouvé de révolution, quand vos ancêtres, dont j'emprunte le noble langage, se donnerent d'un cœur libre & franc aux Souverains d'un grand Empire. Elle vient au secours de ce brave & malheureux Roi, qui perdit tout, *hormis l'honneur*. Elle n'est point ébranlée au milieu des guerres civiles qui divisent la Provence, comme le reste du Royaume. Elle défend Henri IV contre les séditions intestines & les invasions étrangeres. Elle résiste aux volontés d'un Ministre dont l'altiere puissance, établie sur les ruines de tous les Ordres, semble vouloir élever le Trône, en renversant tous ses appuis. Richelieu n'a point pu l'abattre; & par une inconcevable fatalité, elle disparoît avec lui; elle disparoît, quand il n'y a plus un homme qui puisse l'opprimer du poids de ses talens & de ses injustices, & quand il ne lui reste plus rien à craindre.

Elle conserve cependant sous une forme sage, utile & modeste, & ses principes & ses pouvoirs. Son esprit & ses Loix dirigent une Administration toujours subsistante, qui s'éclaire & se perfectionne. Chaque Ordre maintient ses Assemblées, ses regles & ses usages. C'est la même puissance nationale qui d'abord exerce les pouvoirs des Etats, & qui ne semble y suppléer dans la suite que pour en perpétuer les titres & les droits. Telle est leur force & leur autorité, qu'on leur rend encore hommage, alors même qu'ils ne subsistent plus. On n'a pas pu les détruire : on ne peut pas les oublier. Le vœu des Assemblées générales en rappelle le souvenir. Des Délibérations que la nécessité légitime, ne se proposent d'autre terme que celui du retour des Etats. Les deux premiers Ordres réclament leurs droits, qu'une représentation constante met à l'abri de la prescription. Les Cours Souveraines, dépositaires des opinions, comme des Loix, semblent donner la sanction même de leurs Jugemens aux desirs unanimes de tous les Ordres ; & la Province voit renaître, après cent cinquante ans écoulés, dans toute l'intégrité de ses formes & dans toute l'étendue de ses pouvoirs, sa premiere Constitution.

Un Ministre éclairé, que ses talens & ses vertus ont mis enfin à sa place, fait entendre dans l'éloignement cette voix publique à laquelle il appartient tôt ou tard de décider du sort des affaires humaines. Il aime à consulter cette opinion respectable, qu'il dirigeoit lui-même, quand il n'exerçoit d'autre empire que celui de la raison. Il semble appeller la Nation entiere dans les Conseils de ses Rois. Il emploie les hommes pour les gouverner : il fait concourir tous les Ordres, par les connoissances même qu'il leur donne, au bien qu'il veut leur faire. Un Roi juste, ami du vrai, qui convoqua les Notables de son Royaume, comme il le disoit lui-même, pour lui faire connoître leurs sentimens, & non pour les dissimuler, ne se borne pas à regner fur fes Sujets : il veut les inftruire & les perfuader. Sa fageffe donne à fes Peuples un mouvement dont elle emprunte fa force. Chaque Citoyen, fans quitter fes foyers domeftiques, fans s'égarer dans les erreurs d'une ambition lointaine, peut offrir à fa Patrie le tribut de fes travaux; & l'Adminiftration publique devient ce qu'elle doit être, une correfpondance paifible & conftante de la puiffance du Souverain & de la liberté de la Nation.

Ah! quand une autorité protectrice forme elle-même le lien qui nous unit, quand nous fommes rapprochés par nos intérêts & par nos droits, ne nous féparons pas par nos fentimens. Ne fouffrons pas que l'époque qui nous raffemble, devienne l'époque de nos divifions. Les oppofitions invincibles ne font pas dans les chofes; elles font dans les hommes. Leurs difpofitions décident de leurs deftinées. Il n'y a point d'entreprifes difficiles, quand le defir & l'intérêt commun eft d'en furmonter les difficultés.

Nous rendrons compte avec confiance aux Etats, d'une Adminiftration que leurs principes ont dirigée, & qui femble avoir acquis fa confiftance & fa maturité. Une partie de cette Affemblée fe compofe de ceux qui l'ont perfectionnée par leur zele & par leurs lumieres; & celui qui marche le premier dans l'Ordre de la Nobleffe, a rendu cher à fes Concitoyens un nom confacré par la gloire de la France.

Ces fages Adminiftrateurs ont bien fenti la force que leur donnoit l'ombre même de votre

Constitution, & chaque année a renouvellé leurs efforts & multiplié leurs succès.

Nous avons vu la Province affranchie, par leur sagesse, de ces mêmes impositions perçues dans le reste du Royaume, d'autres impositions compensées par des secours proportionnés, d'autres enfin révoquées, quand la Province en avoit obtenu, & quand elle en conservoit le dédommagement. Nous avons vu le Gouvernement mettre un terme à l'excès de la dépense des Troupes, que la Province ne pouvoit plus supporter. Nous avons vu se répandre de tous côtés l'émulation des travaux publics & des objets utiles. Des communications multipliées ont réparé les pertes, & prévenu la ruine d'une partie de la Province. Ses habitans, qui cherchoient une autre Patrie, sont retenus par des travaux qui doivent sans cesse augmenter leur commerce & leur population ; & des entreprises utiles, fondées sur les secours du Gouvernement, & qui ne coûtent rien à la Province, enrichissent encore la région la plus favorisée par sa position & par son industrie. Chaque Administrateur ajoute tour-à-tour le pouvoir de ses propres talens à celui qu'il emprunte de l'Administration ; & ce mélange heureux de conseil & d'action nous a procuré, je puis le dire, l'avantage d'avoir obtenu du Gouvernement presque toutes les demandes que nous avons formées.

Deux Prélats, destinés par leur naissance, par leur place, & par leurs sentimens à partager les intérêts de la Province entiere, nous ont donné les conseils du zele, de la sagesse, & de l'amitié.

Combien, dans ces circonſtances intéreſſantes, les repréſentans de la Nobleſſe, & ceux qui ſont aſſociés à nos fonctions, & ceux auxquels elle confie ſa propre Adminiſtration, ont ſçu rendre utiles à leur Pays les ſentimens qui les diſtinguent!

Un Gouverneur, qu'anime un ſentiment auſſi noble que ſa naiſſance, auſſi éclairé que ſon ſiecle, auſſi ſimple que l'équité même qui dirige toutes ſes actions, a préſidé lui-même à toutes nos démarches avec un empreſſement qui prévient les demandes, multiplie les ſervices, ſe dérobe à la reconnoiſſance, & ne ſe fait ſentir que par ſes effets.

Un Commandant, qui lui eſt attaché par les liens du ſang, a d'abord exercé de tous les droits de ſa place le plus précieux & le plus honorable, celui d'être utile à la Province. Nos occupations ne lui ſont point étrangeres : il a ſçu réunir les vues d'une grande Adminiſtration, qui lui fut tranſmiſe comme un patrimoine, à ces nobles connoiſſances qui ſervent à la défenſe de la Patrie, & qui donnent les honneurs & la gloire. Inſtruit déja par lui-même des beſoins d'une partie de la Province & de ſes reſſources, il nous prêtera dans les occaſions importantes un appui reſpectable ; & l'autorité du Souverain, toujours dirigée vers des objets utiles, & devenue l'exercice de ſa bienfaiſance, fera chérir aux Peuples leur Gouvernement & leur Patrie.

Nous avons retrouvé dans un Magiſtrat voué

depuis long-tems à tous les intérêts de la Province, les difpofitions & les vues qui pouvoient feules affurer le rétabliffement de votre Conftitution. Rien n'échappe à fes foins de ce qui peut vous être utile. L'homme du Roi devient celui de la Province, & la confiance qu'il infpire aux Miniftres & aux Citoyens, applanit tous les obftacles qui peuvent rallentir la marche de l'Adminiftration. Ses longs fervices ont eu leur véritable récompenfe, celle d'étendre leur objet & leur utilité. L'Etat a réclamé fes droits. Appellé par le choix du Souverain, il a partagé la gloire d'un confeil de Citoyens qui parloient le langage de la liberté pour défendre la caufe de la Patrie.

Un Magiftrat fon Collegue, que nous regrettons de ne pas voir affis parmi vous, plaidoit avec lui dans cette célebre Affemblée les droits de la Province, & montroit fes talens à la Nation. Le Jugement de la Nation a confirmé la voix de la Renommée.

C'eft à vous maintenant, MESSIEURS, c'eft aux Etats à veiller au bien de la Province & au maintien de fa Conftitution. C'eft votre concours qui doit donner à notre zele la force & le fuccès. Nos propofitions les plus importantes attendent de vous leur fanction, & n'auront d'effet que par vos fuffrages; & notre pouvoir confifte à remplir avec fidélité l'objet de vos fages Délibérations.

Puiffe l'union des pouvoirs, des intérêts & des fentimens s'entretenir par les biens mêmes
dont

dont elle doit être la source. Il n'y a rien que le concours de tous les Ordres ne puisse obtenir de la sagesse du Gouvernement. Il n'y a rien qu'un Gouvernement sage ne puisse obtenir du zele & de la confiance de tous les Ordres.

Ainsi les Nations étrangeres se feront vainement flattées dans leur rivalité, qu'un désordre inattendu perdroit le crédit & les ressources de la France.

Il suffit à cette Nation, plus éclairée que les autres, & toujours libre par son caractere, d'être mise en activité. Elle tempere l'autorité de son Gouvernement par ses mœurs : elle dirige, par l'influence toujours puissante de ses opinions, les Loix auxquelles elle obéit : elle répond aux vertus de ses Souverains par l'étendue de ses lumieres, & par le noble essor de sa liberté ; & le simple exercice de ses forces naturelles fait bientôt disparoître jusqu'au souvenir d'un désordre qu'elle répare, & du discrédit d'un moment.

MM. les Commissaires du Roi se sont levés, ont salué M. le Président de l'Assemblée, & se sont mis en marche, précédés de la même députation du Tiers-Etat, & de la Noblesse qui les avoit reçus en entrant, & suivis d'une députation de quatre Evêques, jusques à huit pas plus loin que le dernier banc du Tiers-Etat.

Ils se sont rendus à l'Eglise Métropolitaine de Saint-Sauveur.

D

Après que MM. les Commissaires du Roi sont sortis, Monseigneur l'Evêque de Marseille a remercié, au nom de l'Assemblée, Monseigneur l'Archevêque d'Aix, Président, d'avoir si bien représenté les intérêts de la Province, & le zele de tous ceux qui composent l'Assemblée pour le service de Sa Majesté, en ces termes:

Discours de Monseigneur l'Evêque de Marseille.

MONSEIGNEUR,

Il seroit difficile de vous exprimer toute la reconnoissance que vous doit, & dont est pénétrée la Province, à laquelle vous présidez si dignement :

Elle n'oubliera jamais que c'est à votre zele bienfaisant, & à votre amour du bien public qu'elle doit l'événement mémorable qui nous rassemble ici aujourd'hui. Ses fastes instruiront les races futures qu'elle tient de vos soins & de l'intérêt que vous prenez à sa félicité, la consolation, pour laquelle elle soupiroit depuis long-tems, de voir renaître les beaux jours de son ancienne constitution.

Elle ne peut, il est vrai, que se louer & applaudir à l'esprit de sagesse & de justice qui toujours a distingué ceux des Trois Etats qui, successivement, ont rempli son Administration intermédiaire ; mais en même tems elle ne peut se dissimuler les grands avantages qu'elle a lieu de se promettre de la tenue de ses Etats; avantages, non seulement par le nouveau lustre qui en résultera, mais encore par la force & la dignité de ses Délibérations.

Elle pourra dorénavant, avec plus de fuccès, faire parvenir au pied du Trône fa fituation, fes befoins & fes doléances; fur-tout fous les aufpices d'un Préfident auffi éclairé, auffi juftement confidéré du Gouvernement, & auffi amateur de la vérité & de la juftice.

Quelles fuites heureufes encore, ne doit-elle pas efpérer des bons offices, & du crédit d'un Commandant, non moins recommandable & refpectable par fon caractere de bienfaifance, & fon amour du bon ordre, que par fes titres & fes talens militaires, & qui fait allier les intérêts du Roi & de l'Etat, avec ceux du peuple, & la foibleffe de fes moyens?

Que ne doit-elle pas attendre du zele patriotique d'un Intendant, qui en toute occafion fe montre le pere & le protecteur du Peuple, & dont toute la Province connoît la vigilance infatigable pour le bien public; & enfin de l'efprit de paix, de concorde, & de juftice diftributive, dont font animés tous les Membres de cette illuftre & refpectable Affemblée?

Rien n'eft plus flatteur pour moi, MONSEIGNEUR, que d'être en ce moment l'interprete de fes fentimens, & l'organe de fa jufte reconnoiffance.

Enfuite les Etats fe font rendus à l'Eglife Métropolitaine Saint-Sauveur, dans le même ordre & de la même maniere qu'ils s'étoient rendus à l'Eglife du College royal Bourbon, & ils ont entendu la Meffe du Saint-Efprit.

Les Etats vont en Corps ouïr la Meffe du St. Efprit.

Signé, † J. R. DE BOISGELIN, Archevêque d'Aix, Préfident des Etats de Provence.

Du deuxieme Janvier mil sept cent quatre-vingt-huit.

LES GENS DES TROIS ETATS se sont assemblés dans la Salle de l'Hôtel commun de la ville d'Aix, & pardevant MONSEIGNEUR L'ARCHEVEQUE D'AIX, Président des Etats.

Nomination des Officiers des Etats.

Sur la proposition faite par MONSEIGNEUR L'ARCHEVEQUE D'AIX, Président, que les Etats devoient nommer leurs Officiers, Mes. de Regina, Ricard, & Blanc sont sortis.

MONSEIGNEUR L'ARCHEVEQUE D'AIX, ayant représenté que Me. Blanc avoit rendu de grands services au Pays, les Etats, par acclamation, l'ont nommé Agent.

Ledit Me. Blanc ayant été rappellé, Monseigneur l'Archevêque d'Aix lui a dit que les Etats le nommoient leur Agent.

Ledit Me. Blanc ayant remercié les Etats, a été prêter serment entre les mains de Monseigneur l'Archevêque d'Aix, & a pris sa place.

MONSEIGNEUR L'ARCHEVEQUE D'AIX, Président, a ensuite proposé la nomination de Mes. de Regina & Ricard, pour Greffiers des Etats, & a fait également valoir l'importance de leurs services, & l'exactitude avec laquelle ils s'étoient acquittés jusques à présent des fonctions de cette place.

LES ETATS les ayant nommés par acclamation, il a été obfervé que leur nomination ne devroit être que pour une année; fur quoi, il a été renvoyé à délibérer dans une autre féance, fur la durée de leur exercice.

Lefdits Mes. de Regina & Ricard étant rentrés, Monfeigneur l'Archevêque d'Aix leur a dit que les Etats les avoient nommés pour leurs Greffiers, fauf d'être pourvu fur la durée de leur exercice dans une autre féance, & ils ont remercié les Etats, ont été prêter ferment entre les mains de Monfeigneur l'Archevêque d'Aix, Préfident, & ont pris leur place.

MONSEIGNEUR L'ARCHEVEQUE D'AIX, Préfident, a propofé des Commiffaires dans les trois Ordres, pour la rédaction du procès-verbal; favoir : dans l'Ordre du Clergé, M. le Vicaire général d'Arles; dans l'Ordre de la Nobleffe, M. d'Aiminy de Barreme; dans l'Ordre du Tiers, M. l'Affeffeur d'Aix, M. le Député de la Communauté de Fréjus, & M. le Député de la Viguerie d'Aix; & les Etats les ont agréés. *Commiffion pour la rédaction du procès-verbal.*

Les Sieurs Députés des Communautés de Graffe & de Saint-Maximin, ont dit que les Etats devant être formés comme ils l'étoient en mil fix cent trente-neuf, on devoit pourvoir à la nomination d'un Syndic des Communautés, attendu qu'il y en avoit un dans ceux de mil fix cent trente-neuf. *Demande des Députés des Communautés de Graffe & de St. Maximin pour la nomination d'un Syndic des Communautés.*

MONSEIGNEUR L'ARCHEVEQUE D'AIX, Préfident, a dit, qu'il avoit reçu hier au foir une députation du Tiers-État, relativement à cet objet, qu'on s'en occuperoit dans une commission particuliere; mais qu'au surplus il ne pouvoit être fait aucune requisition ou proposition aux Etats, sans qu'on lui en eût demandé la permission.

Réclamation de M. le Marquis de Trans pour la préséance à tous les Membres de l'Ordre de la Noblesse.

M. le Marquis de Trans, qui n'avoit pas pris sa place dans la rang de la Noblesse, a prié Monseigneur l'Archevêque d'Aix, Président, de permettre qu'il fût fait lecture, par l'un des Greffiers des Etats, de sa requête, tendante à faire ordonner que provisoirement il seroit mis en possession de la préséance à tous les Membres de l'Ordre de la Noblesse.

L'Ordre de la Noblesse a remis un Mémoire présenté par MM. les Syndics à MM. les Commissaires du Roi, pour faire ordonner que la Délibération prise par le Bureau de la Noblesse le seize Décembre dernier, seroit provisoirement exécutée; & ce faisant, que M. le Marquis de Trans prendra sa place, pour les Fiefs qu'il possede en Provence, dans les bancs de la Noblesse, & suivant son âge.

Lecture faite de la requête de M. le Marquis de Trans, du Mémoire de l'Ordre de la Noblesse, & de l'Ordonnance rendue par MM. les Commissaires du Roi, le premier de ce mois, portant que » provisoirement la Délibération du » Bureau de la Noblesse, du seize Décembre » dernier, seroit exécutée suivant sa forme & » teneur; ce faisant, que M. le Marquis de » Trans prendra séance dans les bancs de la

» Nobleſſe, ſuivant le rang de ſon âge, ſauf
» à lui de ſe retirer pardevers le Roi pour faire
» valoir ſes droits & prétentions ; » ladite Or‑
donnance ſignifiée cejourd'hui à M. le Marquis
de Trans, par le miniſtere d'un Huiſſier.

Les Etats conſidérant qu'ils ne peuvent déli‑
bérer qu'après que les pouvoirs des aſſiſtans au‑
ront été légitimés, ont renvoyé la Délibération
à demain.

Signé, † J. R. de Boisgelin, Archevêque
d'Aix, Préſident des Etats de Provence.

*Du troiſieme Janvier mil ſept cent quatre-
vingt-huit.*

Président Monseigneur l'Archeveque
d'Aix.

Me. Ricard, Greffier des Etats, a dit :

» Tous MM. les Députés ont remis au Greffe
» des Etats leurs pouvoirs en bonne forme.

Légitimation des pouvoirs des aſſiſtans aux Etats.

» Dans l'Ordre du Clergé, M. l'Abbé de
» Pazery de Thorame, Vicaire général d'Arles,
» a rapporté la procuration de Monſeigneur
» l'Archevêque d'Arles, par acte du vingt-quatre
» Décembre dernier, reçu par Me. Bertrand,
» Notaire royal à Arles.

» M. l'Abbé de Mazenod, Vicaire général
» de Glandeves, a rapporté la procuration de
» Monſeigneur l'Evêque de Glandeves, par acte

» du vingt-six Décembre dernier, reçu par Me.
» Leon, Notaire à Entrevaux.

» M. l'Abbé de Coriolis a rapporté la pro-
» curation de M. l'Abbé de Saint-Victor-lès-
» Marseille, par acte du quatre Novembre der-
» nier, reçu par Brichard & son Confrere, No-
» taires au Châtelet de Paris.

» M. de Treſſemanes, Commandeur de l'Or-
» dre de Saint-Jean de Jeruſalem, a rapporté
» la procuration de M. de la Croix de Sayve,
» Bailli de Manoſque, par acte du 15 Décem-
» bre dernier, reçu par Mes. Gautier & ſon
» Confrere, Notaires à Grenoble.

» Dans l'Ordre de la Nobleſſe, MM. les
» Gentilshommes préſens aux Etats ont re-
» préſenté la lettre circulaire de convocation
» qui leur avoit été adreſſée par MM. les Syn-
» dics.

» Dans l'Ordre du Tiers-Etat, les Commu-
» nautés qui ont droit de députer aux Etats,
» ont donné leurs pouvoirs aux Maire premiers
» Conſuls, par Délibération de leur Conſeil
» municipal, dont l'extrait a été remis au Greffe
» des Etats.

» La ville d'Arles a envoyé deux Députés.
» La Délibération porte, que ſi par la vérifi-
» cation des anciens Etats, il conſte qu'il n'y
» a eu qu'un ſeul Député qui y ait eu entrée,
» M. du Roure, premier Conſul, y entrera
» en cette qualité.

» La

» La ville de Marseille a député M. le Maire,
» & M. l'Assesseur.

» La Communauté de Tarascon a envoyé
» deux Députés.

» La Communauté de Draguignan a député
» son troisieme Consul, en empêchement du
» premier & du second.

» Les Vigueries ont choisi leurs Députés,
» sans suivre le tour de rôle établi par les an-
» ciens Etats, sauf d'y revenir & de l'établir
» si les Etats actuels l'ordonnent ainsi.

» Quelques Vigueries ont nommé pour Dé-
» putés, un des Consuls des Communautés qui
» étoient présens à l'Assemblée de la Viguerie.
» D'autres Vigueries ont nommé des Possédans-
» biens dans les différens lieux de la Viguerie,
» autres toutefois que les Chefs-lieux.

» Dans les Délibérations dont l'extrait a été
» remis au Greffe des Etats, il n'y a aucune op-
» position ni protestation contre les députations
» faites par les Vigueries de Tarascon, de For-
» calquier, de Sisteron, d'Hieres, de Dragui-
» gnan, de Saint-Paul, de Castellane, de Mous-
» tiers, d'Apt, de Brignolle, de Saint-Maximin,
» de Barjols, d'Annot, de Seyne, & de Colmars.

» La Viguerie de Grasse a député, à la plu-
» ralité des suffrages, Me. Paul Girard, Député
» de la Communauté de Valauris. Il y a eu un
» procès-verbal d'opinions. Le Député de la

E

» Communauté de Vence, & neuf autres Dépu-
» tés ont dit, que la nomination de Me. Girard
» dérogeoit aux droits de la Communauté de
» Vence, qui est la principale de la Viguerie,
» après celle d'Antibes ; qu'il étoit juste & dé-
» cent que le Maire d'un des lieux de la Vi-
» guerie, ou un Consul, fût choisi de préfé-
» rence à un simple Député, & ont protesté.

» La Viguerie de Toulon a député, à la plu-
» ralité de cinq voix contre deux, le sieur Mar-
» tin, Bourgeois, du lieu de la Valette. Les Dé-
» putés de la Communauté de la Seyne & de
» Sixfours ont protesté contre cette nomination,
» ils ont exposé leurs raisons dans un Mémoire
» imprimé qu'ils ont présenté aux Etats.

» La Viguerie de Digne a député, à la plura-
» lité des suffrages, le sieur Audibert, Maire &
» Consul de Mezel. Cinq Députés ont dit que
» suivant le réglement fait dans les Etats de mil
» six cent onze, la députation doit être faite,
» en commençant par les Communautés les plus
» affouagées de la Viguerie, & qu'on auroit dû
» commencer par celle des Mées, & ont pro-
» testé de la nullité de la Délibération prise
» contre la disposition des Réglemens «.

MM. les Députés de la ville de Marseille ont demandé à Monseigneur le Président la permission de parler, & après l'avoir obtenue, ont dit :

Les Députés de la ville de Marseille récla- Qu'une Délibération expresse de la Communauté de Marseille les obligeoit de réclamer contre MM. les Députés de la ville d'Arles, sur le rang qu'ils occupoient dans cette Assemblée, & de se retirer après avoir fait leur protestation. Ils ont lu à cet effet un Mémoire contenant les motifs de leur protestation, qui sera conservé au Greffe des Etats.

ment sur le rang qu'occupent les Députés de la ville d'Arles.

MONSEIGNEUR L'ARCHEVEQUE D'AIX, Président, a répondu que les Etats auroient desiré de n'être pas privés de voir dans leur Assemblée les Députés d'une Ville aussi célebre & aussi intéressante que celle de Marseille, & qu'ils ne pouvoient que témoigner leurs regrets sur ce que MM. les Députés prenoient le parti de se retirer après avoir fait leur protestation.

MM. les Députés de la ville de Marseille ont fait la protestation dont ils étoient chargés, & se sont retirés.

Ils protestent & se retirent.

Les Etats ont renvoyé à une Commission particuliere l'examen des difficultés sur la légitimation des pouvoirs rappellées dans le compte rendu par Me. Ricard, Greffier des Etats, & ils ont accordé provisoirement rang & séance aux porteurs des titres qui étoient contestés, sauf à prononcer ensuite définitivement sur leur entrée ou leur exclusion, d'après le compte qui sera rendu par MM. les Commissaires; ils ont déclaré en même tems qu'en renvoyant à une Commission particuliere l'examen des difficultés qui existent, quant à présent, & qui ne sont relatives qu'aux pouvoirs des Députés du Tiers-Etat, ils n'entendoient pas s'interdire le droit d'examiner, de discuter & juger les titres & la qualité des assistans des deux autres Ordres.

Les Etats renvoyent à une commission particuliere l'examen des difficultés sur la légitimation des pouvoirs des assistans, & accordent provisoirement rang & séance aux porteurs des titres contestés.

E ij

M. Pascalis, Assesseur d'Aix, a requis, pour la conservation du droit des Etats, que MM. les Syndics de la Noblesse certifieroient les Etats, de la légitimité des pouvoirs & des qualités de MM. les Gentilshommes qui sont présens aux Etats.

MM. les Syndics de la Noblesse ont déclaré que les pouvoirs & les qualités de tous les assistans dans l'Ordre de la Noblesse étoient légitimes.

Serment prêté par les Etats.

MONSEIGNEUR L'ARCHEVEQUE D'AIX, Président, a proposé de former l'Assemblée par la prestation du serment; & sur ce qui a été observé, que dans les anciens Etats on avoit cessé de prêter serment, que l'Assemblée générale des Communautés, tenue à Fréjus dans le mois de Février mil six cent trente-six, ayant fait un Réglement pour entendre la Messe chaque jour au nom du St. Esprit & pour la prestation du serment, les Etats de mil six cent trente-neuf délibérerent que ce Réglement seroit exécuté pour la Messe seulement.

La matiere mise en délibération.

Il a été déterminé, par forme de Réglement, qu'à l'avenir, & à commencer dès à présent, tous les assistans aux Etats prêteront, d'abord après la légitimation des pouvoirs, un serment qui n'auroit d'autre objet que de donner l'avis qu'on croiroit le plus utile au service du Roi & de l'Etat, & au bien du Pays.

Et sur ce qui a été proposé, dans le cours des

opinions par plusieurs Députés des Communautés, d'ajouter la clause, » sans préjudice de » la demande de l'établissement du Syndic des » Communautés, » il a été délibéré que l'énonciation de cette clause n'étoit pas nécessaire pour la conservation des droits de l'Ordre du Tiers, relativement au Syndic des Communautés.

Et tout de suite le serment a été prêté; savoir, MM. de l'Eglise, *ad pectus*, MM. de la Noblesse, les Députés du Tiers-Etat & les Officiers du Pays, ayant la main levée à Dieu.

MONSEIGNEUR L'ARCHEVEQUE D'AIX, Président, a dit: que dans les anciennes Assemblées des Etats, M. l'Assesseur d'Aix étoit en usage de prononcer un discours après le serment.

M. Pascalis, Assesseur d'Aix, s'est découvert, a salué l'Assemblée, a dit: MESSIEURS, a remis son chapeau, & a prononcé un discours sur lequel les trois Ordres ont témoigné leur satisfaction. *Discours de M. l'Assesseur d'Aix.*

Teneur du discours.

MESSIEURS,

AVANT de nous livrer au tourbillon des affaires, nous devons nous former de justes idées de l'importance de nos fonctions, & des véritables prérogatives des Assemblées des Pays d'Etat.

Au milieu des événemens politiques qui occupent l'Europe entiere & la Nation, lors même qu'une guerre imminente & l'épuisement des

Finances préfageoient au Peuple une fituation défaftreufe, un nouveau plan d'Adminiftration paroît, la nôtre reffufcite, les playes politiques fe cicatrifent, & l'aurore d'un jour brillant devient l'heureux préfage de la félicité publique.

L'on regarda jadis l'Affemblée des Etats comme le contre-poids de l'autorité royale; l'efprit d'ambition prétexta qu'il étoit dangereux d'accoutumer le Peuple à difputer avec fon Maître: l'efprit d'ordre & de juftice n'a envifagé les Etats que comme la reffource de la Nation, la réunion des lumieres & des moyens, l'occafion d'exciter une honnête émulation, d'inftruire l'Agriculteur, d'animer les Grands de cet efprit de bienfaifance qui leur attire les bénédictions du Peuple, d'alléger le fardeau des charges par une jufte diftribution, & de maintenir entre le Souverain & la Nation cette correfpondance affectueufe par laquelle tous les refforts, fans ceffe en activité, tendent toujours vers le bien général.

Charlemagne, pénétré de la fublimité de ce régime, vouloit l'établir dans tous les Etats; deux de nos plus grands Princes en avoient conçu la même idée, le Duc de Bourgogne & Monfeigneur le Dauphin, pere du Roi: & les projets du pere, le fils les a heureufement exécutés pour notre bonheur & pour fa gloire.

Eh! quel régime plus parfait que celui du pere de famille traitant avec fes enfans des moyens de fubvenir aux befoins communs, fixant la contribution de chacun d'eux proportionnément à ses facultés, & recevant leur tribut comme l'hommage d'une offrande volontaire !

Quelle Administration plus douce que celle qui laisse au Contribuable le choix des moyens de s'acquitter, qui met à couvert des exécutions fiscales, qui confie à des freres l'exaction des deniers publics, & qui, après avoir déterminé les impôts, assure la facilité des recouvremens !

Quel spectacle plus attendrissant que de voir la Nation réunie se diriger par des vues fraternelles : Le Pontife, descendant de ses fonctions sacrées aux soins politiques, nous donner des instructions utiles avec cet esprit de paix, & cette onction qui fut toujours le partage de l'Episcopat ——

Le Gentilhomme déployer avec une noble franchise ces connoissances acquises dont une éducation brillante avoit développé le germe, & mériter de nouvelles prérogatives, par l'abdication volontaire de celles qui lui sont dues ——

Le Tiers, mettant à profit les leçons du Clergé & les lumieres de la Noblesse, se permettre avec confiance & liberté des observations que l'expérience rend plus décisives ; & les uns & les autres, par un concours mutuel, cimenter la paix & l'union, s'exciter réciproquement à l'émulation, se dépouiller de tout intérêt personnel, pour ne s'occuper que de la chose publique ; inspirer les moyens d'assurer la prospérité de l'Agriculture, de multiplier les communications, & avec elles les objets de commerce ; favoriser l'industrie ; encourager les inventions utiles ; & tous enfin rapporter toutes leurs vues à la chose publique !

Tel est, MESSIEURS, le véritable objet de l'institution des Etats. Un Roi juste & bienfaisant nous rappelle à notre ancienne Constitution; la sagesse de vos déterminations & leur tendance perpétuelle vers le bien public feront à ses yeux le gage de votre reconnoissance.

Votre patriotisme & votre union justifieront à M. le Commandant combien vous étiez dignes de recouvrer votre Constitution, & que ce même esprit de justice & de bien public qui l'illustra aux yeux de la Nation, dirige toutes vos démarches.

Le Magistrat qui honora notre premiere séance, a depuis long-tems des droits acquis à notre reconnoissance; & il est enfin permis à la Nation de lui faire l'hommage public de sa sensibilité. Les besoins du Peuple lui furent toujours présens, il en a été constamment le protecteur & le pere.

Le Prélat respectable qui nous a présidé, a déja illustré & enrichi la Province. Homme d'Etat, ses grandes vues ont opéré parmi nous de grands effets. Regardons-le comme le point de réunioin des trois Ordres; & les divers intérêts une fois conciliés par ses soins, vos Etats deviendront l'emblême de la liberté, le symbole de l'union, le triomphe de la reconnoissance, le monument éternel de votre fidélité & de votre amour pour le plus juste des Rois, & le gage immuable de la félicité publique.

Après quoi Me. Ricard, Greffier des Etats, a lu le procès-verbal des séances précédentes.

MONSEIGNEUR

MONSEIGNEUR L'ARCHEVEQUE D'AIX, Président, a dit: qu'il conviendroit d'augmenter le nombre de MM. les Commissaires pour la rédaction du procès-verbal, & a proposé:

Renforcement de la commission pour la rédaction du procès-verbal.

Monseigneur l'Evêque de Digne.

M. de Sade d'Eyguieres.

Le sieur Député de la Communauté de Forcalquier, & le Sr. Député de la Viguerie de Tarascon.

Ce qui a été unanimement délibéré.

MONSEIGNEUR L'ARCHEVEQUE D'AIX, Président, a dit: que les Etats avoient renvoyé à délibérer aujourd'hui sur la réclamation de M. le Marquis de Trans.

Sur quoi, vu la requête présentée aux Etats par M. le Marquis de Trans, le Mémoire remis par MM. les Syndics de la Noblesse, l'Ordonnance de MM. les Commissaires du Roi, en date du premier de ce mois, dont la teneur a été rappellée dans le procès-verbal de la séance dujourd'hier, lad. Ordonnance signifiée à M. le Marquis de Trans par exploit aussi en date dujourd'hier.

LES ETATS ont déclaré qu'il n'y avoit pas lieu à délibérer, & cependant que la requête de M. le Marquis de Trans, & le Mémoire de MM. les Syndics de la Noblesse, seront déposés au Greffe des Etats, & annexés au procès-verbal.

Les Etats déclarent qu'il n'y a lieu de délibérer sur la réclamation de M. le Marquis de Trans.

MONSEIGNEUR L'ARCHEVEQUE D'AIX, Président, a dit: que MM. les Commissaires de Sa Majesté ont fait remettre à l'Assemblée un Mémoire du Roi.

F

Me. de Regina, Greffier des Etats, a fait lecture de ce Mémoire, dont la teneur suit :

Mémoire du Roi sur la formation des Etats.

» Sa Majesté en convoquant les Etats de Provence, selon leur ancienne forme, a voulu leur donner un témoignage de sa justice & de sa bonté envers les trois Ordres des Etats. »

» Elle a considéré que les Etats de Provence n'avoient jamais été révoqués, pas même suspendus par un acte d'autorité ; qu'ils avoient constamment été redemandés par les Assemblées de la Noblesse & des Communautés, ainsi que par les Cours Souveraines de la Province, & que leur convocation avoit été promise plus d'une fois par les Rois ses prédécesseurs. »

» Sa Majesté en conséquence a ordonné la convocation des Etats, comme une suite de la Constitution du Pays qu'elle veut confirmer & maintenir. »

» Mais Sa Majesté pense qu'il est à desirer qu'on établisse une proportion fixe & déterminée entre les voix des différens Ordres ; & Sa Majesté laisse avec confiance aux Etats le soin & le droit de faire par eux-mêmes les réformes que le bien du Pays peut exiger. »

» Sa Majesté desire que la formation des Etats soit réglée avant qu'on agite aucune autre question dans le sein des Etats. »

» Il paroît, par les informations qu'elle a reçues, que la Noblesse est disposée à réduire le nombre de ses voix à la moitié de celles du Tiers-Etat: il sera nécessaire d'augmenter les voix du Clergé pour les mettre dans la même proportion. »

» Mais il reste à savoir quel sera le nombre des voix du Tiers-Etat. »

» Cet Ordre étoit anciennement représenté par les Consuls des Villes Chefs de Viguerie, par les Députés des Corps des Vigueries, & par les Consuls des Communautés qui avoient obtenu des Etats le droit & le privilege d'y avoir des représentans. »

» La suppression de la Viguerie de Guillaume ayant occasionné un changement dans le nombre des anciens représentans, Sa Majesté pense qu'il est juste & convenable que la Commission, qui sera établie pour discuter & convenir de la formation des Etats, s'occupe d'abord de régler le nombre des membres du Tiers qui seront admis à l'avenir dans les Etats, pour que les deux autres Ordres puissent se former d'après ce nombre. »

» Sa Majesté entend qu'il ne sera rien changé à l'ancienne formation des Etats, dans tout ce qui n'a point rapport à la proportion des voix des différens Ordres ; elle n'a point assemblé les Etats pour détruire leur propre Constitution, & elle croit devoir la maintenir. »

Monseigneur l'Archeveque d'Aix, Président, a proposé de nommer des Commissaires pour s'occuper de la demande faite par Sa Majesté, dans le Mémoire qui a été remis aux Etats, & a invité M. l'Assesseur d'Aix à faire part à l'Assemblée de ses réflexions.

M. l'Assesseur d'Aix a dit : que l'établissement d'une commission, pour délibérer sur les objets contenus dans le Mémoire dont il s'agit, n'avoit rien de contraire à la Constitution du Pays.

Nomination des Commissaires pour la formation des Etats, la légitimation des pouvoirs & l'examen de la demande de M. l'Assesseur d'Aix.

MONSEIGNEUR L'ARCHEVEQUE D'AIX, Président, a proposé pour Commissaires.

Monseigneur l'Evêque de Sisteron.
Monseigneur l'Evêque de Fréjus.
Monseigneur l'Evêque de Vence.
Monseigneur l'Evêque de Senez.
Monseigneur l'Evêque de Digne.
Monseigneur l'Evêque de Toulon.
M. le Vicaire général de Glandeves.
M. le Commandeur de Beaulieu.

M. de Grimaldy de Cagnes.
M. de Glandeves du Castellet.
M. d'Albertas de Gemenos.
M. de Ballon de Saint-Julien.
M. de Boyer d'Eguilles.
M. de Benault de Roquemartine.
M. de Galiffet de Martigues.
M. de Covet de Marignane.

Les Sieurs Députés des Communautés d'Aix, de Tarascon, de Sisteron, de Grasse, de Saint-Maximin, de Saint-Remi, des Mées, de Lorgues, & de Martigues.

Les Sieurs Députés des Vigueries de Forcalquier, d'Hieres, de Draguignan, de Toulon, de Digne, d'Apt, & d'Annot.

LES ETATS ont adhéré unanimement aux propositions faites par Monseigneur le Président.

M. l'Assesseur d'Aix a demandé à Monseigneur l'Archevêque d'Aix, Président, si en sa qualité d'Assesseur, il n'avoit pas le droit d'assister à ladite commission.

Les Etats ont déterminé que MM. les Commissaires nommés ci-dessus s'occuperoient de cet examen, & en feroient le rapport à l'Assemblée.

Qu'ils s'occuperoient en même tems de l'examen des contestations élevées ou à élever, relativement au pouvoir des assistans, & en feroient rapport aux Etats.

M. l'Assesseur d'Aix a été invité par les Etats à se rendre à l'Assemblée de MM. les Commissaires ci-dessus nommés, pour faire part de ses observations, toutes les fois qu'il le croira utile & convenable, ainsi que pour faire valoir les droits de sa place, sauf & sans préjudice d'iceux, s'il y écheoit.

Les Etats ont délibéré, par acclamation, de consigner dans le procès-verbal de leurs séances, les discours prononcés par MM. les Commissaires du Roi, par Monseigneur l'Archevêque d'Aix, Président, par Monseigneur l'Evêque de Marseille, le 31 décembre, à l'ouverture des Etats, & par M. Pascalis, Assesseur d'Aix, dans la présente séance. *Les Etats délibèrent l'impression des discours prononcés à l'ouverture de leurs séances, & dans la présente.*

Monseigneur l'Archeveque d'Aix, Président, a dit : qu'il conviendroit de nommer des Députés pour saluer & remercier, au nom des Etats, MM. les Commissaires du Roi, de *Députation pour saluer & remercier, au nom des Etats, MM. les Commissaires du Roi.*

l'intérêt qu'ils ont témoigné pour le rétablissement des Etats, des soins qu'ils ont bien voulu prendre pour donner à la premiere séance, la solemnité & l'éclat qu'elle devoit avoir, & des services qu'ils ont rendus au Pays.

Il a proposé en conséquence pour la députation à Monseigneur le Comte de Caraman,

Monseigneur l'Evêque de Marseille.
Monseigneur l'Evêque de Grasse.
Monseigneur l'Evêque de Sisteron.
Monseigneur l'Evêque de Fréjus.

M. de Suffren de Saint-Cannat.
M. de Vintimille de Figanieres.
M. de Galiffet de Martigues.
M. de Maurel de Mons de Valbonnete.

Les Sieurs Députés des Communautés d'Aix, de Tarascon, de Forcalquier, de Sisteron, de Grasse, d'Hieres, de Draguignan, & de Toulon.

Pour la Députation à M. des Galois de La Tour,

Monseigneur l'Evêque de Marseille.

M. de Sade d'Eyguieres.

Les Sieurs Députés des Communautés de Digne & de Saint-Paul.

Députation pour remercier MM. du Parlement.

Monseigneur l'Archeveque d'Aix, Président, a dit : que MM. du Parlement ayant ordonné une illumination générale dans la Ville, la veille de l'ouverture des Etats, il étoit convenable de faire une députation pour les remercier de ce nouveau témoignage qu'ils ont donné de leur intérêt pour les Etats, & qui rappelle les démarches qu'ils ont faites auprès de Sa Majesté, pour rétablir dans fes anciennes formes la Conftitution du Pays, & il a propofé pour Députés,

Monfeigneur l'Evêque de Marfeille.

M. de Suffren de Saint-Cannat.

Les Sieurs Députés des Communautés d'Aix & de Tarafcon.

M. de Vintimille de Figanieres a propofé, avec l'agrément de Monfeigneur le Préfident, une députation à MM. du Chapitre de l'Eglife Métropolitaine de cette Ville, pour les remercier des honneurs rendus aux Etats le jour de l'ouverture ; & Monfeigneur l'Archevêque d'Aix, Préfident, a propofé pour Députés.

Députation pour remercier MM. du Chapitre de l'Eglife Métropolitaine.

Monfeigneur l'Evêque de Senez.

M. de Vintimille de Figanieres.

Les Sieurs Députés des Communautés de Mouftiers & de Caftellane.

Les Etats ayant adreffé, par acclamation, leurs remercimens, à Monfeigneur l'Archevêque d'Aix, du zele avec lequel il a follicité la convocation des Etats & obtenu le rétabliffement de la Conftitution du Pays, ont unanimement délibéré toutes les députations ci-deffus, & agréé le choix des Députés.

Signé, † J. R. DE BOISGELIN, Archevêque d'Aix, Préfident des Etats de Provence.

Les quatrieme, cinquieme, fixieme & feptieme dudit mois de Janvier, les Etats ne fe font pas affemblés.

Du huitieme dudit mois de Janvier.

PRÉSIDENT MONSEIGNEUR L'ARCHEVEQUE D'AIX.

Entrée de M. le Commandeur des Omergues aux Etats.

M. le Commandeur des Omergues eft entré aux Etats, a prêté ferment *ad pectus*, & a pris fa place.

Lecture du procès-verbal de la derniere féance.

Me. Ricard, Greffier des Etats, a lu le procès-verbal de la derniere féance.

Rapport de MM. les Députés nommés pour faluer & remercier MM. les Commiffaires du Roi.

Monfeigneur l'Evêque de Marfeille a dit: qu'ayant été nommé avec Monfeigneur l'Evêque de Graffe, Monfeigneur l'Evêque de Sifteron, Monfeigneur l'Evêque de Fréjus, M. de Suffren de Saint-Cannat, M. de Vintimille de Figanieres, M. de Galiffet de Martigues, M. de Maurel de Mons de Valbonnete, & les Sieurs Députés des Communautés d'Aix, de Tarafcon, de Forcalquier, de Sifteron, de Graffe, d'Hieres, de Draguignan, & de Toulon, pour faluer Monfieur le Comte de Caraman, & le remercier de l'intérêt qu'il a bien voulu témoigner pour le rétabliffement des Etats, des foins qu'il a bien voulu prendre pour donner à la premiere féance l'éclat & la folemnité qu'elle devoit avoir, & des fervices qu'il a rendus au Pays; les Etats ont envoyé demander, par un de leurs Greffiers, l'heure à laquelle Monfieur le Comte de Caraman voudroit

voudroit recevoir cette députation, & Mondit fieur le Comte de Caraman ayant indiqué, à cet effet, l'heure de cinq au foir ; MM. les Députés fe font rendus chez Monfeigneur l'Evêque de Marfeille, & tous enfemble ils fe font portés, précédés de deux Fourriers du Pays, chez Monfieur le Comte de Caraman, où étant arrivés, ils ont trouvé la Compagnie des Gardes bordant la haye dans le veftibule, les Officiers à la tête. Monfieur le Comte de Caraman eft venu recevoir à la Porte de fon Hôtel MM. les Députés, leur donnant la main droite, & les faifant tous paffer avant lui, les a fait entrer dans fa Salle de compagnie, & là, Monfeigneur l'Evêque de Marfeille, portant la parole, a remercié Monfieur le Comte de Caraman, au nom des Etats, de tout ce qu'il a bien voulu faire pour en favorifer le retour, & lui a demandé la continuation de fes bons offices pour l'avenir; & de plus, de vouloir bien permettre que le difcours prononcé par lui à la premiere féance foit imprimé dans le Cahier des Etats, à quoi Monfieur le Comte de Caraman a bien voulu adhérer, en affurant les Etats, de toute fa bonne volonté pour tout ce qui pourra dépendre de lui.

Après quoi, MM. les Députés ont pris congé de Monfieur le Comte de Caraman, qui les a reconduits jufques à la porte de fon Hôtel, la Compagnie de fes Gardes bordant encore la haye, comme lors de leur entrée.

Monfeigneur l'Evêque de Marfeille a ajouté, qu'ayant été nommé avec M. de Sade d'Eyguieres, & les Sieurs Députés des Communautés

G

de Digne & de Saint-Paul, pour saluer M. des Galois de La Tour, & le remercier de l'intérêt qu'il a bien voulu témoigner pour le rétablissement des Etats, des soins qu'il a bien voulu prendre pour donner à la premiere séance l'éclat & la solemnité qu'elle devoit avoir, & des services qu'il a rendus au Pays, ils s'étoient rendus le même jour, après avoir fait demander l'heure par l'un des Greffiers des Etats, chez mondit sieur des Galois de La Tour, qui est venu les recevoir à la porte de son Hôtel, & qui, les ayant laissé passer, en leur donnant la main droite, les a suivis dans sa salle de Compagnie, où Monseigneur l'Evêque de Marseille auroit salué & remercié mondit sieur des Galois de La Tour, au nom des Etats; à quoi mondit sieur auroit répondu, & prié Monseigneur l'Evêque de Marseille d'assurer les Etats de sa reconnoissance & du desir qu'il a d'être utile au Pays; après quoi MM. les Députés étant sortis, M. des Galois de La Tour les a accompagnés jusqu'à leurs chaises.

Rapport de MM. les Députés nommés pour visiter MM. de la Cour du Parlement.

Monseigneur l'Evêque de Marseille a encore dit, qu'ayant été nommé avec M. de Suffren de St. Cannat, & les Sieurs Députés des Communautés d'Aix & de Tarascon, pour visiter & remercier MM. de la Cour du Parlement, MM. les Députés s'étoient rendus à cet effet chez M. le Premier Président & chez M. le Procureur Général, en avoient été reçus avec les mêmes honneurs, leur avoient fait part de leur mission, & avoient été reconduits à leur sortie avec les honneurs d'usage.

Rapport de MM. les Dé-

Monseigneur l'Evêque de Senez a dit: qu'ayant

été nommé avec M. de Vintimille de Figanieres & les Sieurs Députés des Communautés de Mouſtiers & de Caſtellane, pour remercier MM. du Chapitre de l'Egliſe Métropolitaine de cette Ville, des honneurs rendus aux Etats dans leur Egliſe, le jour de l'ouverture de leurs ſéances, il s'étoit rendu avec MM. les Députés, le Samedi 5 Janvier chez M. l'Abbé de l'Enfant, Prévôt du Chapitre, qui eſt venu les recevoir, avec MM. les Chanoines, à la porte de la rue; MM. les Députés ſont montés dans la ſalle, MM. du Chapitre leur donnant la main droite, & les laiſſant paſſer avant eux : Monſeigneur l'Evêque de Senez a remercié le Chapitre au nom des Etats, & M. le Prévôt a répondu que le Chapitre étoit infiniment ſenſible à la députation délibérée par les Etats, & qu'il en conſerveroit un ſouvenir éternel.

putés nommés pour remercier MM. du Chapitre de l'Egliſe Métropolitaine.

Monſeigneur l'Evêque de Siſteron a rendu compte du travail de la Commiſſion nommée pour la formation des Etats, & la légitimation des pouvoirs des Aſſiſtans, a dit :

Commiſſion pour la légitimation des pouvoirs, & la formation des Etats.

MM.

» Après un intervalle de près d'un ſiecle & demi, vos Etats ſont enfin aſſemblés dans toute leur plénitude ; les circonſtances exigent un Réglement intérieur dont nos peres nous ont laiſſé des exemples, pour diminuer le nombre des membres des Etats, ſans altérer leur Conſtitution : vous avez jugé à propos de confier à une Commiſſion nombreuſe la charge de vous préſenter ſon vœu ſur cet objet. »

Premier rapport.

G ij

Légitimation des pouvoirs.

« Quelques difficultés se sont élevées sur l'admission de quelques membres à l'Assemblée des Etats actuels. Vous avez chargé la même Commission de vous en rendre compte ; elle s'est livrée à ce travail ; elle a discuté les principes, les usages, & nous allons les mettre sous vos yeux ».

« Deux Députés de la ville d'Arles se sont présentés : Doit-on les admettre tous les deux, ou ne donner l'entrée qu'à un seul ? La teneur de la Délibération de cette Ville, qui députe deux personnes, donne elle-même lieu à ce doute ; elle porte que si par la vérification des anciens Etats, il conste qu'il n'y a eu qu'un seul Député qui eût entrée, M. du Roure, premier Consul, entrera en cette qualité. Nous avons fait des recherches pour découvrir les anciens usages des Etats, relatifs à l'admission des Députés de la ville d'Arles, & nous avons trouvé que les Consuls d'Arles étoient rarement nommés dans les procès-verbaux, parce qu'ordinairement ils ne faisoient pas mention du nom des Députés ; que cependant aux Etats de 1629 se trouvoit le sieur de Bringuier, premier Consul de la ville d'Arles, assisté des sieurs de Varadier & Verran, Députés. »

« Cette énonciation ne nous auroit pas paru suffisante pour légitimer la prétention de la ville d'Arles ; mais au moment de la discussion, elle nous a fait communiquer des extraits en forme des registres des Délibérations de son Conseil municipal, des années 1547, 1550, 1583, 1611 & 1639, qui renferment toutes la nomination des deux Députés aux Etats. La Délibération de 1583 charge encore ses Députés de demander à précéder les Consuls de la ville de Marseille, attendu que c'étoit une année impaire, & que les Consuls de la ville de Marseille avoient eu, selon l'ancien usage, la préféance l'année précédente, année paire »

» Cette clause a fait naître une observation, c'est que par les différentes circonstances, il pourroit arriver que les Etats se trouvassent plus souvent dans les années impaires que dans les années paires, ce qui priveroit la ville de Marseille du droit précieux d'avoir préféance dans les Etats. »

» La Commission a été unanimement d'avis d'admettre les deux Députés de la ville d'Arles; & quant à la préféance entre elle & la ville de Marseille, elle a jugé que cette préféance ne devoit point être réglée par les années paires ou impaires, mais qu'elle auroit lieu à l'alternative entre ces deux villes. »

Admission de deux Députés de la ville d'Arles.

» La Communauté de Tarascon a formé la même demande que celle de la ville d'Arles sur l'admission des deux Députés; elle a produit un extrait de la délibération prise par son Conseil municipal pour la députation aux derniers Etats de 1639; alors elle députa son premier Consul, avec pouvoir à lui de se choisir un adjoint; choix qu'il fit dans la même délibération. »

» Les procès-verbaux des Etats de 1639 ne nomment point les Députés, ce n'étoit pas l'usage; mais on les trouve exactement nommés, au nombre de deux, dans les procès-verbaux des Assemblées des Communautés antérieures & postérieures aux Etats de 1639. La Communauté de Tarascon s'est maintenue dans cet usage jusqu'aujourd'hui, & nous avons pensé qu'il n'y avoit aucun inconvénient à le maintenir, en n'accordant qu'une seule voix délibérative à la Communauté de Tarascon, comme il a été toujours pratiqué. »

Admission de deux Députés de la Communauté de Tarascon.

» Nous avons également examiné les réclamations contre les députations faites par plusieurs Vigueries: la Viguerie de Grasse a député, à la pluralité des suffrages, Me. Paul Girard, Avocat, assistant à l'Assemblée de la Viguerie en qualité de Député de la Communauté de Valauris. »

» Le Député de la Communauté de Vence, & neuf autres Députés ont réclamé contre cette nomination. Les Réclamans invoquent l'exécution des anciens Réglemens; ils attribuent la députation de la Viguerie aux Communautés qui la composent, suivant le tour de rôle, en commençant par le lieu le plus affouagé; d'ailleurs c'est un Consul qui doit être nommé: le sieur Girard n'est point Consul de Valauris, & le tour de rôle n'appartient point à cette Communauté; ils disent de plus, que si le tour de rôle étoit perdu dans quelques Vigueries, il étoit au moins connu dans celle de Grasse où il devoit être suivi invariablement. Ce fait est avoué par le Consul de Grasse, Chef de Viguerie; mais il dit, que depuis les Etats de 1639, il a été ajouté plusieurs Communautés à la Viguerie de Grasse, dont l'admission par conséquent devoit altérer le tour de rôle, & le laisser dans l'incertitude;

que pour fe fixer, il n'avoit pas cru devoir mieux faire, lui & fes adhérans, que de fuivre l'efprit de la lettre de MM. les Procureurs du Pays aux Chefs de Viguerie, relative à la députation qui devoit être faite dans leurs Affemblées. »

» Cette lettre ne nous a point été repréfentée; mais elle porte, que fi le tour de rôle des Communautés de la Viguerie ne fe retrouve point, on peut prendre des Députés indiftinctement dans toutes les Communautés, pourvu qu'ils ne foient point Poffédans-biens ou habitans du Chef-lieu de la Viguerie. »

» MM. les Procureurs du Pays n'ignorent donc point la regle, que les députations des Vigueries devoient être faites fuivant le tour de rôle; mais il étoit facile de prévoir que ce tour de rôle feroit perdu dans plufieurs Vigueries depuis 1639, & qu'alors il falloit revenir à la regle générale dont ils étoient inftruits, & recommencer ce tour de rôle par la Communauté la plus affouagée; ils ont contrevenu aux Réglemens de la Province, & leur impulfion a déterminé la Viguerie de Graffe contre la teneur des Réglemens, & un tour de rôle bien connu. »

» Cependant, malgré toutes ces irrégularités, l'avis de la Commiffion eft d'admettre le Député de la Viguerie de Graffe. »

Admiffion du Député de la Viguerie de Graffe.

» Les Communautés de la Seyne & de Sixfours ont réclamé, fur les mêmes principes, contre la députation du fieur Martin de la Valette; ils ont invoqué également, en leur faveur, les anciens Réglemens ; ils objectent de plus, que le sieur Martin de la Valette doit être exclu de cette députation, parce qu'il est, pour ainsi dire, aux gages de la Communauté, étant souvent nommé Expert dans les affaires qui la concernent ; ce motif a paru frivole, puisque l'on ne peut point choisir un Expert pour les affaires de la Communauté parmi ses habitans; il faut donc avoir recours à un étranger, & ce choix de la personne du sieur Martin ne peut que lui mériter la confiance de l'Assemblée. »

Admission du Député de la Viguerie de Toulon.

» Le tour de rôle de la députation dans la Viguerie de Toulon étoit totalement inconnu; il n'est point étonnant que cette Viguerie se soit conformée à ce qui lui étoit prescrit par MM. les Procureurs du Pays ; elle se trouve dans un cas plus favorable que celle de Grasse; ayant donc admis le Député de celle-ci, la Commission pense qu'il n'y a pas lieu de rejetter celui de Toulon. ».

Admission du Député de la Viguerie de Digne.

» La ville des Mées prétend, qu'en vertu des anciens Réglemens, la députation des Vigueries est attribuée à chaque Communauté à tour de rôle, en commençant par la plus affouagée, & que par conséquent c'étoit à elle à fournir un Député à la place de celle de Mezel : mêmes moyens, mêmes réponses, ainsi même avis sur la députation de la Viguerie de Digne, que nous pensons devoir être maintenue. »

Admission du Député de la Viguerie de St. Maximin.

» La Communauté de Tourves n'a point d'autres objections à faire, que celles qui vous ont été proposées par les autres Vigueries ; si vous
adoptez

adoptez leurs Députés, il n'y a point de motif nouveau qui puisse exclure celui de la Viguerie de Saint-Maximin. »

» Il s'est élevé une difficulté fur l'admission du Procureur fondé de M. le Bailli de Manosque. On a prétendu d'un côté, qu'il n'y avoit que les seuls Prélats qui pussent être représentés ; de l'autre, on a assuré que les Commandeurs de Malte avoient en leur faveur la possession & le droit ; de plus, qu'ils avoient toujours été regardés comme des Prélats mineurs, étant réputés à la tête d'une conventualité, chacun dans leurs Commanderies. »

» Cette discussion exigeant trop de recherches, nous avons pensé qu'il falloit s'en tenir à l'usage, jusqu'à ce que les Etats, après une mûre Délibération, MM. de Malte entendus, eussent fait un Réglement qui fixât leurs droits. Nous vous proposons donc de maintenir, dans ce moment, le fondé de procuration de M. le Bailli de Manosque. »

Admission du Procureur fondé de M. le Bailli de Manosque.

» Le droit de M. l'Abbé de Saint-Victor de donner sa procuration, pour assister aux Etats, n'est point contesté ; mais son choix a-t-il pu tomber sur un Magistrat ? On objecte les Ordonnances du Royaume, qui leur défendent de recevoir des procurations ; mais ce sont celles des Corps & Communautés. L'Ordonnance de Blois paroît plus précise : elle prohibe aux Magistrats de recevoir des lettres de Vicariat de la part des Evêques, sans en avoir préalablement obtenu la permission du Roi ; mais l'Ordon-

H

nance, quant a ce chef, est tombée en désuétude : d'ailleurs l'Ordonnance a voulu prévenir que des Magistrats exerçassent une autre jurisdiction que celle du Roi, & les Evêques en ont une qui leur est particuliere. L'Ordonnance a voulu encore éviter qu'un lien étranger ne les détournât de leurs fonctions; & celui d'un Procureur, pour assister à des Etats passagers, n'est point de nature à détourner les Magistrats de leurs obligations essentielles. »

Admission du Procureur fondé de M. l'Abbé de Saint-Victor.

» La Commission a donc été d'avis que le Procureur de M. l'Abbé de Saint-Victor, quoique Magistrat, soit admis aux Etats, sauf à eux à faire les représentations & Réglemens qu'ils jugeront convenables sur cet objet. »

Les Etats ont délibéré :

Que la Communauté d'Arles sera représentée par deux Députés, le premier d'entr'eux seulement ayant voix consultative.

Que la Communauté de Tarascon aura également deux Députés, suivant l'usage, ladite Communauté n'ayant cependant qu'une voix, qui sera portée par le premier de ses Députés.

Que les Députés des Vigueries de Grasse, Toulon, Digne & Saint-Maximin seront admis aux Etats, attendu les circonstances, & sans préjudice des Réglemens faits par les anciens Etats, auxquels l'Assemblée n'entend déroger par la présente Délibération.

Que le Procureur fondé de M. l'Abbé de Saint-Victor-lès-Marseille sera admis aux Etats.

Que le Procureur fondé de M. le Bailli de Manosque y sera également admis.

Monseigneur l'Evêque de Sisteron continuant le rapport du travail fait par la Commission, relativement à la demande contenue dans le Mémoire remis par MM. les Commissaires de Sa Majesté, pour régler *le nombre des Membres du Tiers qui seront admis à l'avenir dans les Etats, pour que les deux autres Ordres puissent se former d'après ce nombre*, a dit :

Second rapport.

Formation des Etats.

» Après avoir discuté les différens pouvoirs dont vous nous aviez confié l'examen, & dont nous venons de vous faire le rapport, nous nous sommes occupés de la formation des Etats, conformément à ce que vous nous aviez prescrit. »

» Nous avons d'abord pris connoissance, suivant les intentions de Sa Majesté, du Mémoire qui vous a été communiqué par ses Commissaires. Sa Majesté pense qu'il est à desirer, qu'on établisse une proportion fixe & déterminée entre les voix des différens ordres; elle laisse avec confiance aux Etats le soin & le droit de faire par eux-mêmes les réformes que le bien du Pays peut exiger. Sa Majesté nous assure que, par les informations qu'elle a reçues, la Noblesse est disposée à réduire le nombre de ses voix à la moitié de celles du Tiers-Etat, & qu'il sera nécessaire d'augmenter les voix du Clergé, pour les mettre dans les mêmes proportions. Sa Majesté entend qu'il ne sera rien changé à l'ancienne formation des Etats, dans tout ce qui n'aura point rapport à la proportion des voix des différens Ordres.

» Par le droit ancien de la Province, tous les Gentilshommes étoient admis à voter dans les Etats ; des Bénéficiers de différens Ordres étoient également admis. Par des réformes successives, le Clergé fut réduit à un plus petit nombre ; les Evêques, les Abbés, quelques Prévôts de Chapitre, & les Commandeurs de Malte furent les seuls admis, & il fut statué que les Ecclésiastiques, qui ne seroient point en dignité, n'y auroient point entrée. »

» Le Tiers-Etat satisfait de la réduction du Clergé, n'en a jamais sollicité une plus considérable. Quelques années après, il se plaignit que la Noblesse assistoit aux Etats en trop grand nombre ; que les voix de cet Ordre étoient plus nombreuses que celles du Clergé & du Tiers-Etat réunis. »

» Sur ces plaintes, il intervint des Lettres patentes de 1544, qui réduisirent les suffrages de la Noblesse, conjointement avec ceux du Clergé, à l'égalité de ceux du Tiers-Etat. On a trouvé une note annonçant que ces Lettres patentes avoient été révoquées en 1545 ; ces Lettres patentes n'ont point été retrouvées : l'inexécution des premieres prouve l'existence des dernieres. »

» Les plaintes du Tiers-Etat s'étant encore

renouvellées, l'Ordre de la Noblesse crut devoir faire un Réglement qui restreindroit le nombre de ses membres assistans aux Etats, il statua, dans une Assemblée tenue à Marseille le 14 septembre 1620, que dorénavant les seuls Gentilshommes possédans Fiefs auroient entrée, séance & voix délibérative dans les Etats; qu'ils ne seroient aucunement reçus à donner leurs voix par Procureur; que les enfans, pendant les vies des peres, ne pourroient être admis; que les Gentilshommes, qui sont en pariage, ne pourroient tous ensemble avoir, la même année, entrée & voix délibérative auxdits Etats, & qu'ils concourroient entre eux en telle sorte, que chaque année il n'y auroit qu'un seul appellé. »

» Enfin, que les Possesseurs, des terres données en arriere-fief, n'auroient point entrée dans les Etats, sinon que lesdites terres fussent comprises dans l'affouagement général du Pays, avec quotité de feux distincte & séparée. »

» Ce Réglement fut homologué & enrégistré au Greffe des Etats en 1622. »

» Cette réduction & ce sacrifice ne calmerent point les inquiétudes du Tiers-Etat. Dans le cahier de l'Assemblée générale des Communautés, du 12 Mars 1626, il est dit: le sieur Feraporte, Syndic du Tiers-Etat, a remontré *que puisque les Communautés sont ici assemblées, il seroit bon de délibérer qu'on poursuivra pardevant Sa Majesté & son Conseil, un Réglement des Etats, pour faire dire que MM. du Clergé & de la Noblesse ne pour-*

roient entrer ni opiner en plus grand nombre dans lefd. Etats, que lefdites Communautés & Vigueries. »

» Sur quoi, M. l'Affeffeur a dit: qu'ils ne peuvent empêcher ladite propofition; mais qu'il feroit à propos de conférer de cette affaire à l'amiable avec les deux Ordres du Clergé & de la Nobleffe, pour éviter les inconvéniens des dépenfes qui pourroient arriver en cette pourfuite. »

» Sur quoi, il a été unanimement délibéré par lefdites Communautés, que ledit Réglement fera pourfuivi; & néanmoins que MM. les Procureurs du Pays, comme peres communs des trois Ordres, conféreront amiablement du fait du Réglement, avec MM. les Syndics & Procureurs joints des trois Ordres. »

» Nous venons de vous rapporter fidélement les propres expreffions contenues dans les Regiftres du Pays; & nous avons obfervé que cette affaire refta fans être pourfuivie, quoique depuis lors il fe foit tenu plufieurs Affemblées des Etats »

» Mais ce qui avoit été réclamé inutilement, la Nobleffe vient aujourd'hui l'offrir généreufement. Elle admet le principe établi par les Lettres patentes de 1544, & par la réclamation du Syndic des Communautés de l'année 1626; elle renonce pour le moment à toute majorité de fuffrages; elle confent que réunie avec le Clergé, elle ne forme que le même nombre de voix que le Tiers-Etat. Or, comme le nombre conftitutionnel du Tiers-Etat s'éleve à celui de cinquante-six Députés, le Clergé & la Noblesse réunis formeront entr'eux un pareil nombre de suffrages. »

» Tel a été l'avis adopté par la Commission : Nous ne pouvons point cependant vous dissimuler que plusieurs membres de la Commission ont invoqué la même Constitution que celle du Languedoc. Mais premiérement, cette Constitution ne nous est point assez connue; en second lieu, pourquoi chercher ailleurs une Constitution, lorsque la nôtre réformée, suivant les principes du Gouvernement & le vœu que le Tiers-Etat a exprimé plusieurs fois, satisfait aux intérêts de tous les Ordres ? »

» C'est maintenant à vous, MESSIEURS, à décider d'une réformation qui consolide à jamais notre Constitution. »

MONSEIGNEUR L'ARCHEVEQUE D'AIX, Président, a demandé à M. l'Assesseur d'Aix, s'il avoit à parler. M. Pascalis, Assesseur d'Aix, a dit :

MONSEIGNEUR,

» Je m'en réfere à votre prudence & à votre sagesse; j'ai annoncé que les trois Ordres devoient vous regarder comme le centre de réunion; je l'ai dit, parce que je le pensois, parce que c'est, à mon sens, le seul moyen de s'entendre, de se concilier, de se garantir de toute effervescence, de fraterniser; en un mot, de ne se proposer que la chose publique; & j'invite bien sincerement les trois Ordres à se pénétrer de la nécessité de ce sentiment. »

» Vous connoissez, MONSEIGNEUR, la Province, son régime, & ses divers intérêts. La Province connoît votre justice ; sa confiance doit être le gage de sa reconnoissance. »

» Il est un autre objet non moins cher à mon cœur : on publie sans cesse que je ne veux point les Etats, que mon vœu sur ce point cede à la nécessité ; & je ne me permets point d'observations relatives à l'intérêt du Tiers, qu'on ne les réfere à ce motif. Je dois à cet égard une profession publique, & je ne puis mieux faire que de la consigner dans le sein de l'Assemblée la plus auguste, dans le sein même de la Nation. »

» Je déclare donc, avec toute la franchise dont je suis capable, qu'il n'est point de bon citoyen qui ne doive soupirer après la stabilité des Etats. »

» Que ce n'est qu'avec les Etats que nous pouvons conserver notre liberté, le régime de notre Pays, la constitution de nos peres, nos privileges, notre force, & le concours des lumieres. »

» Que les Etats sont le seul moyen par lequel le Tiers puisse espérer avec confiance le secours des premiers Ordres. »

» Mais qu'en formant les Etats, on n'en doit pas moins tâcher de concilier les divers intérêts, & conserver cette liberté d'opinions que je regarde comme une dépendance de la liberté publique. »

MONSEIGNEUR

MONSEIGNEUR L'ARCHEVEQUE D'AIX, Préfident, a dit :

MM.

Votre premier intérêt, & votre premier devoir eſt de vous attacher aux principes de votre Conſtitution.

Le Gouvernement qui les reſpecte & qui les maintient, vous apprend quelle eſt l'exactitude avec laquelle vous devez vous y conformer vous-mêmes.

Dans chaque Province, la Conſtitution du Pays eſt le cri de ralliement de tous les citoyens.

Il n'y a que les principes de votre Conſtitution bien connus & bien ſuivis, qui puiſſent vous préſerver de toutes les idées arbitraires.

Si vous propoſez des idées arbitraires, il n'y a point de changement que vous ne puiſſiez introduire.

Quand il s'agit d'établir des formes nouvelles, les raiſonnemens ſe multiplient ſans s'épuiſer ; & il n'y a pas de raiſon pour préférer une idée à mille autres qui ſont également poſſibles.

Vous vous égarerez ſans aucune vue fixe & conſtante, quand vous oublierez des uſages qui ſont devenus vos titres & vos loix.

I

Si vous n'avez plus de loix à suivre, vous n'avez plus de titres à réclamer. Vous ne pouvez pas dire au Gouvernement : conservez des formes antiques que nous méprisons. Maintenez nos droits que nous n'avons pas respectés. Imposez-vous des obligations auxquelles nous ne nous soumettons pas nous-mêmes. Le Gouvernement instruit par votre exemple, apprendra ce qu'il ne savoit pas encore, qu'il peut à son gré tout changer & tout détruire ; qu'il peut abuser de la force, comme vous abusez de la liberté.

Il me semble que nous devons nous faire à nous-mêmes une premiere question.

Voulons-nous conserver notre Constitution ?

Voulons-nous l'abandonner ?

Si nous l'abandonnons, le Gouvernement doit nous donner des ordres, au lieu de nous marquer des desirs. Il n'a pas besoin de nous consulter, puisque nous ne pouvons opposer à ses ordres que cette même Constitution que nous abandonnons.

A quoi sert de vous assembler ? A quoi sert de convoquer ou de réformer les Etats ? Si le Gouvernement peut ainsi que vous-mêmes méconnoître votre Constitution, & se jouer dans des loix arbitraires & nouvelles, des formes de vos Assemblées, & de ces habitudes antiques & respectables qui forment l'état des personnes en Provence, & le régime propre à votre ancienne Adminiſtration.

Si vous voulez conſerver votre Conſtitution, il faut rejetter toutes les idées arbitraires & nouvelles qui la contrediſent. Il faut examiner ſi l'objet qu'on vous propoſe eſt utile, s'il eſt conforme à votre Conſtitution, s'il peut s'exécuter par une forme conſtitutionnelle.

L'inſtruction du Roi ſe borne à deſirer que telle ſoit la fixation des deux premiers Ordres que leurs voix réunies ſoient égales à celles du troiſieme Ordre.

Ainſi, ſelon les inſtructions du Roi, la Conſtitution du troiſieme Ordre reſte toute entiere telle que nous la retrouvons dans vos anciens Etats.

Elle reſte la même, ſi l'on ne compte que le nombre abſolu des voix.

Elle s'accroît en importance & en proportion, ſi l'on conſidere leur rapport avec les voix de la Nobleſſe.

Au lieu de cent vingt-huit Membres qui compoſent la Nobleſſe dans cette Aſſemblée, au lieu de trois cent Poſſédans-fief auxquels appartient le droit d'aſſiſter aux Etats, il n'y aura plus, conformément aux deſirs du Roi, dans les deux premiers Ordres, qu'un nombre égal à celui du Tiers-Etat.

Cette balance est celle qu'on a suivie dans les nouvelles Administrations des différentes Provinces, & il n'y avoit dans ces Provinces aucun ancien usage qui donnât la prépondérance à la Noblesse. La Noblesse de ces Provinces acquieroit autant d'avantages que la Noblesse de Provence fait de sacrifices.

Dans les Etats même où l'on a voulu distinguer les Ordres, & donner au Tiers-Etat l'avantage d'avoir une voix égale à chacun des deux Ordres, la voix réunie des deux premiers Ordres l'emporte sur la sienne. Le Tiers-Etat a l'infériorité contre les deux Ordres en Bretagne. Il n'a que l'égalité dans les autres Provinces. Il veut avoir la supériorité dans la seule Province où la Constitution donne la prépondérance aux voix de la Noblesse.

On cite les Etats de Languedoc.

L'Assemblée des Etats en Languedoc est composée de vingt-trois Barons, vingt-trois Evêques & quarante-six Députés des Villes; quelques Villes plus favorisées envoyent plusieurs Députés, qui tous ensemble n'ont qu'une voix.

Ainsi, les faveurs de l'Administration n'ont point altéré l'égalité de la Constitution primitive en Languedoc.

Et si les Etats de Languedoc s'étoient écartés de leur Constitution, faudroit-il oublier la nôtre ; & ceux qui proposent des usages qui nous sont étrangers pour accroître leurs avantages, n'ont-ils pas à craindre qu'on ne leur oppose l'exemple de quelqu'autre Province pour les détruire ?

Nous avons sans doute la liberté de proposer toutes les idées qui nous semblent utiles, si seulement nous savons respecter des droits anciens & constitutionnels. Les droits de la Noblesse sont ceux des Etats même de Provence. Tous les monumens qui nous restent, présentent les titres & les droits de tous les Ordres. Nous retrouvons dans les anciens Etats, les Possédans-fiefs en nombre illimité ; nous retrouvons un nombre fixe & toujours le même des Députés des Communautés.

Ainsi, nous avons à discuter des droits que nous ne pouvons pas méconnoître. Si le Tiers-Etat méconnoissoit ceux de la Noblesse, la Noblesse ne reconnoîtroit pas ceux du Tiers-Etat. Les Ordres se combattroient mutuellement, & tendroient à se détruire, & la puissance absolue s'élevant sur leurs dissensions, substitueroit ses volontés à des droits qu'elle apprendroit d'eux à ne pas respecter.

Quels sont les droits de la Noblesse ? On ne peut pas les nier. Elle a droit d'être en plus grand nombre que le Tiers-Etat, par la Constitution même qui consacre tous les pouvoirs du Tiers-Etat.

Qu'est-ce qui peut ravir ses droits à la Noblesse ?

Ce n'est pas le Tiers-Etat; car la Noblesse auroit le même droit de lui ravir les siens.

Ce n'est pas le Roi qui le peut, parce qu'il veut regner par la justice, & que nous n'entendons pas, par ce que le Roi peut, le pouvoir de la force.

C'est la Noblesse elle-même qui doit se priver d'une partie de ses droits pour les rendre utiles; & les représentans du Tiers-Etat doivent accepter ses sacrifices, quand ils desireroient même des sacrifices plus étendus.

On leur propose aujourd'hui ce que leurs prédécesseurs ont demandé long-tems sans pouvoir l'obtenir.

En 1544, le Tiers-Etat obtint des Lettres patentes, portant qu'il n'entreroit pas dans les Etats un plus grand nombre des deux autres Ordres que celui des Communautés & des Vigueries, ainsi qu'il se pratiquoit en Languedoc.

Le Tiers-Etat veut se servir aujourd'hui de l'exemple du Languedoc pour avoir la supériorité. Le Tiers-Etat se servoit autrefois de l'exemple du Languedoc pour prétendre à l'égalité.

Ces Lettres patentes n'ont point eu d'exécution.

Le Tiers-Etat se plaignit encore en 1600, de la prépondérance des voix de la Noblesse.

La Nobleſſe fit un Réglement pour réduire le nombre de ſes voix.

Le Tiers-Etat fut content; il fut exécuté.

Le nombre fut réduit : Il excédoit encore infiniment celui du Tiers-Etat.

En 1626, l'Aſſemblée des Communautés propoſa que, conformément à un Arrêt par proviſion du Parlement de Paris, il fût demandé un Réglement, pour que, dans les Etats, il ne pût y avoir un plus grand nombre des deux premiers Ordres, que des Communautés. Ce Réglement ſi ſouvent déſiré par le Tiers-Etat, eſt celui qu'on lui propoſe.

Il eſt d'un grand intérêt pour le Tiers-Etat, que la ceſſion d'un pouvoir & d'un droit, émane de la volonté de celui qui le poſſede.

C'eſt là le bouclier du peuple. Il faut que nul ne puiſſe lui faire céder les droits dont il jouit.

Le conſentement des propriétaires eſt néceſſaire pour toute ceſſion de propriété.

On ne peut pas nier que la préponderance des voix ne ſoit une propriété acquiſe à la Nobleſſe. Cette propriété eſt fondée ſur le même titre qui regle les députations des Communautés, ſur le titre même des Etats. Il faut donc que la ceſſion s'en faſſe par le conſentement de la Nobleſſe.

C'eſt l'intérêt des Communautés de lui demander ſon conſentement, afin d'obtenir une ceſſion légale; afin qu'on ne puiſſe jamais rien leur ôter ſans leur conſentement; afin qu'elles conſervent tout ce qu'elles ne doivent jamais conſentir à perdre.

Je dis aux Députés du Tiers-Etat: reſpectez les droits de la Nobleſſe.

Je dis à la Nobleſſe: conſidérez les intérêts du Peuple, qui ſont les premieres Loix de tous les Ordres. Les droits du Peuple ſont fondés ſur ſes beſoins & ſur les vôtres. Vous avez intérêt de veiller à ſa proſpérité, parce que vous ne pouvez pas être vous-même dans la proſpérité, quand il eſt dans la ſouffrance.

Il n'y a pas un de ſes intérêts qui ne vous ſoit commun. Si vous conſidérez vos Fiefs, vous devez vous occuper du bien de vos vaſſaux. Si vous conſidérez les biens non nobles que vous poſſédez, vos intérêts ne ſont point diſtingués de ceux du Tiers-Etat; & c'eſt par lui-même, c'eſt par ſes Députés, c'eſt par votre concours avec eux, que vos propriétés ſont défendues & protégées. Vous êtes repréſentés par vous-mêmes comme propriétaires de fiefs. Vous êtes repréſentés par les Députés des Communautés, comme propriétaires du reſte de vos biens. Il y a plus de biens roturiers poſſédés par les Seigneurs, que de biens nobles; & quand on croit qu'il exiſte une oppoſition entre les intérêts des deux Ordres, on doit voir à quel point leurs intérêts ſont mêlés enſemble & confondus.

Ce

Ce feroit une partie de vos intérêts qui s'éleveroit contre l'autre. Je fuppofe que le Tiers-Etat difparoiffe de cette Affemblée ; je fuppofe qu'il s'éleve une queftion & une oppofition fur les différences des propriétés nobles & de celles qui ne le font pas ; là même, dans l'ordre feul de la Nobleffe, la difcuffion doit fe pourfuivre avec le même intérêt qu'elle pourroit être traitée entre l'Ordre de la Nobleffe & celui du Tiers-Etat.

Si les poffeffeurs des biens roturiers, ou ceux qui dans la Nobleffe ont un plus grand intérêt aux avantages des biens non nobles étoient en plus grand nombre que ceux qui n'ont que des biens nobles, ou ceux qui ont plus de biens nobles que d'autres biens, les poffédans-fief les plus confidérables trouveroient-ils jufte que la queftion fût jugée à la pluralité des voix ?

Il n'eft pas plus jufte en foi-même que la Nobleffe ait la prépondérance des voix par rapport au Tiers-Etat. Je ne parle pas ici de la juftice fondée fur les Loix. J'oublie la Loi qui fait les droits, quand j'invite à céder les droits qu'elle donne.

Il n'eft pas jufte, il n'eft même pas utile à la Nobleffe de conferver l'avantage du nombre. A quoi lui fert la prépondérance des voix ? Elle ne doit pas s'en fervir, parce qu'elle ne veut pas en abufer. Elle exerce une prépondérance plus refpectable, qu'elle ne perdra jamais, quand elle ne voudra pas en avoir d'autre. Elle obtient par fon éducation, par fon état, par fes distinctions, une supériorité sensible; elle exerce une influence inévitable sur les sentimens du Tiers-Etat. Elle en fait elle-même partie. Des personnes d'un nom illustre, de la plus ancienne noblesse, des Militaires respectables président à la tête des Communautés, & siegent dans le Tiers-Etat. Les biens non nobles sont mélangés avec les biens nobles. La Noblesse est mêlée avec le Tiers-Etat. Je cherche à distinguer les Ordres, & je retrouve par-tout le lien qui les unit.

Quels sont les objets sur lesquels les intérêts des Ordres peuvent être divisés dans les Etats?

Les Etats s'occupent de quatre sortes d'objets principaux:

Des encouragemens,
Des travaux publics,
Des impositions,
Et des affaires contentieuses.

Tous les Ordres doivent être également occupés de mettre beaucoup de réserve & de sobriété dans les encouragemens toujours sollicités par des intérêts particuliers, & presque toujours inutiles ou nuisibles au bien général du commerce.

Tous les Ordres doivent être également animés du même esprit d'ordre, d'économie & d'exactitude dans la surveillance toujours nécessaire des travaux publics.

Il reste donc les impositions & les affaires contentieuses.

Je ne dis rien du principe des différentes impositions.

Mais quelles que soient les impositions & de quelque maniere qu'elles soient acquittées, il est impossible que l'intérêt n'en soit pas partagé par la Noblesse comme par le Tiers-Etat, puisque la Noblesse possede plus de biens roturiers que de biens nobles, & que le Tiers-Etat paye les vingtiemes comme la Noblesse.

Dira-t-on que la Noblesse a l'intérêt de rejetter les charges sur les biens non nobles ?

Premiérement, la Noblesse en Provence n'en auroit pas le pouvoir. On sait que les impositions sont réelles en Provence, que les privileges personnels n'y sont point connus, & l'on a déterminé très-exactement les impositions propres aux biens de différente nature.

Secondément, les Nobles payeroient les charges imposées sur les biens non nobles.

Troisiémement, il s'éleveroit la même opposition dans l'ordre même de la Noblesse, qu'entre la Noblesse & le Tiers-Etat.

Quatriémement, je suis bien assuré que la Noblesse, ici présente, ne voudroit pas abuser du nombre de ses voix pour surcharger le peuple, quand je fais qu'elle est occupée des moyens de le foulager.

Cinquièmement, il paroît que les idées justes ont pris un cours déterminé; & le Gouvernement n'entend plus que les impositions nouvelles, pour charges publiques, soient rejettées sur les seuls biens taillables ou roturiers.

Si l'intérêt de la Noblesse fut divisé de celui du Tiers-Etat par les longues erreurs du Gouvernement, le progrès d'une Administration plus éclairée, tend à réunir dans la suite leurs intérêts, & non à les diviser.

L'intérêt fera commun pour les impositions nouvelles; & la prépondérance des voix devient inutile quand les intérêts font communs. Elle est même nuisible, parce qu'elle conserve les soupçons & les inquiétudes, & qu'elle répand sur les affaires & sur les délibérations une apparence de division qui nuit au concours des forces réunies, & à cette unanimité, qui peut seule défendre une Province de l'excès des contributions.

Restent donc les questions contentieuses.

L'Assemblée des Etats ne s'intéresse point aux questions particulieres. Il faut qu'elles tiennent à l'intérêt général pour exciter l'attention des Etats.

Il y a des affaires dans lesquelles un Ordre entier est intéressé contre un de ses Membres,

Il y a des affaires dans lesquelles un Ordre est intéressé contre l'autre.

Un Ordre entier peut intervenir contre un de ses Membres, & peut solliciter l'intervention des Etats. Il n'y a point d'intérêt contraire à l'intervention demandée par un Ordre contre un de ses Membres. Ce sont les loix établies dans chaque Ordre qu'il s'agit de réclamer ; & nul Ordre ne votera pour s'opposer à l'exécution des loix établies qui ne l'intéressent pas.

L'intervention des deux Ordres l'un contre l'autre, sembleroit devoir être le seul objet susceptible de discussion, si les Etats pouvoient intervenir contre un Ordre des Etats. L'intervention est d'un Ordre contre un autre Ordre. Les Etats composés des trois Ordres ne peuvent qu'offrir, employer leur médiation, & ne doivent pas intervenir.

Ce principe fut établi dans les Etats généraux d'Orleans; l'Ordonnance d'Orleans en fit une loi.

Qu'importe que les voix d'un Ordre soient en plus grand nombre par rapport à des objets sur lesquels les Etats ne peuvent point intervenir.

La Noblesse n'a pas besoin de réserver ses voix pour des interventions qu'elle peut craindre, ou qu'elle peut desirer; puisqu'elle ne doit pas demander l'intervention des Etats contre le Tiers-Etat, & que le Tiers-Etat ne peut pas la demander contr'elle.

Il faut remonter à la source des interventions qui divisent trop souvent la Noblesse & le Tiers-État en Provence.

Ces interventions sont la suite d'un ancien procès toujours subsistant entre les Seigneurs & les Communautés.

Il s'agissoit de distinguer les biens roturiers & les biens Nobles. Les mutations perpétuelles des biens nobles, les distractions sans cesse renouvellées des parties détachées de la Jurisdiction, avoient entraîné beaucoup de doutes & d'incertitudes sur les biens contribuables, & sur les biens exempts. C'étoit un long procès commencé depuis long-tems, qui n'avoit point été terminé par l'affouagement de 1471. Cet affouagement devenu la base de tous les autres, avoit été fait avec une certaine connoissance du passé, une connoissance plus exacte du présent, & sans aucune prévoyance de tous les changemens à venir.

On avoit donné la paix, comme l'ignorance la donne quand il lui suffit de s'endormir un moment, en laissant subsister tous les principes des divisions. Le cours du Commerce ne pouvoit pas être suspendu par l'affouagement de 1471. On fut étonné de voir des biens nobles se détacher de la Jurisdiction qui faisoit leur nobilité, & prétendre à la franchise de la taille. On fut étonné de voir à l'abri de la jurisdiction les biens taillables s'élever à la qualité des biens nobles, & franchir la ligne de division tracée par l'affouagement. On l'avoit regardé comme immuable. Il fallut faire des regles pour des variations inévitables qu'on n'avoit pas prévues. Ce ne fut qu'après dix ans de contestations que s'établit la voie de compensation par l'Arrêt du Parlement de Paris de 1549, & par l'Arrêt conforme de 1556.

C'étoit une forte de fatalité dans cette matiere, que chaque jugement prononcé pour finir les contestations, ne fervoit qu'à les faire renaître.

L'Arrêt de 1556 fut interprété différemment par les Défenseurs de la Noblesse & ceux des Communautés. Des Arrêts du Conseil contraires augmenterent les obscurités.

L'Arrêt de 1666, détruit par celui de 1668, fut en partie renouvellé par un Arrêt du Conseil du mois de février 1702.

Une Déclaration de 1728 fut révoquée par une autre Déclaration de 1771.

Une derniere Déclaration de 1783 semble avoir fait revivre toutes les discussions.

C'est ce germe toujours subsistant de dissentions qu'il faudroit détruire ; c'est ce droit de compensation qu'il seroit desirable de proscrire ou de modifier ; & nous comptons inviter les Etats à s'en occuper, afin qu'il ne reste plus dans la fuite aucun obstacle à la conciliation des Ordres en Provence.

Si ce droit de compensation est enfin détruit

ou réformé ; s'il ne reste plus aucun obstacle à la conciliation des Ordres, la différence des voix est inutile.

Elle devient inutile par la conciliation des intérêts.

Elle devient abusive par leur opposition.

Il me semble par toutes ces raisons, que la Noblesse doit consentir à la réduction du nombre de ses membres dans les Etats.

La proportion qu'on lui propose est celle que le Roi a suivie dans toutes les Administrations Provinciales, celle des Etats de Languedoc, celle qui devient le régime général du Royaume. Il paroît qu'on a pris un moyen terme entre les anciennes mœurs qui donnoient le plus grand nombre des voix aux classes les plus puissantes, & le progrès des idées populaires qui semble réclamer le plus grand nombre de voix pour la classe la plus nombreuse. On a cru devoir établir l'égalité.

Quelle est la forme qu'il faut suivre pour parvenir à cette réduction dans la proportion proposée ?

C'est ici qu'il faut oublier, s'il est possible, jusqu'aux desirs du Gouvernement. Il faut craindre que ses desirs ne ressemblent à des Ordres. Il faut en effacer l'impression, pour qu'il ne reste que le simple exercice de la liberté.

Quand un Gouvernement eſt éclairé, il lui ſuffit d'indiquer les idées juſtes. Il en laiſſe avec confiance l'exécution à ceux qui doivent en profiter. Il avertit la raiſon. Il reſpecte la liberté.

Ce font les Etats qui s'aſſemblent dans tous leurs pouvoirs & tous leurs droits. Chaque Ordre y jouit de ſa propre Conſtitution. Celle même des Etats n'eſt que la réunion des trois Ordres. Chaque Ordre a ſa repréſentation qui lui appartient. Les Etats ne peuvent pas ôter le droit d'aſſiſtance à tous ceux qui par la Conſtitution de leur Ordre ont le droit d'aſſiſter. Les Etats ne peuvent point ôter à chaque Ordre ſa libre repréſentation. C'eſt donc à chaque Ordre qu'il appartient de ſe réduire lui-même.

La Nobleſſe a deſiré d'énoncer ſon conſentement dans des termes qui puſſent mieux exprimer & maintenir les principes de ſa Conſtitution. Il eſt juſte de prendre toutes les précautions que les Ordres croiront convenables. On nous propoſe un objet utile ; nous le rempliſſons par une délibération libre & volontaire. Nous rendons encore plus ſenſible l'uſage de notre liberté, par toutes les formes qui peuvent en rappeller les principes, & nous donnons plus d'autorité par là même au conſentement de la Nobleſſe & à la délibération des Etats.

La matiere miſe en délibération.

LES ETATS conſidérant que par les inſtructions données à MM. les Commiſſaires, Sa Majeſté, après avoir accordé au vœu de ſes Peuples la

Les Etats délibèrent que les voix de l'Ordre du Tiers ſeront

égales aux voix des deux premiers Ordres réunis. convocation des Etats de Provence, daigne encore annoncer qu'elle l'accorde comme une suite de la Constitution du Pays qu'elle veut confirmer & maintenir; & donne ainsi toute son étendue & sa parfaite stabilité, pour l'avenir comme pour le présent, à ce bienfait signalé:

Que depuis plusieurs mois, & au moment où s'est renouvellé ce vœu général & perpétuel de la Provence pour le retour de l'Assemblée de ses Etats, la Noblesse a offert de se composer de maniere à établir une proportion fixe & déterminée entre les voix des différens Ordres, & de réduire les siennes de maniere que celles du Clergé & de la Noblesse soient entr'elles deux à l'égal de celles du Tiers.

Que cet arrangement est évidemment favorable aux deux autres Ordres, puisqu'il n'opere aucune diminution dans le nombre des membres qui les composent.

Que la réduction des voix portée sur un seul des trois Ordres, offerte par lui-même, dictée par les principes de désintéressement qui animent la Noblesse, par sa déférence & par son esprit d'union avec les autres Ordres, justifiée d'ailleurs par l'exemple des anciens Etats qui ont librement voté des réductions dans le nombre de ses membres pour différentes tenues, n'est susceptible d'aucun inconvénient; que dans tous les tems le nombre des représentans de chaque Ordre a été augmenté ou restreint par la délibération libre & volontaire des Etats; que la Noblesse a toujours préparé & consenti dans son sein les fixations à faire dans le nombre de ses représentans.

Qu'en conséquence, l'admission aux Etats futurs continuant à dépendre, quant aux membres de cet Ordre, du droit de naissance & de propriété féodale, ou de la qualité de Gentilhomme possédant-fief déterminée par les Réglemens ; ensemble des suffrages du Corps de la Noblesse ou d'un tour de rolle qui sera réglé dans son régime intérieur, relativement à la participation des divers membres à l'Administration actuelle du Corps de la Noblesse, & plus encore à l'intérêt de propriété, afin de les faire tous jouir successivement du droit d'entrée aux Etats ; il ne pourra résulter de cette réduction partielle & spontanée aucune altération de la Constitution, ni aucun obstacle au retour des anciens usages dans le cas auquel la loi impérieuse des circonstances, reconnue par les Ordres, ou réclamée par l'un d'eux, & mise sous les yeux du Souverain, l'engageroit à les reprendre.

Que conséquemment, les membres de tous les Ordres demeurant les vrais & naturels représentans de la Nation Provençale, appellés par elle, & capables, à tous égards, de porter un vœu national, conserveront toujours leur caractere primitif & inaltérable d'Etats généraux, ou nationaux du Pays, la forme constitutionnelle & l'essence du Corps représentatif, & le droit de réclamer le choix à faire parmi les membres des différens ordres des Députés qu'ils sont dans l'usage d'envoyer aux Etats généraux du Royaume, lorsqu'il plaît au Roi de les convoquer : Droit dont ceux de Provence

L ij

ont joui aux époques des précédentes Assemblées desdits Etats généraux du Royaume, dans lesquels les Députés de ceux de Provence ont concouru par leurs suffrages aux Délibérations qui y ont été prises pour le bien du service du Roi & de ses Peuples, & où les droits & privileges des différens Pays soumis à la domination du Roi, ont été reconnus & réservés: Reserve plus éminemment applicable aux Pays qui, comme la Provence, sont unis à la Couronne, sans être incorporés à la Monarchie.

Ont délibéré, à la pluralité des suffrages, que la fixation des voix des deux Ordres seroit faite de maniere, que les voix de l'Ordre du Tiers seroient égales aux voix des deux premiers Ordres réunis.

Signé, † J. R. DE BOISGELIN, Archevêque d'Aix, Président des Etats de Provence.

Du neuvieme dudit mois de Janvier.

PRÉSIDENT MONSEIGNEUR L'ARCHEVEQUE D'AIX.

LEcture a été faite par Me. Ricard, Greffier des Etats, du procès verbal de la derniere séance.

Prétention de MM. les Commandeurs de l'Ordre de Malthe de précéder tous MM. les Vicaires délégués.

MM. les Commandeurs de l'Ordre de Malte qui ont séance dans les Etats de Provence, & auxquels le Clergé avec lequel ils siégent a provisoirement assigné une place après tous MM. les Prélats & Bénéficiers réputés Prélats, & même après les Représentans des

Prélats, & Bénéficiers abfens, ont prétendu devoir précéder tous MM. les Vicaires délégués, & ont protefté de tous leurs droits.

Signé, † J. R. DE BOISGELIN, Archevêque d'Aix, Préfident des Etats de Provence.

Du dixieme dudit mois de Janvier.

PRÉSIDENT MONSEIGNEUR L'ARCHEVEQUE D'AIX.

Me. Ricard, Greffier des Etats, a fait lecture du procès verbal de la derniere féance.

MONSEIGNEUR LE COMTE DE CARAMAN, & MONSIEUR DES GALOIS DE LA TOUR, Commiffaires du Roi, font venus à l'Affemblée. Me. de Regina, l'un des Greffiers des Etats, avoit été chez Monfeigneur le Comte de Caraman, avertir MM. les Commiffaires que la féance étoit formée. Ils ont été reçus à la porte de l'Hôtel-de-Ville, par Me. Ricard, Greffier des Etats; Me. de Regina, autre Greffier des Etats, étant venu avec eux; par les Sieurs Députés des Communautés d'Apt, de Saint-Maximin, de Brignolle, de Barjols; & par les Sieurs Députés des Vigueries d'Aix, de Tarafcon, de Forcalquier, & de Sifteron, dans la Cour de l'Hôtel-de-Ville; & par MM. de Covet de Marignane, d'Arlatan de Lauris, de Coriolis de Moiffac, & d'Autric des Baumettes, au haut de l'efcalier, d'où MM. les Commiffaires du Roi étant entrés dans la Salle des Etats, ont pris leur place.

Entrée de MM. les Commiffaires du Roi aux Etats.

Demande d'un Don gratuit de 700 mille livres pour la présente année 1788.

MM. les Commissaires ont demandé aux Etats, de la part du Roi, un don gratuit de sept cent mille livres pour la présente année 1788.

Mé. de Regina, Greffier des Etats, a lu l'extrait du Mémoire du Roi, pour servir d'instruction à MM. ses Commissaires, dont la teneur suit.

Mémoire du Roi pour la demande du Don gratuit.

Extrait du Mémoire du Roi pour servir d'instruction au sieur Comte de Caraman, Grand-Croix de l'Ordre royal & militaire de Saint-Louis, Lieutenant Général des Armées de Sa Majesté, Lieutenant Général de sa Province de Languedoc, & Commandant en Chef pour son service en son Pays & Comté de Provence; & au sieur de La Tour, Conseiller du Roi en ses Conseils, Premier Président en sa Cour de Parlement à Aix, & Intendant de Justice, Police & Finances auxdit Pays & Comté, Commissaires de Sa Majesté en l'Assemblée des Etats desdits Pays & Comté, qui se tiendra à Aix en la présente année.

ARTICLE PREMIER.

L'intention du Roi est que, suivant l'usage, les sieurs Commissaires aussi-tôt après l'ouverture de l'Assemblée générale, fassent au nom de Sa Majesté la demande du Don gratuit de sept cent mille livres pour l'année prochaine 1788, ainsi qu'il a été accordé les années précédentes; Sa Majesté se promet de l'affection de ses sujets du pays de Provence pour son service, qu'ils se porteront à lui en donner de nouvelles marques dans cette occasion.

Fait & arrêté par le Roi, étant en son Conseil, tenu à Versailles le 4 Décembre 1787. *Signé*, LOUIS. *Et plus bas*: LE BARON DE BRETEUIL.

MONSEIGNEUR L'ARCHEVÊQUE D'AIX, Président, a dit : Que l'Assemblée délibérera sur la demande qui vient de lui être faite par MM. les Commissaires du Roi, & qu'elle aura soin de les informer de sa résolution.

Après quoi MM. les Commissaires du Roi sont sortis. Ils ont été accompagnés par Messeigneurs les Evêques d'Apt, de Vence, de Senez & de Digne, jusques à la porte de la salle; par la même députation de MM. de la Noblesse qui les avoit reçus en entrant, jusques à la première marche de l'escalier; par la même députation du Tiers qui les avoit reçus en entrant, jusques dans la cour de l'Hôtel-de-Ville; & par les deux Greffiers des Etats jusques à la porte de l'Hôtel-de-Ville.

Et tous MM. les Députés étant rentrés, MONSEIGNEUR L'ARCHEVÊQUE D'AIX, Président, a demandé à M. l'Assesseur d'Aix s'il avoit à parler.

M. l'Assesseur d'Aix a dit, que tout le monde connoissoit les besoins de l'Etat, & qu'il étoit persuadé que les Etats s'empresseroient de donner aujourd'hui à Sa Majesté une nouvelle preuve de leur fidélité & de leur zele.

LES ETATS délibérant ensuite sur la demande

Les Etats accordent à Sa

Majesté un don gratuit de 700000 liv.	qui leur a été faite de la part du Roi d'un don gratuit de la somme de sept cent mille livres, ont accordé unanimement, libéralement & gratuitement à Sa Majesté ladite somme de sept cent mille livres pour la présente année 1788.

Et afin que Sa Majesté soit plus promptement informée du zele de l'Assemblée, MONSEIGNEUR L'ARCHEVEQUE D'AIX, Président, a été prié de le faire valoir par ses dépêches, qui seront portées par un Courrier exprès, auquel il sera payé par le Pays, tant en allant qu'en revenant, la somme de mille livres, & cent livres de plus, attendu l'augmentation des frais de Poste. |
| *Députation à MM. les Commissaires du Roi, pour leur annoncer la délibération des Etats qui accorde le don gratuit.* | Et pour annoncer à MM. les Commissaires du Roi la délibération qui vient d'être prise, MONSEIGNEUR L'ARCHEVEQUE D'AIX, Président, a proposé Monseigneur l'Evêque d'Apt, Monseigneur l'Evêque de Vence, M. de Covet de Marignane, M. d'Arlatan de Lauris, & les sieurs Députés des Communautés d'Apt, de Saint-Maximin, de Brignolle & de Barjols.

Ce qui a été unanimement délibéré.

Avant la fin de la séance, Me. Ricard, Greffier des Etats, a lu le Mémoire dont la teneur suit : |
| *Mémoire sur l'envoi des lettres de cachet pour la convocation des Etats.* | » M. le Baron de Breteuil, Ministre de la Province, a adressé le vingt-neuf novembre mil sept cent quatre-vingt-sept à M. le Comte de Caraman, Commandant en chef en Provence, vingt-six |

vingt-six lettres de cachet pour la convocation de l'ordre du Clergé, y compris les Commandeurs de Malte, & une autre lettre de cachet adressée à MM. les Procureurs du Pays, à l'effet de convoquer les Communautés & Vigueries qui doivent entrer aux Etats. Le terme de cette convocation a été fixé au trente-un décembre de la même année. »

» Les lettres pour la convocation de la Noblesse ont été adressées à Paris à M. le Maréchal de Beauvau, Gouverneur de la Province, & M. le Baron de Breteuil a écrit à M. le Comte de Caraman à ce sujet la lettre dont l'extrait est ci-dessous. »

EXTRAIT DE LA LETTRE
DE M. LE BARON DE BRETEUIL.

A Versailles le 28 novembre 1787.

Lettre de M. le Baron de Breteuil.

Le Gouverneur de la Province a réclamé le droit d'adresser lui-même les lettres de convocation, & il a sur-tout insisté sur le droit de les adresser aux Syndics de la Noblesse. Le Roi, provisoirement, & en se réservant de se faire rendre compte des anciens usages, a ordonné, pour cette tenue seulement, & sans tirer à conséquence, d'adresser au Gouverneur de la Province les lettres pour les Syndics de la Noblesse; & celles pour le Clergé & pour les Procureurs du Pays au premier Commissaire du Roi, &c.

LES ETATS ont délibéré que ce Mémoire & l'extrait de la lettre de M. le Baron de Bre-

Le Mémoire & la Lettre se-

M

ont tranfcrits dans le procès-verbal. teuil à M. le Comte de Caraman, feront tranfcrits dans le procès-verbal de cette féance.

Signé, † J. R. DE BOISGELIN, Archevêque d'Aix, Préfident des Etats de Provence.

Du onzieme dudit mois de Janvier.

PRÉSIDENT MONSEIGNEUR L'ARCHEVEQUE D'AIX.

Lecture a été faite par Me. Ricard, Greffier des Etats, du procès-verbal de la derniere féance.

Rapport de MM. les Députés pour annoncer à MM. les Commiffaires du Roi la Délibération des Etats fur le don gratuit.

Monfeigneur l'Evêque d'Apt, a dit: qu'ayant été nommé avec Monfeigneur l'Evêque de Vence, Monfieur de Covet de Marignane, Monfieur d'Arlatan de Lauris, & les fieurs Députés des Communautés d'Apt, de St. Maximin, de Brignolle & de Barjols, pour annoncer à MM. les Commiffaires du Roi que les Etats venoient d'accorder à Sa Majefté un don gratuit de la fomme de fept cent mille livres; ils s'étoient rendus à l'iffue de la féance, précédés de deux Meffagers-ferviteurs du Pays, à l'Hôtel de Monfieur le Comte de Caraman, où ils ont trouvé MM. les Commiffaires, ont été reçus avec les honneurs accoutumés, & leur ont fait part de la Délibération prife par les Etats; à quoi MM. les Commiffaires ont répondu qu'ils mettroient fous les yeux de Sa Majefté le zele que les Etats venoient de témoigner pour fon fervice: MM. les Députés fe font enfuite retirés, & ont reçu à leur fortie les honneurs d'ufage.

Lecture faite des instructions du Roi à MM. les Commissaires, & par eux communiquées à l'Assemblée.

MONSEIGNEUR L'ARCHEVEQUE D'AIX, Président a dit : qu'il convenoit d'inférer lesdites instructions dans le procès-verbal.

MEMOIRE du Roi pour servir d'instruction à ses Commissaires en l'Assemblée des Etats de Provence en la présente année.

Mémoire du Roi pour servir d'instruction à MM. les Commissaires.

ART. II.

Le Roi ayant, par brevet arrêté en son Conseil le 2 octobre de la présente année 1787, réglé les sommes qui doivent être imposées pendant l'année prochaine 1788, tant sur les Généralités, que sur les autres Provinces & Départemens du Royaume pour les dépenses concernant les milices ; comme aussi pour les Quatre deniers pour livre destinés à la retenue des Invalides, & aux taxations du Trésorier général, & frais de recouvrement, les Commissaires du Roi demanderont à l'Assemblée de faire l'imposition de la somme de trente-cinq mille livres, à laquelle a été modérée, par Arrêt du Conseil du 19 octobre dernier, celle de soixante-neuf mille deux cent quatre-vingt-dix-neuf livres, pour laquelle ledit Pays de Provence est employé dans ledit Brevet pour son contingent desdites dépenses, laquelle somme de trente-cinq mille livres sera payée de quartier en quartier, & levée par les Collecteurs ordinaires, qui en remettront le montant aux Receveurs

Milices.

particuliers dudit Pays, pour être lad. fomme de trente-cinq mille livres, déduction faite d'un fol pour livre de taxations qui fera retenu & diftribué entre les Collecteurs particuliers & généraux, ainfi & de la maniere ufitée dans led. Pays, remife par le Tréforier général au tréfor royal, pour être employée fuivant les ordres de Sa Majefté.

Art. III.

Capitation.

Le Roi ayant, par Arrêt de fon Confeil du 14 novembre 1779, fixé l'abonnement de la Capitation du Pays de Provence à cinq cent mille livres en tems de paix, & à fept cent mille livres en tems de guerre, à ce non compris les Quatre fols pour livre qui doivent être impofés & payés en fus defdites fommes, les Commiffaires du Roi demanderont à l'Affemblée, que le Pays impofe la fomme de cinq cent mille livres pour la Capitation de l'année prochaine 1788, en y ajoutant les Quatre fols pour livre, & en outre un fond fuffifant pour faire face aux taxations, décharges, modérations & non-valeurs; en forte que ladite fomme de cinq cent mille livres, & les Quatre fols pour livre d'icelle, rentrent au Tréfor royal fans aucune déduction; de laquelle fomme de cinq cent mille livres, ainfi que des Quatre fols pour livre, la répartition fera faite, fuivant l'ufage, par le fieur Intendant, Commiffaire départi, conjointement avec les Sieurs Procureurs du Pays.

Art. IV.

Le Roi, pénétré de l'importance d'apporter le plus prompt remede au déficit qui s'est trouvé dans ses Finances, avoit, d'après les observations des Notables de son Royaume, adopté deux moyens, qui avec les retranchemens & bonifications que Sa Majesté a projettés, lui avoient paru nécessaires pour le remplir; mais par l'examen approfondi que Sa Majesté a fait depuis, & qu'elle continue de faire journellement de l'état & de la nature de ses revenus, elle a reconnu que leur assiete & leur perception étoient susceptibles de changemens propres à opérer de grandes améliorations; en conséquence elle a pensé que si les besoins actuels exigeoient un secours pressant, il étoit plus convenable de le chercher dans la perception des Vingtiemes, que dans des établissemens de nouveaux impôts; elle s'est déterminée d'autant plus volontiers à ne pas employer d'autre moyen, qu'elle s'est assurée que la perception des Vingtiemes bien dirigée, sans causer aucune inquiétude à ses sujets, qui auront la certitude de ne pouvoir être imposés au-delà des deux Vingtiemes, & des Quatre sols pour livre du premier Vingtieme, pourra, avec les retranchemens & améliorations dont Sa Majesté s'occupe, suffire aux besoins actuels.

Prorogation du second Vingtieme & augmentation de l'abonnement des deux Vingtiemes, & Quatre sols pour livre du premier.

Si Sa Majesté a prolongé cette perception pendant deux nouvelles années, c'est que cette prorogation a été jugée nécessaire pour réparer & effectuer plusieurs des changemens utiles qu'elle se propose, & dont elle espere que ses Peuples ne tarderont pas à ressentir les avantages.

Sa Majesté, par ces diverses considérations, a ordonné que les Edits & Déclarations intervenus relativement aux Vingtiemes seroient exécutés ; elle a prorogé en même tems le second Vingtieme pour la durée des années 1791 & 1792 ; & ordonné que lesdits deux Vingtiemes & Quatre sols pour livre du premier, seroient perçus dans toute l'étendue du Royaume, sur l'universalité du revenu des biens qui y sont soumis par lesdit Edits & Déclarations précédemment intervenus, sans aucune distinction ni exception telle qu'elle puisse être, même sur les fonds du Domaine, soit qu'ils soient possédés à titre d'apanage ou d'engagement, ou même qu'ils soient dans les mains de Sa Majesté & régis par les Administrateurs de ses Domaines ; & ce, dans la juste proportion des revenus effectifs qui doivent supporter lesdites impositions, aux déductions néanmoins que les Edits & Déclarations ont accordées sur les biens qui exigent des réparations plus onéreuses aux Propriétaires.

Sa Majesté charge ses Commissaires de donner connoissance aux Etats de l'Edit qu'elle a fait rendre à ce sujet au mois de septembre dernier ; elle attend du zele des Etats, qu'ils lui en donneront une nouvelle preuve par un consentement pur & simple à cette prorogation, & elle est disposée en conséquence à continuer de leur abonner lesdits deux vingtiemes & quatre sols pour livre du premier.

Par le compte que le Roi s'eft fait rendre, tant des produits qu'à donné la perception du premier vingtieme, pendant la régie qui en a été faite depuis 1750 jufqu'en 1756, que des augmentations progreffives que ces produits ont éprouvées jufqu'à préfent dans les Provinces où la régie a continué d'avoir lieu, & de celles dont ils font encore fufceptibles, d'après les vérifications faites à ce fujet, Sa Majefté a reconnu que le nouvel abonnement à accorder au Pays de Provence devroit être porté au moins à trois millions foixante mille livres, en y comprenant les vingtiemes des biens du Clergé, de ceux des Hôpitaux, de l'Ordre de Malte, des biens du Domaine, des forêts du Roi & des apanages, & autres biens des Princes du fang; néanmoins Sa Majefté confultant moins l'intérêt de fes finances, que fon affection pour fes fujets du Pays de Provence, & prenant d'ailleurs en confidération les charges particulieres de la Province, a bien voulu fe borner à ne demander à l'Affemblée pour cet abonnement pendant l'année 1788, qu'une fomme de deux millions cinq cent huit mille livres, à raifon d'un million cent quarante mille livres pour chacun des deux vingtiemes, & de deux cent vingt-huit mille livres pour les quatre fols pour livre du premier vingtieme. Les Etats reconnoîtront eux-mêmes combien cette taxation eft modérée, en confidérant que les vingtiemes des biens du Clergé étant évalués à quatre cent dix mille livres, ceux de l'Ordre de Malte à dix-neuf mille huit cent treize livres, ceux des Hôpitaux à vingt mille fept cent foixante douze livres, en tout quatre cent cinquante mille cinq cent quatre-vingt-cinq livres, outre l'évaluation des biens domaniaux, ceux appartenans aux Princes du sang, soit à titre d'apanage ou autrement, Sa Majesté auroit pu la porter à une somme bien plus considérable.

En notifiant aux Etats les intentions du Roi à cet égard, les Commissaires leur déclareront que le montant des taxes auxquelles seront estimés les biens du Clergé dans la proportion des autres propriétés, ne devant point être versé dans la caisse du Trésorier de la Province, il sera nécessaire que lesdits Etats ou les Procureurs du Pays en adressent chaque année au Contrôleur Général des Finances un relevé détaillé & certifié d'eux, duquel relevé le montant sera pris pour comptant au Trésor royal, en déduction du prix de l'abonnement.

Sa Majesté ne fait pas de doute que les Etats qui doivent sentir l'impossibilité de leur accorder, dans les circonstances actuelles, un abonnement plus modéré, ne s'empressent de prendre à cet égard une Délibération conforme à ses intentions; les Commissaires les assureront au surplus que dès que la balance des recettes & dépenses qui sera connue par la publication des comptes, permettra d'accorder des soulagemens sur les impositions, l'abonnement des vingtiemes du Pays de Provence sera réduit dans une proportion équitable, & que Sa Majesté n'a rien tant à cœur que de faire ressentir bientôt à ses peuples les heureux effets des soins qu'elle prend pour l'amélioration des revenus

de

de l'Etat, & le rétablissement de l'ordre dans ses finances.

Après quoi Me. Ricard, Greffier des Etats, a fait lecture de l'Arrêt du Conseil du 19 octobre 1787 concernant les milices, & de l'Edit du Roi du mois de septembre 1787, portant prorogation du second vingtieme pour les années 1791 & 1792.

MONSEIGNEUR L'ARCHEVEQUE D'AIX, Président, a proposé de nommer trois Commissions pour examiner & discuter les divers intérêts du Pays, & en faire rapport aux Etats pour par eux y être délibéré, dont l'une doit s'occuper des demandes du Roi & impositions, une autre des travaux publics, la troisieme des diverses affaires qui lui seront indiquées par les Etats.

Commissions pour examiner & discuter les divers intérêts du Pays.

Sur quoi M. l'Assesseur d'Aix a demandé si on le regardoit ou non, comme membre de ces diverses Commissions, & ayant droit d'y assister; à quoi Monseigneur l'Archevêque d'Aix, Président, a répondu que les Etats ne vouloient & n'entendoient rien préjuger sur les prétentions de M. l'Assesseur d'Aix, l'examen en étant soumis à une Commission qui s'en occupe, que néanmoins il étoit invité à assister à la Commission pour les demandes du Roi, attendu que ses lumieres peuvent être infiniment utiles à MM. les Commissaires.

Sur quoi l'Assemblée ayant approuvé la proposition & la réponse de Monseigneur le Président, ce Prélat a proposé de former les Commissions ainsi qu'il suit :

POUR LES DEMANDES DU ROI.

Monseigneur l'Evêque de Grasse.
Monseigneur l'Evêque de Sisteron.
Monseigneur l'Evêque de Fréjus.
Monseigneur l'Evêque d'Apt.
Monseigneur l'Evêque de Digne.
M. le Prévôt de Pignans.
M. le Procureur fondé de M. l'Abbé de St. Victor.
M. le Commandeur de Beaulieu.

M. de Vintimille de Figanieres.
M. de Vento des Pennes.
M. de Maurel de Valbonette de Mons.
M. de Grasse du Bar.
M. d'Arlatan de Lauris.
M. de Castellane de Mazaugues.
M. de Mazenod de St. Laurent.
M. de Sade d'Eyguieres.

Les sieurs Députés des Communautés de Grasse, de Draguignan, de Toulon, de Digne, d'Apt, de Fréjus, de Riez & des Mées.

Les sieurs Députés des Vigueries de Tarascon, de Grasse, d'Hieres, de Moustiers, de Castellanne, de Saint-Maximin, de Brignolle, & le sieur Député des Vallées.

POUR LES TRAVAUX PUBLICS.

Monseigneur l'Evêque de Fréjus.
Monseigneur l'Evêque d'Apt.
Monseigneur l'Evêque de Vence.
Monseigneur l'Evêque de Senez.
Monseigneur l'Evêque de Toulon.
M. le Vicaire général d'Arles.
M. le Vicaire général de Glandeves.
M. le Commandeur d'Aix.

M. de Suffren de Saint-Cannat.
M. de Clapiers de Vauvenargues.
M. de Cymon de Beauval.
M. de Roux de la Fare.
M. d'Albertas d'Albertas.
M. de Montgrand de la Napoule.
M. de Perier de Clumans.
M. d'Autric des Baumettes.

Les sieurs Députés des Communautés de Tarascon, de Forcalquier, de Sisteron, de Moustiers, de Saint-Maximin, de Manosque, de Saint-Remy & de Cuers.

Les sieurs Députés des Viguieries d'Aix, de Forcalquier, de Draguignan, de Toulon, de Barjols, de Saint-Paul, de Colmars & de Seyne.

POUR LES DIVERSES AFFAIRES.

Monseigneur l'Evêque de Grasse.
Monseigneur l'Evêque d'Apt.
Monseigneur l'Evêque de Vence.

Monseigneur l'Evêque de Senez.
Monseigneur l'Evêque de Toulon.
M. le Prévôt de Pignans.
M. le Procureur fondé de M. l'Abbé de Saint-Victor.
M. le Commandeur des Omergues.

M. d'Arbaud de Jouques.
M. de Glandeves de Niozelles.
M. de Renaud d'Allein.
M. de Ponteves de Giens.
M. de Coriolis de Moissac.
M. de Villeneuve de Bargemon.
M. de Commandaire de Saint-Giniez.
M. Le Blanc de Castillon de Roquefort.

Les Sieurs Députés des Communautés d'Aix, de Forcalquier, de Saint-Paul, de Castellane, de Barjols, d'Annot, de Colmars, de Seyne, de Pertuis, d'Aups, de Valensolle, de Lambesc, de Trets, & de Rians.

Les Sieurs Députés des Vigueries de Sisteron, & de Castellane, & le Sieur Député des Vallées.

Ce qui a été unanimement délibéré.

Signé, † J. R. DE BOISGELIN, Archevêque d'Aix, Président des Etats de Provence.

Les douzieme & treizieme Janvier, les Etats ne se sont point assemblés.

Du quatorzieme dudit mois de Janvier.

Président Monseigneur l'Archeveque d'Aix.

ME. Ricard, Greffier des Etats, a fait lecture du procès-verbal de la derniere séance.

Monseigneur l'Evêque de Grasse, Président de la Commission pour les demandes du Roi, a dit: que sur l'article deuxieme des instructions de Sa Majesté à MM. ses Commissaires, concernant les Milices, les Quatre deniers pour livre destinés à la retenue des Invalides, taxations du Trésorier général, & frais de recouvrement, la Commission avoit observé que cette imposition, portée ci-devant à la somme de soixante-neuf mille deux cent quatre-vingt-dix-neuf livres, étoit réduite à la somme de trente-cinq mille livres; que le tirage des Milices n'ayant plus lieu, le Pays auroit dû être déchargé de toute imposition pour cet objet; que le Gouvernement avoit répondu, il y a plusieurs années, à cette observation, que cette contribution subsistoit à raison des avances faites par le Roi pour des fournitures; que ces avances devroient être acquittées depuis long-tems: que néanmoins la Commission a pensé unanimement, que les Etats devoient consentir au payement de trente-cinq mille livres, à répartir à la maniere accoutumée, suivant l'Arrêt du Conseil du 16 octobre 1765, & payables comme par le passé; les Etats se réservant de représenter que cette contribution ne devroit plus avoir lieu depuis le tirage ef-

Commission pour les demandes du Roi.

Premier rapport.

Milices.

fectif des Milices, & que les dettes contractées par le Gouvernement pour les anciens armemens & équipemens des Milices, & qui ont servi de motif pour continuer la demande de cette contribution, devroient avoir été acquittées en entier, depuis l'année 1776, époque depuis laquelle la somme de trente-cinq mille livres a été payée annuellement pour l'acquittement de ces dettes.

La matiere mise en Délibération :

Les Etats ont adopté l'avis de la Commission.

Monseigneur l'Evêque de Grasse a dit : que la Commission s'étoit occupée en second lieu de l'article troisieme des instructions de Sa Majesté à MM. ses Commissaires; que l'abonnement de la capitation avoit été fixé par un Arrêt du Conseil du 14 novembre 1779, pour le tems de paix, à cinq cent mille livres, non compris les Quatre sols pour livre, & en outre un fonds suffisant pour toutes décharges, modérations, non-valeurs, & frais de régie ; de maniere que la somme réelle de cinq cent mille livres, & les Quatre sols pour livre entrent au Trésor royal.

Que MM. les Commissaires du Roi ont fait la même demande pour cette année que pour les précédentes.

Capitation. Et que la Commission a unanimement pensé que les Etats devoient consentir au payement de la Capitation pour l'année mil sept cent quatre-vingt-huit, fur le pied de cinq cent mille livres, & les Quatre fols pour livre en fus, ainfi que pour les frais de recouvrement, décharges, modérations, & non-valeurs.

Ce qui a été unanimement délibéré.

Monfeigneur l'Evêque de Graffe continuant fon rapport, a dit: que l'objet le plus intéreffant étoit la prorogation du fecond vingtieme, & l'augmentation du prix de l'abonnement des deux vingtiemes & des quatre fols pour livre du premier.

Prorogation du fecond vingtieme pour les années 1791 & 1792.

Que la Commiffion s'étoit occupée de deux queftions: la premiere, relative à la prorogation du fecond vingtieme pour les années mil fept cent quatre-vingt-onze, & mil fept cent quatre-vingt-douze; la feconde, relative aux bornes que l'impuiffance la plus abfolue & évidemment démontrée, forçoit de mettre au zele le plus animé & le plus reconnoiffant des Etats de Provence pour feconder les intentions paternelles du Roi, & le régime bienfaifant du Gouvernement actuel.

Sur le premier objet, la Commiffion a été d'avis de confentir la prorogation du fecond vingtieme pour les années mil fept cent quatre-vingt-onze & mil fept cent quatre-vingt-douze, efpérant que le premier vingtieme ceffera à une époque prochaine.

Mais la Commiffion n'a pu fe diffimuler que la demande de onze cent quarante mille livres pour chacun des deux vingtièmes, & de deux cent vingt-huit mille livres pour les quatre fols pour livre du premier vingtième étoit hors de toute proportion avec les revenus effectifs du Pays; que le retranchement fait fur cette fomme, de quatre cent cinquante mille cinq cent quatre-vingt-cinq livres pour les vingtièmes des revenus du Clergé, de l'Ordre de Malte, & des Hôpitaux, dont l'évaluation femble hors de toute mefure, laifferoit encore à la charge de la Provence la fomme de deux millions cinquante-huit mille quatre cent quinze livres.

Néanmoins la Commiffion, touchée des économies ordonnées & exécutées par le Roi, du régime nouveau qui cherche à rétablir l'ordre dans toutes les parties des finances, & de l'efpoir certain d'un foulagement, fur-tout pour la claffe la plus indigente, a été d'avis d'offrir à Sa Majefté, par un libre confentement des Etats, & pour les années mil fept cent quatre-vingt-huit, mil fept cent quatre-vingt-neuf, mil fept cent quatre-vingt-dix, mil fept cent quatre-vingt-onze, mil fept cent quatre-vingt douze, une fomme nette de trois cent cinquante mille livres pour chacune defdites années, en fupplément à l'abonnement des vingtièmes actuellement perçus, fous les réferves & modifications qu'elle a cru devoir propofer aux Etats.

Offre de la fomme de trois cent cinquante mille livres, en fupplément à l'abonnement des deux vingtièmes & quatre fols pour livre du premier.

MONSEIGNEUR

MONSEIGNEUR L'ARCHEVEQUE D'AIX, Préfident, a dit :

MM.

La Commiſſion a fini ſon travail avec une diligence qui doit vous ſurprendre. Il eſt juſte que vous ſoyiez inſtruits de ſes raiſons. Elle n'a pas cru pouvoir admettre la demande contenue dans les inſtructions du Roi. Elle a ſenti que les Etats ne pouvoient faire qu'une offre infiniment diſproportionnée à la demande. Elle m'a prié de demander à MM. les Commiſſaires du Roi, s'ils pourroient accepter l'offre des Etats réduite au taux propoſé par la Commiſſion. MM. les Commiſſaires du Roi ont répondu qu'ils pouvoient demander une approbation ; qu'ils ne pouvoient pas la donner ; qu'ils mettroient ſous les yeux du Gouvernement, avec le même zele que vous-mêmes, les raiſons qui ne vous permettroient pas de faire une offre plus conforme aux inſtructions, & qu'ils deſiroient ſeulement que la Délibération des Etats ne fût pas différée ; afin qu'ils euſſent le tems de recevoir la réponſe, avant le terme auquel il paroît que les Etats peuvent terminer leurs ſéances.

Cette obſervation fort juſte de MM. les Commiſſaires du Roi, a déterminé la Commiſſion à faire ſon rapport, & à vous le préſenter ſans retardement.

Les inſtructions du Roi portent la demande de l'abonnement des deux Vingtiemes à un taux vraiment exceſſif, qui ſurpaſſe également, & la proportion des Vingtiemes & les facultés des contribuables.

Quand le Ministre des Finances me fit part de ses demandes, je ne lui diffimulai pas ma furprife ; je repris quelque affurance en voyant les motifs fur lefquels elles étoient fondées ; je fentis que vous deviez obtenir une modération dans la demande, par les éclairciffemens que vous pouviez donner fur les motifs.

Une lettre que M. le Contrôleur Général m'avoit adreffée, ainfi qu'à MM. les Commiffaires du Roi, expliquoit d'une maniere plus détaillée les motifs de l'inftruction.

Tels étoient ces motifs :

Premiérement. L'abonnement actuel eft tellement modéré, qu'il s'en faut de 359,000 liv. qu'il n'atteigne le taux auquel il auroit dû être porté, fi l'on avoit pris pour bafe de fa fixation le produit de la derniere année de la Régie du Vingtieme en 1755.

Secondement. Depuis 1756 jufqu'en 1787, le produit de cette impofition dans les Provinces, où la Régie a continué, avoit éprouvé un accroiffement de fix vingt-cinquiemes un dixieme fur les feules parties qui ont été vérifiées.

Troifiémement. Les Vingtiemes de ces Provinces font encore fufceptibles, en achevant la vérification, d'une nouvelle augmentation de trois douziemes.

M. le Contrôleur Général concluoit de ces observations, que l'abonnement de la Province feroit dans le cas d'être augmenté au moins de 1,300,000 liv., & conséquemment porté à plus de 2,600,000 liv. pour les seuls biens qui s'y trouvent compris jusqu'à présent, & sans y comprendre les objets domaniaux & les biens appartenans aux Princes du Sang, à titre d'appanage ou autrement.

Il paroît qu'on avoit bien mal connu ce qui s'étoit passé en Provence, par rapport à l'abonnement & à la levée des Vingtiemes.

En 1749, le Gouvernement voulut connoître la valeur réelle des Vingtiemes avant d'en renouveller l'abonnement. On sentit qu'on ne pouvoit pas avoir recours au cadastre de la Province, quand on ignoroit la valeur de la livre cadastrale, quand le cadastre ne servoit qu'à maintenir la proportion dans la répartition, & quand on vouloit acquérir par une perception rigoureuse la connoissance de la valeur réelle des revenus.

Il auroit fallu faire un nouveau cadastre pour suppléer à celui qu'on vouloit réformer. On comprit qu'on ne pouvoit pas le renouveller sans le concours de la Province, & qu'il en coûteroit des frais excessifs pour y parvenir. On demanda des déclarations. Les déclarations furent suspectées ; le Directeur des Vingtiemes imposa des taxes arbitraires au-delà des déclarations, & ne tint point compte de la déduction de la taille, & des impenses, contre les dispositions expresses de l'Edit du Vingtieme.

On conserve encore le relevé des taxes des différentes Communautés. Ces taxes font remarquables par leur surprenante disproportion avec le nombre des feux.

Ainsi le Directeur du Vingtieme forma, sans connoissance & sans autorité, un état arbitraire des produits du Vingtieme.

Le Directeur du Vingtieme poursuivit par des assignations & des exécutions les Particuliers & les Communautés, & ne put pas faire les recouvremens. Les arrérages furent considérables, & l'Arrêt du Conseil du 15 Mars 1757 qui regle l'abonnement de la Province fait en 1756, cede & abandonne, tant au Pays de Provence, qu'à la ville de Marseille, & aux autres Villes & Communautés des Terres adjacentes, tout ce qui reste à recouvrer sur les Contribuables en exécution des rôles arrêtés, soit au Conseil, soit par le sieur Intendant & Commissaire départi, pour chacune des années 1750, 1751, 1752, 1753, 1754, 1755, & pour les neuf premiers mois de 1756.

Ces arrérages ont été perdus pour la Province & pour le Roi; & ce sont ces rôles non perçus, ce sont ces états arbitraires, déposés dans les Bureaux, qu'on regarde aujourd'hui comme la base d'estimation du produit du Vingtieme en 1756.

L'abonnement de 1756 est une regle plus sûre;

parce que le Gouvernement étoit éclairé par les difficultés de fa Régie, qu'il connoiffoit le produit réel verfé dans le Tréfor royal, & que cette connoiffance lui donnoit une bafe plus exacte, que des rôles qu'on n'avoit pas pu remplir.

L'abonnement même fut plus confidérable par les circonftances, parce que la Province rachetoit fa Conftitution, & parce qu'elle obtint en même tems le rembourfement des avances & fournitures qu'elle avoit faites pendant la guerre aux armées du Roi, en 1745, 1746 & 1747.

Telle étoit la diminution de la Régie au-deffous du taux de l'abonnement de 1756, que le Gouvernement crut devoir donner un effet rétroactif à l'abonnement du premier Vingtieme, depuis 1749 jufqu'à l'époque de l'abonnement de 1756.

L'Arrêt du Confeil du 20 Mars 1758, fixe & liquide, en conféquence ce qui doit être payé par la Province pour le premier Vingtieme depuis fon établiffement, à la fomme de 500000 liv. par an, nette, & fans aucune déduction pour frais de régie & de recouvrement, ou non valeur, faifant en total pour fix années & neuf mois écoulés, depuis le premier Janvier 1750 jufqu'au premier Octobre 1756, la fomme de 3,375,000 liv. à la déduction des paiemens qui feroient juftifiés avoir été ci-devant faits pour aucune des années antérieures audit abonnement.

Les Tréforiers du Pays repréfenterent à l'Afsemblée générale des Communautés de 1760, que les Receveurs des Vigueries avoient trouvé beaucoup de difficultés dans le recouvrement des Vingtiemes de la Régie, & qu'il leur étoit impossible d'en présenter valablement le compte, à cause des reprises considérables sur lesquelles ils avoient besoin d'être autorisés.

Il fallut leur passer en reprise les sommes recouvrées sur le compte du Vingtieme des biens fonds, industrie, offices & droits depuis 1750, jusques & compris les neuf premiers mois de 1756; & les Etats établirent un Receveur particulier pour en poursuivre le recouvrement.

M. le Contrôleur Général a pensé que l'abonnement de 500,000 liv. fait en 1756, auroit dû monter a 350,000 liv. en sus, parce qu'il à pris pour base le montant des rôles non recouvrés en 1755.

On voit par les difficultés de la perception, & par le défaut des recouvremens, à quel point il est démontré que les produits de la Régie étoient inférieurs au taux de l'abonnement en 1756.

Le taux de l'abonnement en 1756 étoit de 500,000 liv.

M. le Contrôleur Général porte l'accroissement des impositions, dans les Provinces où la Régie a continué depuis 1756 jusqu'en 1787, à six vingt-cinquiemes un dixieme, en sus, sur les parties vérifiées.

Il en réfulteroit que chaque Vingtieme en Provence feroit de 632,000 liv.

Que les deux Vingtiemes feroient de . . . . 1,264,000 l.
Que les 4 fols pour livre du premier feroient de . . . . . 126,000 l.
Que le total monteroit à . . 1,390,000 l.

L'abonnement des Vingtiemes & quatre fols pour liv. du premier en Provence, monte à 1,298,000 liv.

Il ne differe de la proportion des Vingtiemes dans les Provinces régies, que d'une fomme de 92400 liv.

Si les vérifications continuées font encore fufceptibles d'une augmentation de trois douziemes, chaque Vingtieme en Provence doit monter à la fomme de 756,998 liv.

Les deux Vingtiemes feroient de 1,513,996 l.
Les 4 fols pour livre du premier feroient de . . . . . . 151,398 l.
Le total monteroit à . . . 1,665,394 l.

Otez fur l'eftimation de . . 2,058,000 l.
La fomme de . . . . . 1,665,394 l.
Refte un excédent de . . . 392,606 l.

Qui n'eft fondé fur aucune regle d'approximation.

Ces dernieres vérifications n'ont point été

faites, & ne feront faites dans aucune Province. Elles ne font point par là même prouvées, & des vérifications à faire ne peuvent pas donner une regle d'eftimation.

En général les impofitions ont été plus rapprochées en Provence, que dans les autres Provinces, de la valeur des revenus en 1756.

Les Adminiftrateurs de la Province avoient acquis la connoiffance de fes forces réelles par le cadaftre général renouvellé en 1733, & par les cadaftres des Communautés. Ces cadaftres dont ne pouvoit pas profiter le Directeur des Vingtiemes, pour une perception à faire fur chaque Particulier, n'en étoient pas moins utiles pour la répartition d'un abonnement; & les Adminiftrateurs locaux connoiffoient ce que des Etrangers ne pouvoient pas connoître, la valeur de la livre cadaftrale.

Les biens fonds en Provence avoient acquis, par une exportation plus libre à Marfeille & chez l'Etranger, une valeur que n'avoient point en 1756 les biens fonds des autres Provinces. Les autres Provinces étoient alors interceptées dans leur commerce par des prohibitions locales qui ne fubfiftent plus aujourd'hui, & par la défenfe de l'exportation. Le prix des denrées étoit bien plus haut en Provence que dans le refte du Royaume.

Quand on a détruit les prohibitions dans le refte de la France, les biens des autres Provinces ont fait les progrès que la liberté procure au commerce

commerce; & il n'est pas étonnant que leurs valeurs réelles se soient élevées au-dessus de la proportion de leurs premiers Vingtiemes en 1756. Les progrès du prix des denrées en Provence avoient prévenu l'établissement du premier Vingtieme, & la différence, dans la suite, ne pouvoit pas être aussi considérable.

Les accroissemens successifs des Vingtiemes en Provence ont été rapprochés plus qu'ailleurs de leur véritable proportion, parce que le premier abonnement étoit plus rapproché de la valeur réelle des revenus.

Telle étoit l'opinion que la Province & le Gouvernement avoient conçue de la charge des Vingtiemes en Provence, qu'il fut accordé une diminution de 100,000 liv. sur le troisieme Vingtieme en 1761, & que le Pays fut autorisé à faire un emprunt pour acquitter le contingent du troisieme Vingtieme & deux sols pour livre d'icelui qui compétoit au corps des Vigueries. Il fut stipulé qu'il seroit pourvu au remboursement de l'emprunt par continuation du second Vingtieme, quand il cesseroit d'être levé pour le compte de Sa Majesté.

Quand on a rétabli le troisieme Vingtieme en 1782, on a remis les deux premiers Vingtiemes à 560,000 liv. comme en 1772, & l'on a fixé le troisieme Vingtieme à 350,000 liv.

Seroit-il possible aujourd'hui de porter l'abonnement des deux Vingtiemes au-delà de celui des trois Vingtiemes?

P

M. le Contrôleur Général avoit pensé que les biens appartenans aux Princes du Sang, soit à titre d'appanage, soit autrement, ainsi que les biens domaniaux pouvoient entrer en considération.

Cette considération, qui peut intéresser les autres Provinces, est étrangere à la Provence.

En 1758, les Princes du Sang prétendirent qu'ils ne devoient pas être compris dans la répartition des deux Vingtiemes, pour les biens qu'ils possédent en Provence. Les Administrateurs de la Province représenterent que les impositions étoient réelles en Provence, que les biens y étoient sujets & non les personnes, & qu'une exception seroit contraire à la Constitution du Pays. Les biens des Princes du Sang ont continué d'être imposés comme les autres, & quand le Roi a voulu leur faire une grace, il en a été tenu compte au Trésorier du Pays, sur les impositions de la Province.

Ainsi tombent tous les motifs, sur lesquels est fondée la demande de l'augmentation contenue dans les instructions; & nous pouvons juger à quel point il seroit impossible de faire supporter à la Province un excédent d'imposition, aussi disproportionné à ses impositions actuelles & à la valeur de ses revenus.

Il faut l'avouer: le véritable motif des demandes du Gouvernement est le besoin de l'Etat.

On avoit vainement augmenté les revenus.

On avoit multiplié les droits de tous les genres. On avoit épuisé les ressources du crédit. Le moment étoit venu de mettre un terme au troisieme Vingtieme. L'Etat ne pouvoit plus subvenir à ses charges, & ne pouvoit plus recourir aux emprunts.

Les Notables apprirent que l'excédent de la dépense étoit porté à . . . . . 113,000,000 l.

On eut peine à le croire. On mettoit en doute une annonce sans vraisemblance, on craignoit la demande d'un impôt sans nécessité.

Les Notables voulurent en faire la vérification. Ils nommerent des Députés.

J'ai vu des états de recette & de dépense.

Ces états, tels qu'ils ont été remis sous nos yeux, portoient l'excédent de la
dépense à . . . . 137,000,000 l.

Il paroît qu'on devoit en déduire, pour des objets dont on
pouvoit opérer la rentrée . . 6,000,000 l.

L'excédent de la dépense se
réduiroit à . . . . 131,000,000 l.

Il y avoit des charges qui devoient s'éteindre successivement dans le cours de quelques années; on n'en avoit point donné les états.

On dit qu'elles pouvoient monter à . . . . 16,000,000 l.

Il restoit un déficit constant de . . . . 113,000,000 l.

Et il falloit pourvoir pendant quelques années au déficit, total de . . . . 131,000,000 l.

L'Assemblée des Notables avoit craint une erreur. Elle fut épouvantée de la vérité.

Cependant un Ministre sage n'a point désespéré de l'Etat, parce qu'il n'a point confondu l'Etat avec la Cour. Une Administration mesurée dans ses moyens, & sévere dans ses effets, a retranché les dépenses superflues. Elle n'a point respecté la faveur, les rangs & les places. Elle semble avoir surmonté ses propres dispositions, & le desir d'obliger ne l'a point emporté sur l'utilité publique.

Les économies effectives ont été portées à . . . . 50,000,000 l.

Il y avoit des remboursemens à terme fixe qui doivent être remplis par des emprunts, & la dette entiere doit être éteinte dans quatorze ans. Ces remboursemens à faire montent à 50,000,000 l.

L'augmentation des Vingtiemes, telle qu'elle est proposée

aux différentes Provinces est
estimée à . . . . 20,000,000 l.

Il reste encore un excédant d'onze millions:

Telle est la combinaison des emprunts annoncés pendant quatre ans, qu'on compte éteindre les intérêts d'un capital de 650 millions, avec des emprunts de 450 millions

Ces intérêts montent à . . 10,000,000 l.
Total . . . . 130,000,000 l.

Il faut pourvoir en attendant aux charges qui ne seront pas encore éteintes, ainsi qu'aux dépenses imprévues. Elles seront l'objet des soins du Gouvernement. Il y a des ressources que le tems amene : Il y a des ressources qui proviennent des progrès même d'une bonne Administration.

On sent par ce simple exposé, combien il importe que le produit des Vingtiemes procure un secours à l'Etat.

Est-ce dans un moment où l'économie s'occupe à remonter aux sources du mal pour le guérir, que le Gouvernement doit éprouver le refus des Provinces qui profitent de ses vertus, comme la Capitale de ses vices?

Est-ce dans un moment où les Nations rivales s'énorgueilliſſent du diſcrédit de la France, que nous devons concourir à leur triomphe, par nos refus ?

Eſt-ce dans un moment où la juſtice du Souverain vous rend votre Conſtitution, que vous devez dans votre premiere Aſſemblée lui refuſer des ſecours dont chacun de vous ſent l'indiſpenſable néceſſité ?

Il faut nier que le déficit exiſte. Il ne faut pas croire à des économies que le cri de la Cour atteſte. Il faut oublier la révolution de Hollande. Il faut ſoutenir qu'il n'eſt pas utile de rendre à la Provence ſa propre Adminiſtration, pour croire que les Etats de Provence puiſſent refuſer, dans les circonſtances actuelles, des ſecours à l'Etat.

Quelle en doit être la proportion ? C'eſt en vérité la ſeule queſtion qui nous reſte à faire.

On peut faire bien des calculs différens, plus ou moins compliqués. Je penſe que nous ne devons nous déterminer que par des calculs ſimples & clairs, ſur une Délibération qui tend à l'augmentation des impôts.

On a renouvellé le Cadaſtre en 1733.

Le bled étoit à 20 liv.

Le bled eſt à préſent à 33 liv.

Il ſemble qu'on peut augmenter la valeur des

feux, & celle des Vingtiemes dans la même proportion.

On a donnné aux feux en 1776 une évaluation proportionnée au plus haut prix des denrées, quand on a foulagé la haute Provence par la diminution du nombre de fes feux.

Il en réfulteroit un Vingtieme de 750,000 l.

Et les deux Vingtiemes & les quatre fols pour livre monteroient à 1,650,000 l.

C'eft la même augmentation que celle du troifieme Vingtième, tel qu'il fut établi en 1783.

C'eft la même augmentation qui réfulte des calculs de M. le Contrôleur Général, appliqués à l'abonnement de 1756.

Il femble, dans la néceffité de donner un fecours, que toutes les combinaifons ramenent la même proportion.

On vous demande une prorogation jufqu'en 1792. Cette même prorogation a le même terme que le réfultat des opérations que le Gouvernement fe propofe.

C'eft en 1792 que ces opérations doivent être confommées. C'eft alors qu'on efpere pouvoir diminuer les impôts. Il eût été fatisfaifant pour le Miniftre de marquer un terme encore plus rapproché, fi fes opérations pouvoient être plus promptement terminées. Un Miniftre qui veut fervir le Peuple, perd une partie des avantages de ceux qui veulent le tromper. Il ne donne point des efpérances fauffes, parce qu'il veut remplir des projets utiles.

Il reftoit une queftion, favoir s'il falloit payer pour l'abonnement des deux Vingtiemes, une contribution égale à celle des trois Vingtiemes, telle qu'on l'a levée en Provence, ou s'il étoit plus utile de donner un fecours extraordinaire. Des raifons relatives aux circonftances n'ont pas permis de vous propofer un fecours extraordinaire.

Il y avoit des précautions à prendre pour prévenir les inconvéniens, & les conféquences d'une augmentation d'abonnement.

La rédaction qu'on vous propofe femble n'avoir rien oublié ; nous devons remercier MM. les Commiffaires du foin qu'ils ont pris, de pourvoir aux befoins de l'Etat pour le préfent, & de veiller aux intérêts de la Province pour l'avenir.

LES ETATS, conformément aux obfervations de Monfeigneur l'Archevêque d'Aix, & à l'avis de la Commiffion, ont unanimement délibéré d'offrir, pour les années 1788, 1789, 1790, 1791, & 1792, une fomme nette de 350,000 l. en fupplément à l'abonnement des Vingtiemes actuellement perçus ; déclarant lefdits Etats:

Qu'ils ne confentent ce fupplément & ce
fecours

secours extraordinaire, qu'en se réservant de faire valoir en tout tems les droits, franchises, Statuts, privileges & coutumes du Pays & Comté de Provence, notamment ceux concernant le prix & vente du sel, assurés par Edit du mois d'Août mil six cent soixante-un, & autres loix postérieures.

Que ce supplément d'abonnement cessera en l'année mil sept cent quatre-vingt-douze, & en même tems que le second vingtieme ; sans qu'aucune portion desdites trois cent cinquante mille livres, même sous le prétexte des quatre sols pour livre, puisse être portée alors en supplément de l'abonnement du premier vingtieme.

Qu'il sera représenté à Sa Majesté que cette augmentation est le plus grand & le dernier effort que les Etats puissent faire ; que cette augmentation excede le montant du troisieme vingtieme, supprimé par Sa Majesté pour soulager ses peuples, & non pour aggraver leurs charges.

Que ce troisieme vingtieme avoit été abonné à trois cent cinquante mille livres, mais que Sa Majesté, frappée de l'état de détresse d'un grand nombre de Communautés, avoit bien voulu accorder sur le montant de l'abonnement des deux vingtiemes, & quatre sols pour livre du premier, une réduction de soixante-six mille livres ; réduction qui n'a pas empêché plusieurs Communautés de recourir à des emprunts ruineux.

Q

Que la Provence est un pays peu fertile en lui-même, qu'une grande partie est absolument stérile, qu'elle ne doit ses produits qu'à l'industrie la plus laborieuse, qu'il faut acheter l'espérance des récoltes par des avances considérables, que cette espérance est souvent trompée, dans la plaine, par une seule gelée qui détruit les olives, & souvent les oliviers même; que dans ce dernier cas les frais & le travail continuent, & le produit est rejetté à vingt ou vingt-cinq années; que les vignes, qu'on doit replanter souvent & à grands frais, sont d'un produit très-incertain.

Que la haute Provence exposée à la destruction des terreins cultivables, par les torrens multipliés & désastreux dont elle est coupée, par les orages fréquens qui enlevent souvent récoltes, habitations & habitans, ne recueille qu'une partie des grains qui lui sont nécessaires; & que ces grains ne sont encore que le fruit de travaux & de dépenses énormes.

Qu'il sort annuellement de la Provence des sommes considérables pour l'achat des grains étrangers; & que par là même, l'accroissement du prix des grains que l'habitant recueille ne tourne point à son profit.

Que les Vingtiemes sont encore augmentés de cent mille livres par an, pour la contribution du Pays à la construction d'un Palais de justice & du bâtiment des Prisons en la ville d'Aix; dépense qui devroit être à la seule charge de Sa Majesté, à cause des amendes, droits de

Greffe, contrôle, papier timbré, & autres qu'elle perçoit.

Qu'en Provence, il n'y a presque point de biens domaniaux engagés, ou dans les mains de Sa Majesté; aucune forêt du Roi; & que les Princes du sang n'ont jamais joui d'aucune exemption personnelle pour les biens qu'ils possedent dans le Pays & Comté de Provence; qu'ainsi il ne peut y avoir de soulagement pour les autres biens, par la proportion des Vingtiemes qui seroient portés sur les biens domaniaux.

Que les grands efforts du Pays & Comté de Provence ne peuvent être soutenus que par l'espérance que Sa Majesté voudra bien diminuer, dans le terme marqué pour les opérations du Gouvernement, les charges qui portent sur le Peuple; & qu'en attendant elle viendra au secours du Pays par des dons & des indemnités proportionnés aux dommages qu'ont soufferts les territoires des Communautés situées aux bords de la Durance, du Verdon, & de plusieurs autres rivieres ou fleuves, & ceux de plusieurs autres Communautés, soit par les inondations, soit par l'intempérie des saisons.

Nomination des Députés pour annoncer à MM. les Commissaires du Roi les délibérations prises sur les demandes de Sa Majesté.

Et pour faire part à MM. les Commissaires du Roi, des Délibérations qui ont été prises sur les demandes de Sa Majesté, Monseigneur l'Archevêque d'Aix, Président, a proposé Monseigneur l'Evêque de Marseille, Monseigneur l'Evêque de Grasse, M. de Suffren de Saint-Cannat, M. de Vintimille de Figanieres; & les Sieurs Députés des Communautés d'Aix, de Tarascon, de Forcalquier, & de Sisteron.

Les Etats ont agréé le choix des Députés.

Médaille en mémoire du rétablissement des Etats.

Les Etats, après avoir marqué l'époque de leur rétablissement par les preuves de leur zele pour le bien de l'Etat, ont cru devoir consacrer à la postérité leur amour pour un Roi juste & vertueux qui leur a rendu leur Constitution ; & leur reconnoissance pour un Ministre dont les Conseils ont donné la force aux réclamations du Pays de Provence, & en ont assuré le succès.

Il sera présenté une Médaille d'or à sa Majesté.

A M. l'Archevêque de Toulouse, principal Ministre.

Les Etats ont unanimement délibéré de faire frapper une médaille en mémoire de leur rétablissement, d'offrir une médaille d'or à Sa Majesté, & d'en présenter une semblable à Monseigneur l'Archevêque de Toulouse, principal Ministre.

Et à M. l'Archevêque d'Aix, Président des Etats.

Les Etats voulant aussi consacrer la reconnoissance que tous les Ordres doivent à Monseigneur l'Archeveque d'Aix, qui n'a jamais cessé de soutenir leurs intérêts & leurs privileges avec autant de force que de talent, & qui, dans cette occasion importante, a redoublé de zele pour les faire rentrer dans tous les droits qui leur appartenoient par l'antique Constitution du Pays, ont délibéré, par acclamation, de présenter une médaille d'or à Monseigneur l'Archeveque d'Aix, Président des Etats de Provence.

Signé, † J. R. de Boisgelin, Archevêque d'Aix, Président des Etats de Provence.

Du Quinzieme dudit mois de Janvier.

PRÉSIDENT MONSEIGNEUR L'ARCHEVEQUE D'AIX.

ME. Ricard, Greffier des Etats, a lu le procès-verbal de la derniere féance.

Monfeigneur l'Evêque de Marfeille a dit: qu'ayant été nommé avec Monfeigneur l'Evêque de Graffe, M. de Suffren de Saint-Cannat, M. de Vintimille de Figanieres, & les Sieurs Députés des Communautés d'Aix, de Tarafcon, de Forcalquier, & de Sifteron, pour annoncer à MM. les Commiffaires de Sa Majefté les Délibérations des Etats fur les demandes du Roi; ils fe font rendus chez Monfieur le Comte de Caraman, ont été reçus avec les honneurs accoutumés, & ont fait part defdites Délibérations à MM. les Commiffaires; à quoi mefdits Sieurs les Commiffaires ont répondu, qu'ils feroient valoir le zele des Etats pour le fervice de Sa Majefté, & qu'ils feroient tous leurs efforts pour lui faire agréer leurs Délibérations.

Rapport de MM. les Députés nommés pour annoncer à MM. les Commiffaires du Roi les Délibérations des Etats fur les demandes de Sa Majefté.

Et MM. les Députés fe font retirés, & ont reçu à leur fortie les honneurs d'ufage.

M. Pafcalis, Affeffeur d'Aix, a commencé la relation des affaires du Pays depuis le premier Janvier mil fept cent quatre-vingt-fept.

Relation des affaires du Pays depuis le premier janvier 1787.

Signé, † J. R. DE BOISGELIN, Archevêque d'Aix, Préfident des Etats de Provence.

Du seizieme dudit mois de Janvier.

Président Monseigneur l'Archeveque d'Aix.

Continuation de la rélation des affaires du Pays.

M. Pascalis, Assesseur d'Aix, a continué la relation des affaires du Pays.

Me. Ricard, Greffier des Etats, a fait lecture de l'extrait du Mémoire du Roi, pour servir d'instruction à MM. ses Commissaires, dont la teneur suit :

Mémoire du Roi sur l'époque à fixer pour la convocation des Etats.

» Sa Majesté a vu, par le compte qu'on lui a rendu des anciennes Assemblées, qu'il n'y avoit point de tenue fixe, à des intervalles & à des époques usitées ou convenues; son intention est que les Etats soient convoqués régulièrement chaque année, ou tous les deux ans, afin que les délais arbitraires de la convocation ne laissent plus à craindre leur suspension. »

» Elle invite les Etats à lui présenter leur vœu sur l'époque à fixer pour la convocation des Etats. »

Les Etats ont renvoyé ce Mémoire à la Commission établie pour la formation des Etats, à l'effet de s'en occuper, & d'en faire le rapport à la prochaine séance.

Signé, † J. R. de Boisgelin, Archevêque d'Aix, Président des Etats de Provence.

Le dix-septieme dudit mois de Janvier les Etats ne se sont pas assemblés.

Du dix-huitieme dudit mois de Janvier.

PRÉSIDENT MONSEIGNEUR L'ARCHEVEQUE D'AIX.

ME. Ricard, Greffier des Etats, a fait lecture du procès-verbal de la derniere séance.

Monseigneur l'Evêque de Sisteron, Président de la Commission pour la formation des Etats, a dit :

Commission pour la formation des Etats. Second rapport.

MM.

» Une fatale expérience vous avoit démontré que vos Etats pouvoient être suspendus, & vous laissoit des craintes sur la durée d'un bienfait pour lequel vous avez signalé votre reconnoissance. Le Roi, non content de rétablir votre ancienne Constitution, veut encore en assurer la perpétuité. Sa bonté s'occupe de votre bonheur & de celui de vos neveux. Elle daigne vous consulter, & demander votre vœu sur les époques à fixer pour la tenue des Etats, soit chaque année, soit tous les deux ans. »

» La Commission a pensé que le bien du Pays exige une assemblée des Etats chaque année, & que Sa Majesté soit suppliée d'en fixer l'ouverture, du quinze Novembre au dix Décembre.

Sa Majesté sera suppliée de convoquer annuellement les Etats de Provence, du quinze Novembre au dix Décembre.

LES ETATS ont adopté unanimement l'avis de la Commiſſion.

Continuation de l'exercice des fonctions des Greffiers des Etats juſqu'au premier Janvier 1789.

Et ſur ce qui a été obſervé qu'il étoit convenable de fixer, dans cette même ſéance, un tems à l'exercice des fonctions des ſieurs Greffiers des Etats, il a été délibéré qu'ils les continueroient juſques au premier Janvier mil ſept cent quatre-vingt-neuf.

Monſeigneur l'Evêque de Siſteron a dit enſuite :

MM.

Demande de la Communauté d'Antibes d'être érigée en Chef-lieu de Viguerie.

» La Communauté d'Antibes a renouvellé la demande d'être érigée en Chef lieu de Viguerie. Elle s'appuye ſur les mêmes motifs qu'elle avoit préſentés à pluſieurs Aſſemblées générales des Communautés ; la quotité de ſon affouagement de vingt-ſept feux ; l'importance d'une ville de guerre ſur la frontiere & d'un port de mer; l'abondance des eaux favorables à des manufactures ; les plaintes du peu d'égards de la ville de Graſſe, Chef-lieu de la Viguerie, dans la conſtruction & entretien des chemins ; l'intérêt général qui ſemble conſeiller de diviſer en plus petites portions les détails & l'adminiſtration des Vigueries ; la conſidération réſultante de l'extinction de la Viguerie de Guillaume, qui ſemble devoir être remplacée & ne pouvoir mieux l'être que par la ville d'Antibes. Tels ſont les moyens préſentés par la Communauté d'Antibes. »

» La Viguerie de Graſſe oppoſe que les plaintes de

de la Communauté d'Antibes ne font pas mieux fondées aujourd'hui qu'en l'année 1776, où des plaintes semblables furent reconnues mal fondées par un de MM. les Procureurs du Pays, d'après les registres & l'inspection des lieux ; que le nombre des feux n'a jamais pu présenter un motif suffisant de distraction ; que les foibles Communautés, exposées quelquefois à des besoins majeurs, demeureroient sans secours, si les Vigueries ne renfermoient des Communautés plus puissantes & capables de les secourir ; que si une trop grande étendue exige trop de soins & de détails, une étendue trop resserrée ne présente pas des moyens suffisans. »

» La Commission a observé que, relativement à l'extinction de la Viguerie de Guilleaume, aucune Loi n'exigeoit un nombre déterminé de Vigueries ; que l'utilité générale & reconnue pouvoit seule en donner la mesure ; que la Vallée de Barcelonette avoit été dans un cas semblable à la Viguerie de Guillaume, sans opérer de changement. »

La matiere mise en délibération.

LES ETATS ont déclaré qu'il n'y avoit lieu à délibérer sur la demande de la Communauté d'Antibes, & qu'il falloit attendre que les Etats décident s'il est expédient ou non d'ériger un nouveau Chef-lieu de Viguerie.

Les Etats déclarent qu'il n'y a lieu de délibérer en l'état sur la demande de la Communauté d'Antibes.

Me. Ricard, Greffier des Etats, a fait lecture d'un Mémoire du Roi, pour servir de supplément d'instructions à MM. les Commissaires, dont la teneur suit :

R

Mémoire du Roi.

MÉMOIRE DU ROI, *pour servir de supplément d'instructions à ses Commissaires en l'Assemblée des Etats de Provence en la présente année.*

ARTICLE PREMIER.

Demande du crédit des Etats pour un emprunt de trois millions de livres au denier vingt pour le compte de Sa Majesté.

« Le Roi étant forcé, en attendant l'effet de ses soins pour l'établissement de l'ordre dans ses finances & l'amélioration de ses revenus, de recourir à des ressources extraordinaires pour remplir ses engagemens, & subvenir aux besoins pressans de l'Etat, Sa Majesté s'est déterminée d'autant plus volontiers à employer de nouveau le crédit de son Pays de Provence, pour un emprunt de trois millions, qu'elle a reconnu, par le compte qu'elle s'est fait rendre de la situation de ceux faits précédemment, que les fonds restans libres sur les impositions de ladite Province, présentoient un gage plus que suffisant pour assurer, de la manière la plus solide, l'acquittement en intérêts & capitaux de cet emprunt. »

« En conséquence, Sa Majesté charge ses Commissaires de demander aux Etats le crédit de la Province pour un emprunt de trois millions, au denier vingt, dont les rentes seront exemptes de la retenue des Vingtièmes & sols pour livres, & de toutes autres impositions royales & provinciales ; & de promettre auxdits Etats, que pour fournir, tant au paiement des intérêts qu'aux remboursemens successifs des capitaux dudit emprunt, il leur sera délégué une somme de trois cent mille livres sur les fonds que le Trésorier du Pays aura à verser au Trésor royal. »

Art. II.

» Le Roi regardant la réduction de l'intérêt de l'argent comme un des moyens les plus efficaces, pour accélérer l'exécution de ses vues pour le soulagement de ses sujets & le bien général de son Royaume, Sa Majesté charge ses Commissaires de faire connoître aux Etats qu'elle attend de leur zele & de la sagesse de leur Administration, qu'ils s'empresseront de concourir à une opération aussi intéressante, en prenant une délibération pour rembourser les emprunts au denier vingt ci-devant faits pour son compte. »

Nouvel emprunt indéfini à quatre ou quatre & demi pour cent, pour rembourser les capitaux empruntés au denier vingt, ou obtenir la réduction des rentes au denier vingt-cinq.

» C'est avec regret que Sa Majesté s'est vue encore forcée par des besoins impérieux d'emprunter le crédit des Etats, pour une somme de trois millions à cinq pour cent ; mais son intention est que cet emprunt, dès qu'il aura été rempli, soit joint aux capitaux restants à rembourser sur les précédens emprunts, pour ne former, avec tous lesdits capitaux, qu'un seul emprunt, aux intérêts & remboursement duquel il sera affecté un fonds de dix pour cent à retenir par le Trésorier sur le montant des impositions de la Province, pour être employé, tant au paiement des intérêts, qu'aux remboursemens successifs dudit emprunt. »

» Et pour accélérer lesdits remboursemens, Sa Majesté desire & attend du zele des Etats, qu'ils autorisent leur Trésorier à ouvrir, aussitôt que l'emprunt de trois millions aura été rempli, un nouvel emprunt indéfini à quatre pour cent, si faire se peut, ou au plus à quatre & demi pour cent, dont les deniers seront uniquement employés à rembourser tous les capitaux empruntés au denier vingt, si mieux n'aiment les rentiers consentir la réduction de leurs rentes à quatre pour cent, ou au moins à quatre & demi; & ce, sans diminution du fonds affecté au paiement des intérêts & au remboursement des capitaux; l'intention de Sa Majesté étant que le bénéfice, qui proviendra de la réduction des rentes, serve à accroître d'autant le fonds d'amortissement, afin de parvenir à une plus prompte libération. »

» Fait & arrêté par le Roi, étant en son Conseil, tenu à Versailles le 4 Décembre 1787. *Signé*, LOUIS. *Et plus bas:* LE BARON DE BRETEUIL. »

LES ETATS ont renvoyé ce Mémoire à la Commission formée pour les demandes du Roi, à l'effet de s'en occuper & d'en faire le rapport dans la prochaine séance.

Signé, † J. R. DE BOISGELIN, Archevêque d'Aix, Président des Etats de Provence.

Les dix-neuvieme & vingtieme dudit mois de Janvier les Etats ne se sont pas assemblés.

Du vingt-unieme dudit mois de Janvier.

PRÉSIDENT MONSEIGNEUR L'ARCHEVEQUE D'AIX.

ME. Ricard, Greffier des Etats, a fait lecture du procès-verbal de la derniere féance.

Monseigneur l'Evêque de Grasse, Président de la Commission pour les demandes du Roi, a dit :

Commission pour les demandes du Roi.

MM.

Second rapport.

» Le Roi, dans le Mémoire pour servir de supplément d'instructions à MM. ses Commissaires, demande 1°. le crédit des Etats pour un emprunt de trois millions de livres. 2°. Il desire que cet emprunt soit joint à la dette restante des précédens emprunts. 3°. Sa Majesté vous propose, à l'instant où l'emprunt de trois millions de livres sera rempli, d'autoriser votre Trésorier à ouvrir un autre emprunt indéfini à quatre pour cent d'intérêt, ou tout au plus à quatre & demi pour cent ; & au moyen de ce dernier emprunt, de rembourser les rentes constituées à un denier plus onéreux. »

Emprunt de trois millions, au denier vingt, pour le compte de Sa Majesté.

» Sur la premiere demande, la Commission a pensé que les besoins de l'Etat étoient pressans ; que jusques ici vous aviez plus consulté votre amour pour le Souverain que vos propres forces ; elle a considéré que le secours offert ne pouvant pas suffire aux besoins actuels du Gouvernement, la sagesse des Ministres lui a fait préférer la voie des emprunts comme la moins onéreuse. »

» Le Roi fait l'emprunt : le crédit des Etats peut en accélérer le succès ; le Citoyen qui prête ses fonds trouve avantage & sureté. »

» Sur la seconde demande, la Commission a observé, qu'en l'accordant, vous retardiez l'époque de la libération déterminée par les Edits enrégistrés dans les Cours; cependant les remboursemens effectués un peu plus tard, n'en sont pas moins assurés ; & le moyen proposé, n'opérant aucune charge réelle sur le Pays, nous a paru en même tems le plus efficace & le plus conforme aux sentimens paternels de Sa Majesté. »

Nouvel emprunt indéfini à quatre ou quatre & demi pour cent.

» Sur la troisieme demande, la Commission a pensé que le Gouvernement ne peut rien faire de plus utile que de réduire, par un régime toujours conforme à la justice, l'intérêt excessif de l'argent. Cette réduction de l'intérêt tend en même tems à diminuer la dette de l'Etat, & à favoriser la culture & la reproduction. La demande qui vous est faite remplit ce double objet, sans que le créancier ait droit ni raison de se plaindre. La Commission a été d'avis de consentir purement & simplement au desir du Roi sur cet objet. »

La matiere mise en Délibération.

LES ETATS ont délibéré 1°. d'accorder à Sa

Majesté leur crédit pour un emprunt de trois millions de livres, au denier vingt, avec exemption de la retenue des Vingtiemes & fols pour livres, & de toutes autres impofitions royales & provinciales; lequel emprunt fera fait dans la même forme, & de la même maniere que celui ouvert par le Pays en 1776, pour le compte de Sa Majefté; & ce, après qu'il aura été rendu un Edit enrégiftré par-tout où befoin fera, lequel Edit portera l'exemption formelle du droit d'amortiffement, pour toutes les rentes acquifes dans cet emprunt par les gens de main morte, ou qui pourroient leur être cédées en acquittement de dettes, fondations, dotations, & autres emplois de cette nature.

2°. De confentir que cet emprunt de trois millions de livres foit joint à la dette reftante des précédens emprunts, pour ne former enfemble qu'un feul emprunt, auquel il fera affecté pour le payement des intérêts, & le remboursement fucceffif des capitaux, dans l'Edit qu'il plaira à Sa Majefté de rendre, un fonds de dix pour cent à retenir par le Tréforier des Etats fur le montant des impofitions du Pays, pour ledit fonds être employé, tant au payement des intérêts, qu'au remboursement fucceffif des capitaux dudit emprunt; lequel Edit contiendra la dérogation, en tant que de befoin feroit, aux Edits précédens rendus par Sa Majefté, relativement aux précédens emprunts.

3°. D'ouvrir, auffi-tôt que l'emprunt des trois millions de livres fera rempli, un nouvel emprunt indéfini, à quatre pour cent ou à quatre

& demi, dans la même forme, de la même manière, & avec les mêmes exemptions en faveur des gens de main morte, pour les deniers de cet emprunt être uniquement employés à rembourser tous les capitaux empruntés au denier vingt, si mieux n'aiment les rentiers consentir la réduction de leurs rentes, & ce sans diminution du fonds affecté au paiement des intérêts & au remboursement des capitaux.

Commission pour la formation des Etats. Troisieme rapport.

Monseigneur l'Evêque de Sisteron, Président de la Commission pour la formation des Etats, a dit :

MM.

Demande de l'Ordre du Tiers Etat, d'un Syndic des Communautés.

» Dans la Commission pour la formation des Etats, les membres de l'Ordre du Tiers-Etat ont représenté, que la présence d'un Syndic des Communautés aux Etats étoit constitutionnelle, & que le Roi ayant jugé à propos d'assembler les Etats de son Pays de Provence, suivant leur ancienne Constitution, il manquoit un membre essentiel dans l'Assemblée, & qu'il étoit par conséquent du devoir & de l'intérêt des trois Ordres, que ce Syndic fût rétabli pendant la tenue des Etats. »

» Les membres de l'Ordre de la Noblesse ont observé, que le Syndic des Communautés n'étoit pas constitutionnel ; que la Noblesse auroit les mêmes raisons d'utilité pour réclamer l'admission de son Syndic de robe dans les Etats, & que ces raisons deviendroient encore plus sensibles, par la réduction à laquelle l'Ordre de la Noblesse a consenti. »

» Sans

„ Sans difcuter fi véritablement le Syndic des Communautés étoit conftitutionnel ou non, la Commiffion a penfé que les Etats étoient dans toute leur intégrité, parce qu'on n'avoit pu convoquer que les membres réellement exiftans, & que n'y ayant point de Syndic des Communautés, au moment de la convocation, il n'y avoit pas eu moyen de l'appeller; qu'au furplus, c'étoit au Tiers-Etat à fe retirer pardevers le Roi, pour obtenir de Sa Majefté la convocation d'une Affemblée générale des Communautés, à l'effet de procéder à la nomination d'un Syndic, fauf les droits des Etats; au moyen de ce, la Commiffion a décidé, à la pluralité des voix, qu'il n'y avoit pas lieu à délibérer. »

Il n'y a pas lieu de délibérer en l'état, fauf de ftatuer, le cas y échéant.

LES ETATS ont déclaré qu'il n'y avoit pas lieu à délibérer en l'état, fauf d'y ftatuer, le cas échéant.

Monfeigneur l'Evêque de Sifteron a dit :

MM.

„ Vous avez formé plufieurs Commiffions pour difcuter différens objets foumis à vos Délibérations. „

„ M. l'Affeffeur d'Aix a demandé, fi en cette qualité, il avoit le droit d'affifter à ces Commiffions : vous avez chargé vos Commiffaires nommés pour la formation des Etats, de l'examen de cette demande. Nous allons vous rendre compte de notre travail. „

Demande de M. l'Affeffeur d'Aix pour affifter à toutes les Commiffions émanées des Etats.

„ Il eft inutile d'examiner quels étoient les

S

droits de l'Affeffeur d'Aix, dans la Ville où il eft membre du Confeil municipal. C'eft comme Procureur du Pays affiftant aux Etats, qu'il faut l'envifager. „

„ Anciennement, les Etats choififfoient leurs Procureurs, & ce choix tomboit fur tous les membres des Etats indifféremment. A la vérité, les Confuls d'Aix étoient fouvent chargés de défendre les intérêts du Pays, parce qu'ils en étoient plus à portée par leur réfidence dans la Capitale. Ce fut vraifemblablement ce motif qui détermina François Ier. à inveftir, par fon Ordonnance du mois de feptembre 1535, les Confuls & Affeffeur d'Aix, de l'état & charge de Procureurs du Pays; en vertu de cet Edit, ils furent mis en poffeffion de leur charge le 14 décembre 1535, par le Préfident Feu venu en Provence pour la réformation de la Juftice. „

„ Dans le procès-verbal de mife en poffeffion, l'Affeffeur eft nommé après tous les Confuls; nous ignorons à quelle époque il a occupé la feconde place. Ce fait eft d'ailleurs indifférent aux Etats. Il n'eft pas nommé dans les Etats de 1536; mais la Communauté d'Aix y étoit appellée, & il étoit Adminiftrateur de cette Communauté. Il n'eft pas fait mention de lui dans les Etats de 1537; mais les Procureurs du Pays y affifterent, & il étoit Procureur du Pays, fuivant l'Ordonnance de 1535. „

„ Les Etats de 1538 nommerent des Eccléfiaftiques, des Gentilshommes, & des membres des Communes, *pour avec bon confeil faire les résolutions & poursuites nécessaires sur les affaires à eux commises.* Les Consuls d'Aix ne furent pas membres de cette Commission. Dans celles établies pour l'audition des comptes du Trésorier du Pays, on appella les Consuls d'Aix de l'année précédente. Une autre Commission, composée seulement de six personnes, ne comprend ni les Consuls d'Aix, ni l'Assesseur. Enfin, dans une derniere Commission, on n'admet que l'un des Consuls d'Aix, *premier sur ce requis.* „

„ Les Etats de 1540 commirent aux Procureurs du Pays, ou à la plus grande partie d'eux, qui appelleroient qui bon leur sembleroit, le soin de présenter des mémoires aux Seigneurs de Cadenet & de Faucon, pour les corriger avant de les remettre aux Députés des Etats. „

„ Dans les Etats de 1542, il fut formé une Commission particuliere, composée d'un Député de la Noblesse, & de deux des Communes; on n'y trouve point les Consuls d'Aix. „

„ Deux autres Commissions furent établies par les Etats de 1568, l'une pour entendre le compte du Trésorier du Pays; l'autre pour assister aux payemens des Compagnies, soit dedans, soit dehors le Pays. Les Consuls d'Aix n'y furent point appellés. „

„ Ils furent cependant commis & députés aux égalisations de l'année 1569, conjointement avec ceux de l'année précédente, & les autres Députés des trois Ordres. „

„ Les Etats de 1570 avoient nommé des Commiffaires, pour entendre les Comptes des Contrôleurs des vivres; les Procureurs du Pays ne furent pas membres de cette Commiffion. ,,

,, Les Etats de 1571 chargerent les Confuls de Draguignan & d'Apt de la conftruction des ponts & chemins, dans l'étendue refpective de leurs Vigueries. ,,

,, Les Etats de 1572 confierent le même foin à tous les Confuls des villes Chefs de Viguerie; & ils ordonnerent, que faute par eux de remplir cette Commiffion, ils feroient pourfuivis à la diligence des Procureurs du Pays. ,,

,, En 1573, il y eut deux Commiffions, l'une pour *remontrer à la Chambre des Comptes*, & l'autre pour *appointer avec les Tréforiers de France*. Les Confuls d'Aix, Procureurs du Pays, furent membres de cette derniere Commiffion, mais ils ne furent point admis dans la premiere. ,,

,, En 1578, les Etats nommerent des Commiffaires pour faire des remontrances à M. le Grand-Prieur de France, & à M. le Comte de Carces. Un feul Procureur du Pays fut nommé parmi les Députés à M. le Comte de Carces. Aucun d'eux ne fut compris dans la députation à M. le Grand-Prieur. ,,

,, Dans les mêmes Etats, on appella aux égalifations, les Confuls d'Aix de l'année précédente. ,,

,, En 1580, les Etats députerent vers le Roi, un Gentilhomme & deux Députés du Tiers-Etat.

Ces derniers étoient les Consuls de Pertuis & de Fréjus.

„ En 1581, les Etats nommerent deux Commissaires, pour le fait d'un Contrôleur, autres que les Consuls d'Aix, Procureurs du Pays. Ils ne furent pas même nommés pour assister aux égalisations de cette année. „

„ En 1582, on députa pour traiter avec MM. de la Noblesse, les Consuls d'Aix avec M. l'Archevêque d'Aix, & des Membres des Trois Ordres si l'affaire se traitoit à Aix, & un des Consuls d'Aix seulement si l'affaire se traitoit ailleurs. „

„ Aucun d'eux ne fut nommé, dans les mêmes Etats, pour assister aux égalisations. „

„ En 1584, on nomma pour Commissaires aux égalisations, deux Consuls d'Aix, Procureurs du Pays, sortis de charge.

„ Il est à observer que le nom de Procureur du Pays, toujours joint à celui de Consul d'Aix, désigne qu'ils assistoient en cette derniere qualité aux comptes, égalisations, &c., & que conséquemment ces exemples ne donnent aucun droit à M. l'Assesseur. „

„ En 1593, les Consuls & Assesseur d'Aix, ne furent Membres d'aucune Commission. Parmi les Députés nommés pour aller en Cour, complimenter le nouveau Gouverneur, on trouve l'Avocat du Pays. „

Depuis cette époque jufques en 1639, MM. les Procureurs du Pays furent Membres de prefque toutes les Commiffions, mais ils ne font nommés que collectivement, & il n'eft jamais fait mention expreffe de l'Affeffeur. Cependant en 1607 & 1611, le fieur de Fabri, Confeil du Pays, eft appellé à deux Commiffions. ,,

,, Cette obfervation n'eft pas inutile, parce que la place de l'Avocat-Confeil du Pays fut fupprimée en 1618, & réunie à celle d'Affeffeur. ,,

,, Il réfulte de cet expofé que M. l'Affeffeur n'a aucun titre pour affifter, en cette qualité, aux Commiffions que les Etats trouvent bon de nommer ; que l'ufage ne lui donne également aucun droit, puifqu'il n'eft jamais parlé que des Confuls d'Aix, Procureurs du Pays, & que ceux-ci n'étoient pas Membres de toutes les Commiffions. ,,

,, M. l'Affeffeur prétend qu'il eft convenable & même néceffaire, qu'il foit appellé dans les Commiffions, pour rendre compte des affaires commencées dans l'intervalle d'une tenue d'Etats à une autre tenue, des motifs qui ont déterminé l'Adminiftration intermédiaire, pour donner les éclairciffemens fur les affaires exiftantes, & connoître les motifs qui fervent de bafe aux Délibérations des Etats. ,,

,, Quoique M. l'Affeffeur n'ait pas le droit d'affifter aux Affemblées des Commiffions, on ne doit pas l'en exclure totalement ; il peut fouvent y être très-utile, & il eft de la fageffe & de la prudence de MM. les Commiffaires d'inviter M. l'Affeffeur à fe rendre à leurs Affemblées, lorfqu'ils auront befoin de fes lumieres & de fon expérience. „

„ L'Avocat-Confeil du Pays, dont l'Affeffeur a réuni les fonctions, avoit le droit d'affifter aux Affemblées générales. Mais il n'a jamais été admis dans les Commiffions particulieres. „

„ Dans tous les grands Corps, il y a des Avocats-Confeils, ils ne font pas Membres des Affemblées; fouvent il eft néceffaire de les confulter, mais il n'y a aucune obligation expreffe à cet effet, non plus qu'à les confulter exclufivement à tous autres. On peut admettre indifféremment d'autres Confeils, il feroit même quelquefois très-avantageux d'établir des confultations, dans le fein des Commiffions, où l'Avocat-Confeil feroit les fonctions de Rapporteur; les Membres de la Commiffion pourroient fe décider enfuite avec plus de connoiffance de caufe. „

„ M. l'Affeffeur n'a donc aucun droit, foit en qualité de Procureur du Pays, foit en qualité d'Avocat-Confeil du Pays, d'affifter aux Commiffions nommés dans les Etats. Il n'a pas même l'ufage en fa faveur. „

„ Mais la Commiffion a été d'avis de prononcer, qu'il n'a aucun droit d'affifter aux Commiffions émanées des Etats; que cependant ayant été reconnu qu'il pouvoit y être de la plus grande utilité, on a laiffé à tous les Membres quelconques de ces Commiffions, la liberté de l'appeller par la voix de M. le Préfident, que M.

M. l'Affeffeur d'Aix n'a aucun droit d'y affifter; mais il pourra y être appellé dès qu'un des membres jugera fa préfence nécessaire. Il pourra même s'y présenter lorsqu'il croira que ses observations pourront être utiles.

l'Assesseur pourra même, après en avoir prévenu M. le Président, se présenter à ces Assemblées, lorsqu'il croira que ses observations peuvent être utiles sur les affaires dont il aura pris connoissance, & qui auront été renvoyées à ces Commissions par les Etats ; & qu'une fois admis, il pourra y demeurer, même pendant le cours des opinions. „

Les Etats ont délibéré conformément à l'avis de la Commission.

Me. Ricard, Greffier des Etats, a fait lecture d'un Mémoire du Roi pour servir d'instruction à MM. ses Commissaires, dont la teneur suit :

Mémoire du Roi.

MÉMOIRE DU ROI pour servir d'instruction à ses Commissaires à la tenue des Etats de Provence, en la présente année.

ART. V.

Chemins.

Sa Majesté veut que, conformément aux précédentes instructions, il soit incessamment travaillé au rétablissement des chemins ; ensorte qu'ils soient en bon état, & qu'il lui soit rendu compte des Délibérations qui auront été prises sur cet article.

ART. VI.

Commerce.

Son intention est aussi que l'Assemblée donne une attention particuliere, à tout ce qui concerne le bien du commerce.

Fait

Fait & arrêté par le Roi étant en son Conseil, tenu à Versailles le 4 Décembre 1787. *Signé*, LOUIS. *Et plus bas :* LE BARON DE BRETEUIL.

LES ETATS ont renvoyé ce Mémoire à la Commission formée pour les travaux publics, & à celle formée pour les diverses affaires ; à l'effet que chacune d'elles s'en occupe, en ce qui la concerne, & qu'il puisse y être délibéré dans les autres séances, sur les rapports qui seront faits aux Etats.

Signé, † J. R. DE BOISGELIN, Archevêque d'Aix, Président des Etats de Provence.

Du Vingt-deuxieme dud. mois de Janvier.

PRÉSIDENT MONSEIGNEUR L'ARCHEVEQUE D'AIX.

ME. Ricard, Greffier des Etats, a fait lecture du procès-verbal de la derniere séance.

Monseigneur l'Evêque de Sisteron, Président de la Commission pour la formation des Etats, a dit :

MM.

„ Le long intervalle, qui s'est écoulé depuis la derniere Assemblée des Etats, avoit fait perdre de vue les anciens Réglemens. Ceux qui concernoient la députation des Vigueries aux Etats

Commission pour la formation des Etats.
Quatrieme rapport.
Députation de la part des Vigueries, aux Etats.

ont été de ce nombre; l'exécution en est peut-être impossible dans ce moment. ,,

,, Ces considérations vous ont engagé à admettre les Députés des Vigueries, dont les députations n'avoient pas été faites suivant les Réglemens & les Loix du Pays. Vous avez chargé une Commission de vous faire connoître ces Réglemens & ces Loix, & de leur donner une publicité qui écartât tout prétexte aux contraventions. ,,

,, Les anciens Etats convaincus d'une maxime fondamentale, qu'il étoit nécessaire que toutes les parties du Pays de Provence eussent part à ses Délibérations, avoient statué dès l'année 1440, qu'à la convocation des Etats seroient appellés un Député de chaque Bailliage ou Viguerie, choisi dans l'Assemblée des lieux de la Viguerie. ,,

,, Les Etats de 1544 desirant laisser la plus grande liberté aux Communautés formant l'arrondissement des Vigueries, dans la crainte de l'influence des Consuls du Chef-lieu, ordonnerent que lorsqu'il s'agiroit de la députation aux Etats pour la Viguerie, l'Assemblée se tiendroit au Chef-lieu; mais que les Consuls, ou autres des Villes Chefs de Vigueries ne pourroient assister à cette Assemblée, afin qu'elle pût faire sa députation plus librement. ,,

,, Par une suite du même esprit, de maintenir la liberté, & de faire participer un plus grand nombre de Citoyens à l'Administration du Pays, les Etats de 1600 & de 1601 défendirent de députer pour les Vigueries, un habitant du Chef-lieu. „

„ Les Etats cherchant à diminuer l'influence des Chefs de Viguerie, que les Réglemens précédens n'avoient pu arrêter, prirent enfin en 1611 un parti qui détruisoit toute influence : Ils ftatuerent que les députations des Vigueries, pour affifter aux Etats, fe feroient à tour de rôle, en commençant par le lieu le plus affouagé. „

„ Ce Réglement fut confirmé par les Etats de 1612, 1622, 1628, & 1632. Ceux de 1628 réformerent la délibération de la Viguerie d'Apt, portant qu'il n'y auroit que les lieux affouagés deux feux & plus qui puffent affifter aux Etats pour la Viguerie. „

„ Cependant il a été obfervé par les Députés des Communautés, Membres de la Commiffion, que dans l'état des chofes, il étoit difficile, & peut-être même impoffible dans certaines Communautés, de députer un homme inftruit & qui pût voter avec connoiffance de caufe, & qui entendît le langage dont on fe fert dans les Etats. „

„ D'un autre côté, l'on a réclamé le droit acquis à toutes les Communautés de participer à l'Adminiftration du Pays; on a expofé que ce droit faifoit partie de leur propriété, & qu'elles ne pouvoient être dépouillées fans leur confentement. „

„ Ces différens avis difcutés, nous avons l'honneur de vous propofer, qu'aux Etats prochains,

Aux prochains Etats

sera député le premier Consul, & à son défaut, le second de la Communauté la plus affouagée, autre que celles qui envoient un Député pour elles aux Etats; ou dont le Député auroit assisté aux présens Etats.

Lettre circulaire à toutes les Communautés, pour avoir leur vœu, relativement au Réglement des Etats de 1611.

le Député de la Viguerie sera le premier Consul, ou à son défaut le second, de la Communauté la plus affouagée, en exceptant toutefois les Communautés qui ont déja droit d'assister aux Etats, & celles dont les Députés auroient assisté en la présente Assemblée, en qualité de Députés de ladite Viguerie; que cependant il sera écrit à toutes les Communautés en particulier une lettre, où l'état de la question soit expliqué bien nettement, afin que leurs réponses, faites en vertu d'une délibération du Conseil municipal, expriment clairement leur vœu sur la conservation ou l'abrogation du tour de rôle. Et d'après toutes ces réponses rapportées, les Etats prochains décideront, ou de s'en tenir aux anciens Réglemens, ou d'y apporter les modifications que les circonstances & le vœu général exigeront. „

Ce qui a été délibéré, conformément à l'avis de MM. les Commissaires.

Commission pour les travaux publics.
Premier rapport.

Monseigneur l'Evêque de Fréjus, Président de la Commission pour les travaux publics, a commencé le rapport des affaires renvoyées à cette Commission, & a dit:

MM.

Etat des fonds.

„ La Commission s'est fait rendre compte de l'état des fonds destinés aux travaux publics, & de l'état actuel de ces travaux. „

„ Elle a reconnu que l'imposition annuelle pour la construction des ponts & chemins de premiere & feconde claffe, étoit de 75 liv. par feu, & que le produit de cette impofition étoit de la fomme de 217337 liv. 4 fols 1 den. »

» Que l'impofition annuelle pour l'entretien des ponts & chemins de premiere & feconde claffe, étoit de 51 liv. par feu, & que le produit de cette impofition étoit de la fomme de 147802 liv. 3 fols 1 den.

» Que le Pays impofe encore 15 liv. 12 fols par feu, pour des ouvrages d'utilité publique dans la haute Provence, & que cette impofition produit 45000 liv. »

» Que cette fomme de 45000 liv., jointe à une pareille fomme que Sa Majefté a bien voulu accorder jufques aujourd'hui au Pays pour le même objet, forme une fomme totale de 90000 liv. à employer en faveur de la haute Provence. »

» Que l'Affemblée générale des Communautés de 1785 a établi une impofition de 11 liv. par feu, pour le paiement des intérêts & l'amortiffement fucceffif des capitaux de l'emprunt fictif que le Pays a été autorifé de faire, pour la conftruction du chemin d'Aix à Sifteron, dans le terroir de Meyrargues, fuivant l'Arrêt du Confeil du 4 Novembre 1786.

» Que le Pays contribue au deffechement des Marais de Fréjus, au creufement du port de la Seyne, à la conftruction d'un pont dans le terroir Roquebrune, & que ces différentes contributions font payées, des fonds de l'impofition pour les cas inopinés. »

» La Commiffion a encore obfervé que, fur les 217337 liv. 4 fols 1 den. du produit de l'impofition pour la conftruction des chemins, il faut prélever 72000 liv. qui, fuivant la délibération de l'Affemblée générale du mois de Novembre 1778, doivent être employées à acquitter les intérêts, & à amortir fucceffivement les capitaux de l'emprunt d'un million, délibéré en 1777, & autorifé par Arrêt du Confeil, pour la conftruction de la route du Bac de Noves à Septemes. »

» Qu'il a déja été rembourfé fur cet emprunt 173322 liv. 6 fols 7 den.; qu'il refte par conféquent un capital de 826627 liv. 13 fols 5 d., dont le Pays fera entiérement libéré en l'année 1803, par la retenue annuelle defdites 72000 liv. »

Etat des travaux.

» Quant à l'état actuel des travaux, la Commiffion a reconnu : »

Chemin d'Apt à Tarafcon.

» 1°. Que la conftruction du chemin de feconde claffe d'Apt à Tarafcon avoit été adjugée le 10 Avril 1776, au fieur Giraud, au prix de 34350 liv. Il réfulte d'un toifé, que les ouvrages faits montent à la fomme de 30719 liv. 1 fol 11 den., fur laquelle il eft encore dû à l'Entrepreneur 1629 liv. 1 fol 11 den. »

» La Commiffion a penfé que l'Entrepreneur devoit être payé defdites 1629 liv. 1 f. 11 den. fur les fonds de l'année 1788; que l'Adminiftration intermédiaire devoit être chargée de vérifier s'il étoit utile de continuer cette route, & qu'au surplus la partie déja construite devoit être mise à l'entretien. »

» 2°. Que le 25 juillet 1778, la construction d'une partie de la route d'Aix à Sisteron, depuis Sainte-Tulle jusqu'à Manosque, fut adjugée au sieur Isnard, au prix de 55000 l.; que cette adjudication fut résiliée en 1785; que l'Entrepreneur reçut la somme de 34000 l. pour le prix des ouvrages faits; qu'un autre Entrepreneur a été chargé de la continuation de cette entreprise, moyennant 37300 liv., sur laquelle somme il lui est encore dû 20400 l. »

Chemin d'Aix à Sisteron, depuis Ste. Tulle, jusques à Manosque.

» La Commission estime que cette somme doit être payée à l'Entrepreneur, des fonds de l'année 1788. »

» 3°. Que le 18 février 1782, le sieur Morel fut chargé de la construction du chemin d'Aix à la Ciotat, moyennant la somme de 83000 l.; que pendant la construction, l'Administration crut devoir ordonner un changement au devis pour adoucir une montée, & que ce changement donna lieu à une augmentation de dépense de la somme de 5475 liv. 10 sols; que les ouvrages faits jusques aujourd'hui ont été estimés à la somme de 31510 liv. 7 s. sur laquelle les Entrepreneurs ont reçu celle de 26000 liv.: il leur est encore dû 5510 l. 7 s. »

Chemin d'Aix à la Ciotat.

» La Communauté de la Ciotat a demandé un chemin qui aille directement d'Aix à la

Ciotat, en passant par Cassis, au lieu du chemin ci-dessus. »

» La Commission a pensé que l'Entrepreneur devoit être payé des 5510 liv. 7 s. qui lui sont dues, & que l'Administration intermédiaire devoit être chargée d'examiner la demande de l'Entrepreneur en résiliment, & le Mémoire de la Communauté de la Ciotat. »

Chemin d'Aix à Sisteron dans la partie de La Combe St. Donat.

» 4°. Que le 26 juillet 1782, la construction d'une partie de la route d'Aix à Sisteron, dite *La-Combe-Saint-Donat*, entre Peiruis & Puypin, fut adjugée au sieur Baume, moyennant 63400 liv.; que dans le mois d'avril dernier, il a été convenu entre MM. les Procureurs du Pays & l'Entrepreneur, que celui-ci donneroit passage sur le nouveau chemin dans dix-huit mois, à condition qu'il lui seroit payé annuellement 10000 liv., des fonds affectés au payement de cette construction. Il est encore dû à l'Entrepreneur 39017 liv. pour entier payement, & pour le prix de quelques augmentations d'ouvrage ordonnées par l'Administration. »

» La Commission a été d'avis que cette somme devoit être payée à l'Entrepreneur, en conformité de cette convention. »

Chemin de St. Maximin au poteau de Nans.

» 5°. Que le 21 mai 1784, le sieur Baudry fut chargé de la construction du chemin de St. Maximin au poteau de Nans. »

» Par des arrangemens pris à cette époque entre

entre le Pays & la Communauté de St. Maximin, cette Communauté doit faire l'avance d'une fomme de 60000 liv. pour lui être remboursée fans intérêts, à raifon de 10000 liv. par année. »

» Cette conftruction eft achevée. La Communauté de St. Maximin a déja été remboursée par le Pays de la fomme de 15000 liv., il lui refte dû celle de 45000 liv. »

» La Commiffion a penfé qu'il étoit indifpenfable de continuer le remboursement de cette fomme, à raifon de 10000 par année. »

» 6°. Que le 31 juillet 1784, la conftruction d'une partie du chemin d'Apt à Aix, depuis Apt jufques à La Combe de Lourmarin, fut adjugée au fieur Crefte moyennant 88000 liv. Des augmentations d'ouvrage, jugées néceffaires par l'Adminiftration, doivent augmenter le prix de cette entreprife d'environ 26000 liv. L'Adminiftration s'étoit obligée à payer à l'Entrepreneur 17000 liv. par année. Il a déja reçu 51150 liv., il lui eft encore dû 62850 liv. » *Chemin d'Apt à Aix.*

» La Commiffion a penfé qu'il devoit être payé annuellement 17000 liv. à l'Entrepreneur à compte de ce qui lui eft dû. »

» 7°. Que le 16 février 1786, la conftruction du chemin d'Apt à Avignon, depuis le Pont Julien jufques à Notre-Dame de Lumieres, fut adjugée au fieur Magnan moyennant la fomme de 81000 liv. Par des arrangemens pris avec l'Entrepreneur, l'Adminiftration a *Chemin d'Apt à Avignon.*

V

affecté 25000 liv. par an, pour le paiement de ce prix-fait. Ce chemin est presque entiérement achevé. L'Entrepreneur a déja reçu 49400 liv., il est encore dû 31600 liv. »

» La Commission a pensé que les arrangemens pris avec cet Entrepreneur devoient être exécutés. »

Chemin de Barjols à Moustiers.

» 8°. Que la construction d'une partie de chemin de Barjols à Moustiers fut adjugée au sieur Negre, le 20 février 1783. En 1785, les ouvrages faits furent estimés à 38799 liv. En 1786, l'Administration ordonna la continuation de cette route à concurrence de la somme de 9000 liv. il ne reste plus dû à l'Entrepreneur que 7455 liv. 15 sols. »

» La Commission est d'avis que le payement doit en être fait, sur les fonds de 1788. »

Chemin d'Apt à Tarascon.

» 9°. Que la construction du chemin d'Apt à Tarascon auprès de Lauris est achevée. L'Entrepreneur a reçu 5400 liv., il lui est encore dû environ 1600 liv. pour reste & entier payement. »

» La Commission a été d'avis de faire payer cette somme, sur les fonds de 1788. »

Ouvrage auprès du Pont de Crapone.

» 10°. Qu'il est encore dû à l'Entrepreneur des ouvrages déterminés par l'Administration, auprès du Pont de Crapone, la somme de 2400 liv. »

» La Commission a pensé que cet Entrepreneur devoit être payé, sur les fonds de 1788. »

» 11°. Que la conftruction du chemin d'Apt à Forcalquier eft commencée. La Viguerie d'Apt s'eft obligée à faire une avance de 24000 liv. Celle de Forcalquier a offert la même avance. Il a déja été payé à l'Entrepreneur 23000 liv. par les deux Vigueries. »

Chemin d'Apt à Forcalquier.

» L'Adminiftration avoit délibéré d'affecter annuellement 9000 liv., pour fervir au rembourfement des avances faites par les Vigueries d'Apt & de Forcalquier. »

» La Commiffion a penfé qu'il devoit être fait un toifé général de tous les ouvrages faits jufqu'aujourd'hui, & un devis des ouvrages à faire ; & que l'Adminiftration intermédiaire devoit être autorifée à ordonner le payement des premiers, & l'exécution des feconds, jufques à concurrence des 48000 liv. dont les Vigueries d'Apt & de Forcalquier ont confenti à faire l'avance. »

» 12°. Que la conftruction d'une partie de la route de Mouftiers à Caftellane, paffant par la Palu, Rougon, &c. a été adjugée moyennant la fomme de 64347 liv. ; l'Entrepreneur s'eft foumis à achever cet ouvrage par tout le mois de Décembre de la préfente année. Le Pays s'eft obligé à payer à l'Entrepreneur 10000 liv. en 1787 & le refte en 1788. L'Entrepreneur a reçu les 10000 liv. promifes pour l'année 1787. Ce chemin eft déja très-avancé. »

Chemin de Mouftiers à Caftellane.

» La Commiffion a penfé que ce chemin eft très-utile ; mais qu'on ne pouvoit y appliquer que 10000 liv. pour l'anné 1788, & une pareille fomme chaque année, jufques à entier payement. »

Il résulte de cet exposé, qu'il ne reste de libre sur le produit de l'imposition pour la construction des chemins, pour l'année 1788, qu'une somme de 42193 liv. 11. 5 ; & que la modicité de cette somme ne permet pas de construire aucun nouveau chemin, pendant l'année 1788. »

Signé, ✝ J. R. DE BOISGELIN, Archevêque d'Aix Président des Etats de Provence.

Le vingt-troisieme dudit mois de Janvier les Etats ne se sont pas assemblés.

Du vingt-quatrieme dud. mois de Janvier.

PRÉSIDENT MONSEIGNEUR L'ARCHEVEQUE D'AIX.

ME Ricard, Greffier des Etats, a fait lecture du procès-verbal de la derniere séance.

Lettre du Roi aux Etats.

MONSEIGNEUR L'ARCHEVEQUE D'AIX, Président, a dit que MM. les Commissaires du Roi lui ont remis une lettre de Sa Majesté aux Etats.

Me. Ricard, Greffier des Etats, a fait lecture de cette lettre.

LES ETATS ont unanimement délibéré qu'elle sera transcrite dans le procès-verbal de cette séance.

Teneur de la Lettre du Roi.

DE PAR LE ROI, COMTE DE PROVENCE.

TRES-CHERS ET BIEN AMÉS, Nous sommes si contens des preuves, que vous nous avez donnés de votre zele & affection pour notre service, en nous accordant, avec empreffement & d'un confentement unanime, le don gratuit qui vous a été demandé de notre part, que nous voulons bien vous marquer la fatisfaction que nous en avons, & combien nous defirons que les affaires de notre Etat nous permettent de procurer à nos Peuples les foulagemens qu'ils peuvent attendre de nous; & n'étant la préfente à autre fin, nous ne vous la ferons plus longue. Donné à Verfailles le dix-fept janvier mil fept cent quatre-vingt-huit. *Signé*, LOUIS. *Et plus bas*: LE BARON DE BRETEUIL.

Et au dos eft écrit: A nos très-chers & bien amés les Gens des Trois Etats de notre Pays & Comté de Provence.

Monfeigneur l'Evêque de Sifteron, Préfident de la Commiffion pour la formation des Etats, a dit:

Commiffion pour la formation des Etats. Cinquieme rapport.

MM.

» Dans la féance de la Commiffion pour la formation des Etats, tenue hier 23 Janvier, MM. les Députés des Communautés ont obfervé, que l'ouvrage de la formation n'étant pas encore achevé, il étoit tems enfin que la formation entiere fut faite & délibérée dans les Etats. »

Demande des Deputés des Communautés, pour que la formation des deux premiers Ordres foit faite, dans le fein des Etats.

» Que dans la féance du huit du courant, on a feulement délibéré, à la pluralité des voix, fur le nombre des Députés du Tiers-Etat, & fur fa compofition, mais qu'il n'a point encore été délibéré fur le nombre des Repréfentans du Clergé & de la Nobleffe ; en forte qu'on ne peut pas prétendre que la formation foit entiérement terminée. »

» On ne peut pas dire encore, que chaque Ordre doit fe former en particulier : car les Ordres ont réciproquement un droit d'infpection les uns fur les autres, & la compofition générale étant le réfultat de la compofition particuliere, celle-ci doit être décidée par la généralité. »

» Il ne fuffit pas qu'il ait été délibéré par les Etats, que le Tiers fera égal en nombre au Clergé & à la Nobleffe réunis. Le Tiers-Etat a toujours intérêt à la formation particuliere du Clergé & de la Nobleffe, & il lui importe de connoître la maniere fixe & invariable de leur nouvelle formation, ainfi que leur repréfentation refpective dans les Etats. »

» C'eft aux Etats feuls, formés par la réunion des Trois Ordres, qu'appartient le droit de fe réformer ; & tout doit être décidé dans le fein des Etats. »

» Cela eft conforme à l'intention de Sa Majefté, manifeftée dans fes Lettres patentes, & particuliérement marquée dans la lettre miniftérielle de M. l'Archevêque de Toulouse, où l'on trouve, que les Etats feront convoqués felon les anciennes formes, pour y procéder à la nouvelle formation. »

» On a propofé aux Etats la demande du don

gratuit, des Milices, de la Capitation, & des Vingtiemes, immédiatement après qu'il a été délibéré sur la seule formation de l'Ordre du Tiers, & avant que les Etats ayent délibéré sur la formation des deux premiers Ordres. »

» Le Tiers-Etat, ne consultant que son zele & sa bonne volonté pour le service de Sa Majesté, a consenti avec empressement l'acceptation des impôts. Il se borna à observer que ces demandes n'auroient dû être faites, qu'après que la formation des deux premiers Ordres auroit été réglée & convenue dans les Etats, laquelle réserve a été omise dans le procès-verbal. »

» MM. les Députés des Communautés, dans la Commission, ont demandé, qu'avant que de s'occuper dans les Etats d'aucun autre objet, il y fut procédé à la formation entiere des Etats, & ils ont requis que les motifs de leur demande, ci-dessus exprimés, fussent entiérement inscrits dans le procès-verbal de l'Assemblée des Etats. »

» Après avoir entendu la lecture du dire de MM. du Tiers-Etat, & connu leur vœu de le faire insérer dans les registres des Etats, MM. du Clergé & de la Noblesse ont observé, que tous les Gentilshommes possédans fief, au nombre de trois cent, étoient membres nés, constitutionnels & permanens des Etats du Pays & Comté de Provence. Qu'ayant eu connoissance des instructions du Roi, ils s'étoient empressés d'obéir au desir que Sa Majesté y avoit manifesté, que les deux premiers Ordres fussent à l'avenir eusemble, en nombre égal à celui du Tiers-Etat; qu'ils avoient délibéré cette énorme réduction; qu'en conséquence la formation des Etats étoit parfaite, & qu'en faisant un si grand sacrifice, le seul indiqué par le Roi, l'Ordre de la Noblesse n'a entendu & n'entend en faire aucun autre. »

» MM. les Députés des deux Ordres consentent, au surplus, à ce que les dire ci-dessus soient transcrits dans les regîtres. »

» L'avis de la Commission a donc été, que les dire respectifs fussent insérés dans le procès-verbal de l'Assemblée des Etats, en observant que, si à l'avenir les Etats jugeoient à propos, pour le bien général, & nonobstant les anciens Réglemens, d'augmeuter le nombre des Députés & Représentans du Tiers-Etat; dans ce cas, les Députés des deux premiers Ordres seroient aussi augmentés, dans la proportion convenue, & de maniere que l'égalité des deux premiers Ordres pris ensemble, avec celui des Députés du Tiers, soit toujours maintenue. »

Monseigneur l'Archeveque d'Aix, Président, a ajouté que MM. les Commissaires du Roi l'avoient prié de déclarer aux Etats, qu'après avoir demandé, au nom de Sa Majesté, de régler le nombre des Membres du Tiers qui seront admis à l'avenir dans les Etats, pour que les deux autres Ordres pussent se former d'après ce nombre, ils n'étoient chargés de faire aucune autre demande ultérieure aux Etats, sur cet objet.

Les

Let Etats ont adopté l'avis de MM. les Commiſſaires, & l'obſervation qui en fait partie.

Monſeigneur l'Evêque de Siſteron a dit enſuite :

MM.

» Dès les premiers jours de votre Aſſemblée, vous avez nommé des Greffiers & un Agent pour remplir les fonctions indiſpenſables à l'Adminiſtration des Etats. »

Commis au greffe des Etats. Nomination des ſieurs Giraud, Duhil & Blanc, juſques au premier Janvier 1789, aux mêmes appointemens que ci-devant.

» Vous avez chargé la Commiſſion de mettre ſous vos yeux tout ce qui a rapport à cette même Adminiſtration, ſoit pendant la tenue des Etats, ſoit pendant l'intervalle d'une Aſſemblée à l'autre; nous allons avoir l'honneur de vous en rendre compte, au moins en partie. »

» Le travail multiplié du Greffe ne permet point aux Greffiers de s'en acquitter ſeuls; il a été néceſſaire de nommer des Commis, pour travailler ſous leur direction. Ils ſont chargés d'une comptabilité très compliquée, mais qui établit la clarté, & par conſéquent la ſûreté dans la diſpoſition des fonds. »

» Le Greffe des Etats eſt diviſé en deux parties: Le Greffe proprement dit, & le Bureau de la partie des rentes. »

» Les opérations du Greffe ont pour objet toutes les expéditions & les liquidations relatives au paſſage des troupes; ce travail très

X

compliqué occupe deux Commis au Greffe, & un Commis aux écritures, pendant l'espace de six mois. »

» Les mandemens pour les travaux publics, les finances, les cas inopinés, les secours, les enfans trouvés, les compensations & les autres expéditions, sont encore un travail très-considérable. »

» On fait un double de tous les mandemens, pour être conservé au Greffe des Etats, & pour servir de renseignement aux paiemens ultérieurs.

» Le Greffe est encore chargé de la liquidation de la gratification, accordée par le Roi aux Chefs de famille chargés de l'entretien des enfans trouvés. »

» Le dépouillement des comptes particuliers des Communautés est encore de son ressort. Il faut ajouter à ces divers travaux, la vérification des impositions des Communautés. »

» On conçoit aisement, combien le travail du Bureau des rentes d'un capital de vingt millions, divisé en cinq mille articles, des remboursemens, transports, reconstitutions, exige d'assiduité, d'exactitude & de fidélité. »

» Ce n'est donc qu'à des personnes instruites & éprouvées que l'on peut confier les places de Commis au Greffe. »

» Elles ont été remplies jusqu'à présent, à la

nomination des Assemblées des Communautés, & à la satisfaction de MM. les Procureurs du Pays, par les sieurs Giraud, Duhil & Blanc ; ils méritent également votre confiance, & nous vous proposons de les nommer pour un an, avec le même traitement dont ils ont joui jusqu'à présent. »

» Il consiste en 1800 liv. pour chacun, sur lesquelles il faut déduire ce qui est payé par les Communautés, sur la liquidation des dépenses du passage des troupes ; il en coûte au Pays environ 500 liv. pour chacun des trois Commis. »

» Nous ne devons pas vous laisser ignorer, qu'il leur a été attribué, par forme & manière de supplément, ainsi qu'aux deux Commis aux écritures, la somme de 1000 liv. à partager entre eux cinq, pour les opérations relatives aux impositions des Communautés, & pour former le compte de la recette des Receveurs des Vigueries, & le présenter à la Chambre des Comptes. Ces opérations étoient confiées auparavant à deux Préposés qui travailloient hors du Greffe, sous l'inspection de MM. les Procureurs du Pays, aux appointemens de 1500 liv. maintenant supprimés. Ainsi les Commis au Greffe reçoivent à peu-près 2000 liv. pour un travail immense ; nous ne pensons pas qu'il y ait lieu à diminuer ces appointemens. »

LES ETATS ont unanimement nommé les sieurs Giraud, Duhil & Blanc pour Commis au Greffe des Etats, jusques au premier janvier prochain,

& aux mêmes gages & émolumens dont ils ont joui jusqu'à présent.

Il a été encore unanimement délibéré, qu'il ne pourra être accordé auxdits Commis au Greffe des Etats, aucune gratification, pour quelque cause & sous quelque prétexte que ce soit, si ce n'est par délibération expresse des Etats.

Commission pour les affaires diverses.
Premier rapport.

Monseigneur l'Evêque de Grasse, Président de la Commission pour les affaires diverses, a dit :

MM.

Demande de la Communauté de la Seyne pour l'établissement d'une foire franche, & pour la franchise des matériaux destinés à la construction & équipement des navires.

» Il a été présenté à la Commission formée pour les affaires diverses, un Mémoire de la Communauté de la Seyne, tendant à obtenir le crédit des Etats pour appuyer sa demande en foire franche, & en franchise des objets propres à la construction & équipement des Navires. »

» Elle appuye la premiere de ces deux demandes, sur la nécessité de venir à son secours, lorsqu'elle supporte des dépenses considérables pour les réparations & l'agrandissement de son port ; sur l'augmentation de sa population portée dans ce moment à plus de sept mille ames ; sur son affouagement qui est un des plus forts des Communautés de la Viguerie de Toulon. »

» Sur la seconde de ses demandes, elle invoque l'intérêt général, la faveur du commerce, le bien de l'Etat, la facilité avec laquelle une pareille franchise a été accordée à la Communauté de la Ciotat, qui ne préfentoit pas des intérêts auffi majeurs. »

» M. l'Affeffeur d'Aix, prié de faire part de fes obfervations à la Commiffion, a dit que la demande de la Communauté de la Seyne en foire franche avoit déja fait matiere d'une correfpondance, entre MM. les Procureurs du Pays, M. l'Intendant, & le fieur de Preameneu à Paris, qu'il n'y avoit point encore eu de réponfe pofitive fur cet objet. »

» Dans le cours des opinions, plufieurs Membres de la Commiffion fe font fait quelque peine d'adhérer à la demande en foire franche, dans la crainte qu'elle ne portât coup aux foires franches de Toulon; mais il a été obfervé que les foires franches de Toulon, étant à des époques éloignées l'une de l'autre, de trois mois; il reftoit neuf mois de l'année dans lefquels on pourroit placer la foire franche de la Communauté de la Seyne. »

» Le fieur Député de la Communauté de Toulon, a dit, que MM. les Confuls de cette Ville, à qui il en avoit écrit, n'avoient point de raifons à oppofer; qu'ils ne craignoient que le préjudice que pourroit porter à leurs deux foires cette troifieme qui feroit accordée. »

» La Commiffion, à la pluralité des fuffrages, a penfé que les Etats pouvoient accorder fecours & protection à la Communauté de la Seyne fur fes deux demandes, à la charge que la foire franche feroit déterminée à une époque, qui ne pourroit nuire aux deux foires franches de la ville de Toulon, fixées au 15 novembre & 15 février. »

Ce qui a été unanimement délibéré, conformément au vœu de MM. les Commiſſaires.

Monſeigneur l'Evêque de Graſſe a dit enſuite :

Aumône de 100 liv. à l'Œuvre du Conſeil Charitable de la ville d'Aix, & ſans tirer à conſéquence.

» Les Directeurs de l'Œuvre du Conſeil Charitable, établie en la ville d'Aix, expoſent que leur établiſſement eſt trop utile, pour ne pas mériter la bienveillance des Etats, comme il avoit mérité celle des Aſſemblées générales des Communautés ; & ils eſperent que les Etats voudront bien leur accorder quelque aumône, qui puiſſe les aider à ſubvenir aux frais extraordinaires qu'ils ſont obligés de faire, pour l'intérêt des pauvres qui réclament l'aſſiſtance de leur Œuvre. »

LES ETATS ont accordé à l'Œuvre du Conſeil Charitable, établie en la ville d'Aix, une aumône de cent livres ſans tirer à conſéquence.

Monſeigneur l'Evêque de Graſſe a encore dit:

Hoſpice deſtiné à former des Eleves de l'un & de l'autre ſexe dans l'art de l'accouchement.

» On a ſoumis à l'examen de la Commiſſion, un projet de charité & de bienfaiſance. L'humanité en fait déſirer le ſuccès. Le ſieur Pontier, Docteur en Médecine de cette Ville, dont les talens ſont connus, en eſt l'Auteur. »

Projet préſenté par le ſieur Pontier, Docteur en Médecine de la ville d'Aix.

» Il propoſe aux Etats d'établir un hoſpice deſtiné à former des Eleves de l'un & l'autre ſexe dans l'art des accouchemens. On recevra encore dans cet hofpice les pauvres femmes, aux approches du terme de leur accouchement. Ces Eleves ainfi inftruits fe repandroient dans tout le pays. »

» Nous favons que M. l'Archevêque d'Arles a formé à Arles un pareil établiffement. Il a eu tous les fuccès que fon fondateur pouvoit efpérer. »

» Nous n'entrerons pas dans les détails inftructifs du Mémoire préfenté par le fieur Pontier, parce que de pareils établiffemens, quelque bons, quelque utiles qu'ils foient, doivent être réfléchis pour en prévenir les abus, en rendre les avantages bien fûrs, & les fonder fur des réglemens folides. »

» La Commiffion a unanimement penfé de vous propofer d'en renvoyer l'examen à l'Adminiftration intermédiaire, à l'effet de préfenter aux Etats prochains un projet de réglement. »

Ce qui a été unanimement délibéré.

Monfeigneur l'Evêque de Graffe, a dit : que la derniere Affemblée générale des Communautés, touchée des vexations fréquentes, des faifies & procédures de mauvaife foi, des compofitions arbitraires, & arrachées par la crainte, des violences atroces, exercées par les prépofés fubalternes à la régie des droits réfervés & autres, avoit établi un Défenfeur gratuit pour les pauvres, à l'effet de les diffuader d'une réfiftance coupable & dangereufe, & de les pro-

Appui & défenfe contre les vexations exercées par les Prépofés à la Regie des droits réfervés, & autres.

téger contre l'injuste avidité, avoit nommé à cet effet le sieur Baud, aux appointemens annuels de 1500 liv. La Commission, pénétrée de la nécessité d'introduire dans toutes les parties de l'Administration la plus rigoureuse économie, a cru devoir demander aux Etats, s'ils jugeoient convenable de conserver cette place, ou de la supprimer.

Les Etats ont délibéré, de s'occuper des moyens de surveiller cette partie intéressante, & d'établir dans le sein de l'Administration un centre de correspondance avec toutes les parties du Pays, pour procurer au Peuple une défense & un appui toujours présent, contre les vexations qui pourroient être exercées par les Fermiers : Les Etats ont chargé l'Administration intermédiaire de s'occuper des moyens de procurer au Pays cet utile établissement; & en attendant, il a été délibéré, que la place du sieur Baud sera conservée, jusqu'au premier janvier 1789, aux mêmes appointemens.

Il a été de plus déterminé, qu'il seroit écrit incessamment une lettre circulaire à toutes les Communautés, pour les avertir qu'en cas de vexation, on peut s'adresser audit sieur Baud.

Signé, † J. R. DE BOISGELIN, Archevêque d'Aix, Président des Etats de Provence.

Du vingt-cinquieme dudit mois de Janvier.

PRÉSIDENT MONSEIGNEUR L'ARCHEVEQUE D'AIX.

ME. Ricard, Greffier des Etats, a fait lecture du procès-verbal de la derniere séance.

Monseigneur l'Evêque de Fréjus, Préfident de la Commiffion pour les travaux publics, a continué fon rapport, & a dit :

Commiffion pour les travaux publics.

Second rapport.

MM.

» Depuis 1776, le Pays impofe annuellement 15 liv. 12 f. par feu, pour la conftruction & réparation des Ponts & Chemins, & autres ouvrages d'utilité publique dans la Haute-Provence. Le produit de cette impofition eft de la fomme de 45000 liv. »

Ponts, Chemins, & autres ouvrages d'utilité publique dans la Haute-Provence.

» Jufques aujourd'hui, Sa Majefté a bien voulu accorder chaque année au Pays, pour le même objet, une fomme de 45000 liv. »

» Voici l'état actuel des travaux dont la dépenfe eft affignée, fur le produit de cette impofition joint au fecours du Roi. »

» 1°. Le 21 mars 1786, la conftruction d'un pont fur le Verdon, dans le terroir de Vinon, fut adjugée moyennant la fomme de 140000 l.;

Pont de Vinon.

l'Entrepreneur a reçu à compte 44943 liv.; il reste encore à lui payer 95057 liv. »

» M. de Saint-Ferreol, Conful d'Aix, Procureur du Pays, étant en tournée, obferva qu'il feroit abfolument néceffaire de faire conftruire des digues fupérieures & inférieures au Pont, pour garantir plufieurs propriétés précieufes qui pourroient être emportées par la nouvelle direction des eaux. »

» La Commiffion a penfé, qu'il devoit être affigné une fomme de 25000 liv. pour continuer la conftruction du Pont; qu'il devoit être procédé inceffamment à la levée des plans & au devis eftimatif des digues à conftruire, tant en deffus qu'en deffous du Pont; que l'Adminiftration intermédiaire devoit être autorifée à en ordonner l'exécution, & à appliquer la dépenfe fur les 25000 liv. affignées pour la conftruction du Pont. »

Chemin d'Aix à Digne, à l'endroit dit le pas d'Auquette.

» 2°. L'Adminiftration avoit affecté une fomme de 5000 liv. fur les fonds de l'impofition du Pays, & ceux du fecours accordé par le Roi, pour le changement d'une partie de chemin d'Aix à Digne, dans le terroir d'Oraifon, à l'endroit dit, *le pas d'Auquette*. Le devis fait monter la dépenfe à la fomme de 5546 liv. »

» La Commiffion a penfé que le chemin devoit être exécuté, & que les 546 liv. reftantes devoient être prifes fur les fonds de 1788. »

» 3°. Une partie du chemin de Château-Arnoux à Sisteron a été construite, au moyen des sommes affectées à cet objet par les précédentes répartitions; il reste encore en caisse une somme de 1400 liv. »

Chemin de Château-Arnoux à Sisteron.

» La Commission a pensé, qu'elle devoit être employée en continuations d'ouvrages dans cette partie de chemin, après qu'il aura été fait un devis. »

» 4°. Les Digues du Pont de Mezel ayant besoin de réparations, il avoit été réparti pour cet objet une somme de 1750 liv.; on présume que la dépense sera de 3000 liv. »

Digues du Pont de Mezel.

» La Commission a pensé, qu'il pourroit être accordé sur les fonds de 1788, 1250 l. pour le complément de cette somme, après une nouvelle vérification des lieux, & un nouveau devis. »

» 5°. Il avoit été fait un fonds de 3000 liv. pour le chemin de Sisteron à l'Aragne; le devis porte la dépense à 5228 liv. L'excédent est à la charge de la Communauté & des parties intéressées. »

Chemin de Sisteron à l'Aragne.

» La Commission a pensé, qu'on peut ordonner l'exécution de ce devis, & que les 3000 l. ne doivent être payées qu'après que les parties intéressées auront fourni l'excédent de la dépense. »

» 6°. Il reste dans la caisse du Pays une somme de 1700 liv. à employer au chemin de Barreme

Chemin de Barreme à Clumans.

à Clumans. On présume que la dépense montera à près de 3000 liv. »

» La Commission a pensé, qu'il devoit être procédé au devis de ce qui reste à faire, qu'il devoit y être employé les 1700 liv. qui sont en caisse, & que l'excédent seroit pris sur la continuation du secours de 45000 liv. que le Pays attend de la bonté du Roi. »

Chemin des Clues.

» 7°. Le premier décembre 1786, le sieur Giraud a été chargé de la construction du reste du chemin des Clues dans le terroir de Norante, moyennant 32739 liv. L'Entrepreneur a reçu 10000 liv., il reste à lui payer 22739 liv. »

» La Commission a pensé, qu'on pouvoit appliquer à la construction de cette partie de chemin, 10000 liv. par année. »

Pont sur la Durance à Sisteron.

» 8°. Dans la même année 1786, MM. les Procureurs du Pays, instruits que les faces du pont sur la Durance dans le terroir de Sisteron avoient fait un mouvement, appliquerent à cette réparation une somme de 2000 liv. Le devis n'est point encore fait. L'Ingénieur du Département présume que la dépense pourra être de 3000 liv. »

» La Commission a pensé, qu'il seroit nécessaire d'ajouter 1000 liv. à la somme déja accordée. »

Descente de Tele.

» 9°. La Commission a pensé qu'il devoit être fait un devis des ouvrages nécessaires pour perfectionner la descente de *Tele*, sur le chemin de Moustiers à Digne ; & que l'Administration intermédiaire devoit être autorisée à le faire exécuter, en y employant les 3000 liv. qui sont en caisse, & 6000 liv. à prendre sur le secours que le Pays attend de la bonté du Roi. »

» 10°. Elle a cru qu'il falloit suspendre la construction du chemin de Digne à Seyne, dans le passage du Col de Labouret, jusques à ce que le Roi ait bien voulu accorder le secours de 45000 liv. » *Chemin de Digne à Seyne, au Col de Labouret.*

» 11°. Elle a cru qu'on devoit ordonner la réparation d'une partie de la même route, dans le terroir de Digne. Cette réparation indispensable pourra coûter 4800 liv. Il y a déja en caisse 2400 liv., & M. l'Evêque Digne a offert de faire l'avance des 2400 liv. restantes, dans la vue d'établir cet hyver un attelier de charité : ces 2400 liv. feront remboursées en 1788. » *Chemin de Digne à Seyne, dans le terroir de Digne.*

» 12°. Il est encore dû à l'Entrepreneur du chemin de Digne à Malijay 1653 liv. 8 s. pour reste & entier payement des ouvrages recettés par M. de la Palu, Consul d'Aix, Procureur du Pays, dans sa derniere tournée. » *Chemin de Digne à Malijay.*

» La Commission a pensé que cette somme devoit être payée en 1788. »

» 13°. Par une convention passée entre MM. les Procureurs du Pays & M. le Marquis des Sieyes, il doit être appliqué annuellement une somme de 5000 liv. à la continuation des travaux du chemin de Digne à Malijay. Ces travaux consistent actuellement à des digues sur la riviere de *Digues de Malijay.*

Bléoune, pour garantir le chemin. Madame la Marquife de Gaubert fe plaint, dans un Mémoire qu'elle a préfenté aux Etats, que ces digues font offenfives à l'égard du terroir de Gaubert: elle en demande la démolition. »

» La Commiffion a penfé que l'Adminiftration intermédiaire devoit être chargée de vérifier les plaintes de Madame de Gaubert. »

Relevement d'un mur aux approches de Digne.

» 14°. En 1786, MM. les Procureurs du Pays ordonnerent le relevement d'un mur qui avoit croulé aux approches de Digne. Ils appliquerent à cette dépenfe une fomme de 4500 liv. Le mur a été relevé; la dépenfe a été de 3350 liv.: il refte 1250 liv. qui pourront être appliquées à un autre objet dans le cours de l'année. »

Chemin de Valernes à Sifteron.

» 5°. La Commiffion a penfé qu'il devoit être payé à l'Entrepreneur des réparations fur le chemin de Valernes à Sifteron, 438 liv. 11 fols pour refte & entier paiement de cet ouvrage. »

Chemin de Draguignan à Caftellane.

» 16°. Elle a penfé auffi qu'il falloit payer à l'Entrepreneur du chemin de Draguignan à Caftellane, 296 liv. 2 fols pour refte & entier paiement de ce qui lui eft dû, & que la conftruction de cette route feroit continuée fur le fecours de 45000 liv. à accorder par le Roi. »

Signé, † J. R. DE BOISGELIN, Archevêque, d'Aix, Préfident des Etats de Provence.

Du vingt-sixieme dudit mois de Janvier.

PRÉSIDENT MONSEIGNEUR L'ARCHEVEQUE D'AIX.

ME. Ricard, Greffier des Etats, a fait lecture du procès-verbal de la derniere séance.

LES ETATS, considérant que pour établir une juste répartition des charges sur tous les contribuables, il devient absolument nécessaire de procéder à l'opération conjointe d'un affouagement & d'un afflorinement général.

Les Etats déliberent, qu'il sera procédé à un affouagement & à un afflorinement général.

Ont délibéré, qu'il sera fait un affouagement & un afflorinement général, dans l'étendue des Vigueries; que cette opération conjointe commencera au premier Mars de l'année 1789; que dans l'intervalle, l'Administration intermédiaire préparera les connoissances & les moyens propres à rendre l'opération conjointe de l'affouagement & de l'afflorinement général la plus exacte, la plus prompte & la moins dispendieuse; & qu'il sera fait rapport à la prochaine Assemblée des Etats, du travail qui aura été fait à cet égard par l'Administration intermédiaire.

Monseigneur l'Evêque de Sisteron, Président de la Commission pour la formation des Etats, a dit :

M M.

Commission pour la formation des Etats. Sixieme rapport.

» Après une premiere lecture d'un Régle-

Réglement pour l'Administration intermédiaire.

ment concernant l'Administration intermédiaire, il fut arrêté de renvoyer à une autre séance l'examen d'un projet, dont la premiere lecture n'avoit pu donner qu'un simple apperçu. ,,

,, Ce Réglement a donc été mis de nouveau fous les yeux de la Commission. Tous les articles, pris féparément, n'ont effuyé aucune obfervation ni contradiction. ,,

,, Mais lorfqu'il a fallu opiner fur ce Réglement, plufieurs de MM. les Commiffaires ont été d'avis de l'admettre; plufieurs autres ont opiné à former dans la Commiffion, une autre Commiffion, compofée de deux Membres de chacun des trois Ordres, pour faire un examen approfondi de ce Réglement, & le rapporter enfuite à la Commiffion. Une partie de ceux qui avoient été d'abord d'avis de l'admettre purement & fimplement, a adopté cette derniere opinion, qui a formé l'avis de quinze Membres : feize autres ont opiné pour l'admiffion pure & fimple. ,,

,, C'est à vous maintenant, MM., à décider fi vous devez donner votre fanction à un Réglement qui paroît clair, & obvier à tous les inconvéniens qui ont fouvent excité des plaintes. ,,

MONSEIGNEUR L'ARCHEVEQUE D'AIX, Préfident, a dit :

MM.

,, Quand j'ai vu commencer les Etats, j'ai conçu l'efpérance d'établir l'ordre & la regle
dans

dans toutes les parties de votre Adminiſtration. Ce feroit avec le plus vif & le plus douloureux ſentiment que je verrois finir les Etats, ſans aucun Réglement utile, & toutes mes eſpérances s'évanouir avec eux. „

„ Je dois rendre témoignage à tous ceux avec leſquels j'ai partagé l'avantage de diriger les affaires de la Province. Je les ai vu, je puis le dire, pénétrés du même deſir qui m'anime, ſe plaindre de l'étendue même de leur pouvoir. Ils ont fait beaucoup de bien. Ils en auroient fait davantage, ſi leurs ſages Réglemens avoient trouvé dans l'appui des Etats une conſiſtance durable. „

„ On oublie le bien qu'ils ont fait. On rappelle les abus qu'ils ont voulu détruire. On les rappelle, on peut les prévenir. On s'obſtine à les perpétuer. „

„ Quand nous parlons des abus, n'avons-nous d'autre intérêt & d'autre plaiſir que celui de les cenſurer? Faut-il que le mal ſubſiſte, pour qu'il reſte un aliment à la cenſure ? „

„ Si nous en voulons aux abus même, il faut nous occuper des Réglemens. „

„ Une Adminiſtration réguliere a ſans doute moins de force, pour favoriſer des intérêts perſonnels & pour exécuter des volontés arbitraires. Mais elle en a bien davantage, pour répondre aux vœux des bons Citoyens, & pour ſatisfaire aux véritables intérêts des Peuples. „

Z

,, Mettez des bornes au pouvoir qui peut nuire. Donnez toute son étendue au pouvoir utile. ,,

,, Nous ne vous proposons point de renverser les formes de votre Administration pour la perfectionner. Je l'ai dit, je l'ai souvent redit à plusieurs de ceux qui m'écoutent. Il ne faut pas briser le moule, quand on peut y verser tout le bien qu'on veut faire. ,,

,, On conserve les formes accoutumées. On n'emploie que celles qui sont utiles & connues. On renouvelle à des époques fixes, des Assemblées légales qui n'offroient que des ressources rares & passageres. On étend leurs pouvoirs, que l'usage avoit subordonnés à l'influence des circonstances, & qui sembloient se borner à la nécessité du moment. On donne aux affaires une publicité qui bannit les erreurs & les injustices. On impose aux Administrateurs des regles qui leur servent de défense & d'appui. On leur offre des occasions plus fréquentes, & des moyens plus assurés d'être utiles. ,,

,, Il sera sans doute honorable pour des Etats, qui ne s'assemblent qu'une fois dans leur ancienne forme, & dont la mémoire doit être durable, de poser les regles qui doivent diriger l'Administration. C'est par ces regles d'une utilité qui ne meurt point, que vous revivrez vous-même dans les Etats qui doivent vous succéder & qui seront votre ouvrage. Vous exercerez sur eux cette même autorité que vous leur aurez transmise, & le bien public, assuré par vos soins, est sans doute le plus beau monument que vous puissiez laisser à la postérité. Un Réglement pour l'Administration, un Réglement pour les chemins renouvelleront sans cesse les heureux effets de vos sages Délibérations; & nous serons puissans pour bien faire, quand nous pourrons opposer aux abus, cette même autorité qui devient la source de tous nos pouvoirs. „

„ Le Réglement qu'on vous présente fixe les époques, les obligations & les pouvoirs des Assemblées qui doivent seconder les efforts de l'Administration intermédiaire. Telles sont leurs époques, qu'il semble qu'elles commencent, qu'elles continuent, & qu'elles terminent l'Administration de chaque année. „

„ Une premiere Assemblée recueille les Délibérations des Etats qui lui servent de regles. C'est dans ces Délibérations même qu'elle cherche les moyens de les exécuter. Elle en suit l'esprit. Elle en développe les objets. Elle en regle les dispositions. „

„ Une seconde Assemblée s'instruit de la maniere dont cette exécution est suivie ou remplie. Elle voit ce qui reste encore à faire, elle supplée aux oublis. Elle répare les erreurs. Elle releve, elle soutient la marche de l'Administration. „

„ Une troisieme Assemblée devient la vérification des deux autres, & prépare & rassemble toutes les connoissances qui peuvent éclairer les Etats. „

„ Ainsi se forme la chaîne de l'Administration qui rapproche, & qui lie les Assemblées des Etats, malgré l'intervalle du tems qui semble les séparer. „

„ On n'a pas moins suivi les vues de l'économie, que celles de l'Ordre. On a cherché tous les moyens d'épargner des frais & des dépenses à l'Administration. Il n'y aura plus de tournées, que celles qui seront dirigées par les intérêts présens du Pays, & par le besoin des affaires. On fera des tournées pour des objets intéressans & connus. On les fera dans les momens, & dans les lieux où elles pourront être utiles „

» Ce réglement est court, & prévient tous les abus; & nous osons le dire : l'ordre est rétabli si ce réglement est observé. Les abus sont irrémédiables s'il ne l'est pas. »

» C'est aux Etats à juger s'ils veulent établir à jamais l'ordre & la regle, ou s'ils veulent perpétuer à jamais les abus. »

» Pour moi, je soumets avec joie l'exercice de mes pouvoirs aux loix d'une Administration réguliere. Je crois pouvoir parler au nom de ceux qui me sont associés, comme au mien. Ils desirent la regle, parce qu'ils cherchent le bien Nous aimons à contracter des obligations que nous voulons remplir. Et je suis loin de penser, que je fasse à l'utilité publique un sacrifice de mes droits. Il y a dix-sept ans que je suis à la tête de votre Administration, & je n'ai jamais exercé le pouvoir arbitraire. Je crois acquérir, par le réglement que je vous propofe, un droit plus honorable, celui de maintenir l'ordre, d'oppofer la regle à l'intérêt perfonnel, & de multiplier les moyens d'être utile. »

Me. Ricard, Greffier des Etats, a fait lecture de ce réglement, dont la teneur fuit.

RÉGLEMENT

Pour l'Adminiftration intermédiaire.

ARTICLE PREMIER.

IL y aura trois Affemblées de Procureurs du Pays chaque année, lefquelles fe tiendront chez M. l'Archevêque d'Aix, premier Procureur né du Pays, & Préfident des Etats de Provence, & en fon abfence, en la maniere accoutumée pour les Affemblées convoquées des Procureurs du Pays nés & joints.

ART. II.

La premiere de ces Affemblées fe tiendra au premier de Février, la feconde au premier de Juin, la troifieme au quatrieme de Novembre; & la durée de chaque Affemblée fera de quinze jours ou trois femaines.

ART. III.

Il fera délibéré, dans la premiere Affemblée, fur les difpofitions à prendre fur l'exécution de tout ce qui aura été délibéré par les Etats. Dans la seconde, il sera rendu compte de l'état de tout ce qui aura été exécuté, depuis la derniere Assemblée des Procureurs du Pays nés & joints; & il sera délibéré sur tout ce qui sera exécuté jusqu'à la suivante Assemblée. Dans la troisieme, il sera rendu compte de tout ce qui aura été exécuté dans le cours de l'année; & il sera délibéré, soit sur ce qui reste encore à exécuter, soit sur les objets à proposer à la prochaine Assemblée des Etats.

ART. IV.

L'Assemblée des Etats ayant délibéré sur quelque objet, & en ayant ordonné l'exécution, les Procureurs du Pays remettront à la premiere Assemblée des Procureurs du Pays nés joints les délibérations des Etats, & lui feront l'exposé de toutes les dispositions à prendre pour l'exécution.

ART. V.

Ne pourront lesdites Assemblées des Procureurs du Pays nés & joints, délibérer & ordonner aucun objet qui n'ait été délibéré & ordonné par la derniere Assemblée des Etats, sauf le cas d'absolue nécessité, sous la réserve expresse de l'approbation & ratification des Etats.

ART. VI.

Sera représenté, dans chacune de trois Assemblées des Procureurs du Pays nés & joints, l'état des mandats faits ou à faire pendant l'intervalle des Assemblées.

Art. VII.

La relation des affaires, expédiées pendant le courant de l'année, sera faite dans la troisieme Assemblée des Procureurs du Pays nés & joints, pour être rapportée ensuite à l'Assemblée des Etats.

Art. VIII.

Toutes demandes à proposer aux Etats seront remises par les Procureurs du Pays, à l'Assemblée des Procureurs du Pays nés & joints qui précédera l'ouverture des Etats.

Art. IX.

Les Procureurs du Pays remettront aux différentes Commissions, établies pendant la tenue des Etats, selon les différens objets qui les concernent, les délibérations des susdites Assemblées des Procureurs du Pays nés & joints, en exécution des délibérations des précédens Etats, ainsi que les observations desdites Assemblées sur tous les objets à proposer aux Etats.

Art. X.

Aucune demande ne sera proposée aux Etats, dans aucun genre, sans remettre sous les yeux des Etats les Mémoires détaillés de son utilité ou nécessité, & les délibérations anciennes ou nouvelles qui auront été prises, soit par les Assemblées générales des Communautés, soit par les Assemblées des Procureurs du Pays nés & joints, soit par les Assemblées des Etats, relativement aux objets de la demande.

Art. XI.

Ne pourront être employés, dans tous les genres, les fonds destinés à quelque objet par la délibération des Etats, qu'à l'objet même qu'ils auront délibéré, sans que, sous aucun prétexte quelconque, ils puissent être détournés pour quelque autre objet.

Art. XII.

Ne pourra être suspendue l'exécution d'un objet ordonné par les Etats, dans l'Assemblée des Procureurs du Pays, sans y être appellés les Procureurs du Pays joints en exercice de l'année, séans à Aix; & les raisons de la suspension seront exposées à la première Assemblée suivante des Procureurs du Pays nés & joints, pour qu'ils puissent en délibérer.

Art. XIII.

Ne pourront les Procureurs du Pays délibérer sur aucun objet, ni donner aucun mandat pour une affaire même urgente, sans appeller les Procureurs du Pays joints en exercice, séans à Aix, & lesdites délibérations seront rapportées à la première Assemblée des Procureurs du Pays nés & joints.

Art. XIV.

Il sera présenté chaque année à l'Assemblée des Etats, un tableau de situation des fonds du Pays,

Pays, par recette & par dépenſe, & ce tableau ſera inſéré dans le procès-verbal de l'Aſſemblée.

ART. XV.

Toutes les délibérations priſes, ſoit par les Aſſemblées ordinaires, ſoit par les Aſſemblées des Procureurs du Pays nés & joints, ſeront tranſcrites ſur un regiſtre qui ſera dépoſé au Greffe des Etats.

ART. XVI.

Toutes Lettres & Mémoires adreſſés aux Procureurs du Pays, ſeront portés au Bureau de l'Adminiſtration, pour être ouverts & lus dans l'Aſſemblée ordinaire des Procureurs du Pays.

ART. XVII.

Il n'y aura point de tournée générale des Procureurs du Pays.

ART. XVIII.

Aucune tournée des Procureurs du Pays n'aura lieu, qu'en vertu d'une délibération d'une des trois Aſſemblées des Procureurs du Pays nés & joints.

ART. XIX.

En cas d'affaire urgente, il ſera délibéré par l'Aſſemblée ordinaire des Procureurs du Pays, appellés les Procureurs joints en exercice, ſéans à Aix, ſur la néceſſité ou l'utilité du tranſport d'un Procureur du Pays ſur les lieux.

A a

Art. XX.

Ne pourra être accompagné un Procureur du Pays, dans une tournée, ou dans une visite, que de l'Ingénieur du Département, ou de l'Ingénieur en Chef, ou de tous deux ensemble, & d'un Greffier.

Art. XXI.

La même Assemblée qui aura délibéré & ordonné une tournée ou une visite, réglera les frais & dépenses de la tournée ou visite ordonnée.

Les Etats ont adopté ce Réglement, & ont délibéré qu'il sera observé exactement à l'avenir dans toutes ses dispositions.

Me. Ricard, Greffier des Etats, a ensuite fait lecture d'un projet de Réglement, pour la formation des Assemblées des Procureurs du Pays nés & joints, déterminées par le Réglement concernant l'Administration intermédiaire, & dont la teneur suit :

RÉGLEMENT

Pour la formation des Assemblées des Procureurs du Pays nés & joints, des premier Février, premier Juin, & quatrieme Novembre.

Article premier.

Les Assemblées des Procureurs du Pays nés & joints, convoquées au premier février, au premier juin, & au quatrieme novembre, feront des Assemblées renforcées, & feront composées des Procureurs du Pays nés, des deux Procureurs du Pays joints de chaque Ordre, nommés pour l'exercice de chaque année, & de deux Procureurs joints de chaque Ordre, qui leur feront associés dans lesd. Assemblées.

Art. II.

Il sera formé quatre Bureaux, dans les Assemblées renforcées des Procureurs du Pays nés & joints: le premier pour tout ce qui concerne la construction & entretien des chemins; le second, pour les impositions, frais & dépenses; le troisieme, pour les affaires diverses; & le quatrieme, pour tout le travail préalable à l'opération conjointe de l'affouagement & de l'afflorinement général.

Art. III.

Le Bureau des impositions sera chargé de proposer les Réglemens à faire, pour établir des correspondans dans les Vigueries sur les affaires concernant les droits des fermes, & les moyens d'en maintenir l'exécution. Il prendra connoissance de toutes les Lettres adressées sur le même objet aux Procureurs du Pays; il sera chargé de proposer les formes à suivre, pour réprimer & réparer chaque vexation qui sera survenue, afin que l'Assemblée puisse en délibérer, & il fera part, pendant la tenue des séances, des Délibérations de l'Assemblée aux correspondans des Vigueries, dans lesquelles les affaires se seront présentées.

ART. IV.

Le Bureau des affaires diverses sera chargé de dresser le projet, concernant l'établissement des Eleves pour les accouchemens ; & dans la suite, de proposer les moyens relatifs au maintien & au succès de l'établissement, afin que l'Assemblée puisse en délibérer.

ART. V.

L'Assesseur d'Aix rapportera les affaires à tous les Bureaux ; sauf le droit du premier Consul d'Aix, Procureur du Pays, pour les affaires dont il voudroit faire le rapport.

ART. VI.

En cas d'absence des Procureurs du Pays joints de chaque Ordre, en exercice pendant l'année, seront subrogés à leur place les Procureurs joints, assistans aux Assemblées renforcées des Procureurs du Pays nés & joints.

LES ETATS ont adopté, à la pluralité des suffrages, le Réglement ci-dessus, & ont délibéré qu'il seroit exécuté suivant sa forme & teneur.

Observations des Deputés des Communautés, sur le renforcement de l'Administration intermédiaire.

MM. les Députés des Communautés ont observé, que sur le renforcement de l'Administration intermédiaire, dans les proportions actuellement existantes, l'avis de la presque totalité des Députés des Communautés, a été que le renforcement feroit utile, qu'il devoit être adopté ; mais qu'il devoit être fuivi pour l'univerfalité de la formation de l'Adminiftration intermédiaire, les mêmes principes au moins, adoptés par les Etats dans la formation de l'Adminiftration générale, (au fujet de laquelle, le vœu de la prefque totalité du Tiers-Etat avoit été d'avoir une majorité apparente d'un cinquieme, qui n'auroit opéré que l'égalité effective.) Les principes, adoptés alors par les Etats, furent ceux de l'égalité : c'étoient aufli ceux annoncés dans les inftructions du Roi qui ont été lues, & dans une lettre miniftérielle de M. l'Archevêque de Touloufe. Les mêmes principes d'égalité ont été fuivis, dans la compofition de toutes les Commiffions nommées par les préfens Etats ; l'Adminiftration intermédiaire eft affez importante, pour que le Tiers-Etat y conferve l'égalité qu'on lui a accordée, lorfqu'il demandoit majorité. MM. les Procureurs du Pays ne fauroient être comptés parmi les Repréfentans du Tiers, parce qu'ils ne figurent point dans l'Adminiftration intermédiaire, en qualité de Confuls d'Aix, mais à titre feulement de Procureurs des Trois Ordres : le Tiers-Etat a ajouté à cette opinion, que la Délibération contraire ne pourroit, en aucune maniere, préjudicier à fes droits, qu'il fe réferve de faire valoir auprès du Souverain.

MM. du Clergé & de la Nobleffe ont répondu, qu'on fuivoit les formes conftitutionnelles, obfervées dans tous les tems, pour les Affemblées des Procureurs du Pays nés & joints ; & que le renforcement fe faifoit dans la même forme, & dans

Réponfe de MM. du Clergé & de la Nobleffe.

la même proportion, que le nombre actuel des Procureurs du Pays joints de chaque Ordre.

Commission pour les travaux publics. Troisieme rapport.

Monseigneur l'Evêque de Fréjus, Président de la Commission pour les travaux publics, a continué son rapport, & a dit :

MM.

Route d'Italie.

» La Commission s'est ensuite occupée de l'état des fonds, destinés à la reconstruction de la route d'Italie : ces fonds consistent à la somme de 100000 liv. qui est prise annuellement sur la remise accordée par Sa Majesté, à raison de l'augmentation du prix du Sel. »

» Les engagemens, pris avec les Entrepreneurs de la construction de différentes parties de cette route, montent à 59763 liv. par année, jusques en 1790 inclusivement. Il ne pourra donc être employé jusques alors sur cette route, que 40237 liv. par an. »

» En 1791, le Pays sera libéré de ces engagemens ; mais l'Administration ayant affecté sur cette somme de 100000 liv., celle de 50000 l. pour être employée chaque année, & jusques en 1794 inclusivement, au remboursement des avances faites par les Communautés de Toulon, la Valette & autres, pour la construction du chemin de Toulon à la Valette, & de la Valette à Souliers ; il ne pourra être employé sur la route d'Italie, que 50000 liv. chaque année, depuis 1791, jusques en 1794 inclusivement. Ainsi ce ne sera qu'en l'année 1795, que la somme de 100000 liv. pourra être appliquée en entier à la route d'Italie. »

» L'Assemblée générale des Communautés de 1785 délibéra un emprunt de la somme de 200000 liv., pour servir à la reconstruction du chemin d'Aix à Sisteron, dans le terroir de Meyrargues. La partie de ce chemin, depuis la Papéterie jusques au village de Meyrargues, est achevée ; la dépense monte à 37500 liv. L'Administration a desiré, que les plans & devis de la totalité du chemin à construire lui fussent présentés, pour comparer la dépense aux moyens. La maladie du sieur Vallon, Ingénieur en Chef, a retardé cette opération ; & la Commission a pensé, que l'Administration intermédiaire devoit s'en occuper. »

Chemin de Meyrargues.

» La Commission s'est fait représenter l'état de tous les chemins de Province de premiere & de seconde classe donnés à l'entretien, & l'état des sommes nécessaires pour cet entretien. Elle pense que l'Administration intermédiaire doit être chargée de vérifier tous ces baux, de résilier, à la fin de l'année, ceux dont elle jugera le résiliment nécessaire, & de présenter aux prochains Etats les devis des parties à donner à l'entretien. »

Entretien des chemins de premiere & seconde classe.

» L'Assemblée générale des Communautés de 1783 délibéra, que le Pays contribueroit pour un tiers au curement & creusement du port de la Seyne. L'entreprise a été adjugée pour la somme de 300000 liv. L'Entrepreneur doit recevoir 45000 liv. par année. Le tiers à payer par le Pays est 15000 liv. Il a été payé 30000 l. pour les années 1786 & 1787 ; il reste encore à payer 70000 liv. »

Travaux publics dont la dépense est prise sur les cas inopinés.
Port de la Seyne.

Pont dans le terroir de Roquebrune.

» L'Assemblée générale des Communautés de 1783 avoit délibéré, que le Pays contribueroit, pour la somme de 60000 liv., à la construction d'un pont dans le terroir de Roquebrune. Le Pays doit encore à l'Entrepreneur la somme de 22000 liv., pour reste & entier payement de sa contribution. »

» La Commission a pensé, que le Pays devoit ordonner, pour l'année 1788, le payement de la somme à raison de laquelle il contribue à ces deux ouvrages. »

Monseigneur l'Evêque de Fréjus, a dit :

MM.

» M. le Marquis des Pennes a présenté un Mémoire à la Commission. »

Ratification de la convention passée entre MM. les Procureurs du Pays & M. le Marquis des Pennes le 7 août 1786, sur la construction du chemin dans l'étendue du péage des Pennes.

» Il expose qu'il fut passé en 1786, une convention entre MM. les Procureurs du Pays & lui, conformément à ce qui avoit été décidé par l'Assemblée de 1772. Cette convention porte, que le chemin de Marseille, dans la partie du péage des Pennes, sera emplacé au choix de MM. les Procureurs du Pays, & construit aux dépens de la Province, que le Marquis des Pennes s'oblige de faire entretenir le nouveau chemin par les Entrepreneurs de la Province, aux mêmes conditions & au même prix que le restant de ladite route, qu'il renonce au droit d'être indemnisé du prix du sol roturier qui seroit occupé par le nouveau chemin, même des arbres qui se trouveroient dans ledit terrein. »

» Que

» Que cette convention, approuvée par l'Assemblée des Communautés de 1786, devenoit exécutoire, & que le défaut des fonds pouvoit seul en arrêter l'exécution. »

» Les choses en cet état, M. le Marquis des Pennes apprend, que l'Ingénieur en chef du Pays avoit fait planter des jalons, pour la direction d'un nouveau chemin, passant par le vallon & la montagne de Fabregoules, qui alloit déboucher au relais de la poste aux chevaux, & abandonnoit le terroir des Pennes. »

» A cette nouvelle, il se transporte sur les lieux, & s'apperçut que par ce projet on abannoit de beaux chemins, dont la construction avoit coûté plus de 80000 liv. au Pays ; il se convainquit, que ce nouveau chemin coûteroit plus de cinquante mille écus, tandis que celui convenu coûteroit à peine 14000 liv. »

» Il n'a pu se dissimuler, que c'étoit à son péage qu'on en vouloit ; mais il représente que son péage n'est point onéreux au Pays, que ce sont les autres Provinces & les Etrangers qui, presque seuls, sont assujettis à ce péage, que les villes d'Aix, de Marseille & d'Arles en sont exemptes, ainsi que quatre-vingt Communautés des terres Baussenques. »

» Que la communication de presque toutes les autres Communautés de Provence n'a pas lieu par cette route, & qu'on peut assurer que les Provençaux ne sont pas contribuables pour un vingtieme, dans le revenu de ce péage. »

» Que mettant toute fa confiance dans la décision des Etats, il les fupplie de vouloir bien ftatuer, fur l'exécution de la convention paffée avec MM. les Procureurs du Pays, devenue légale & définitive par la délibération de l'Affemblée des Communautés de 1786. »

» Sur ces repréfentations, la Commiffion a crû devoir entendre l'Ingénieur en chef du Pays, lequel après avoir pris lecture du Mémoire de M. le Marquis des Pennes, a dit :

» Qu'il y a quelque tems, que MM. les Procureurs du Pays lui donnerent un ordre par écrit, pour fe tranfporter fur le chemin de Marfeille, & dans la partie du peage des Pennes, à l'effet de dreffer un devis de ce que coûteroit la réparation de la partie du chemin dépendante dudit péage, & d'en lever le plan. MM. les Procureurs du Pays lui ordonnerent d'en prévenir M. le Marquis des Pennes ; ce qu'il n'auroit pas manqué de faire, quand même MM. les Procureurs du Pays ne le lui auroient pas ordonné. »

» Que fon premier foin fut de fe rendre chez M. le Marquis des Pennes ; & après l'avoir inftruit du fujet de fa commiffion, il fut fur les lieux, dreffa le devis de la partie de chemin dépendante du péage des Pennes, qui monte à la fomme de 13800. »

» Il s'occupa enfuite du projet du chemin pour éviter le péage ; il fit planter des jalons, leva le plan, & en fit le devis, qui monte à la somme de cent-vingt mille cinq cent soixante-dix-sept livres, ce qui fait une différence de cent sept mille livres. »

» Qu'il prie la Commission d'observer, que dans le nouveau chemin il y aura une montée & une descente assez rude, puisque la montée du côté du relais de la poste aux chevaux, allant à Marseille, aura de trois à quatre pouces par toise, & la descente presque autant. »

» Qu'à la vérité, la nouvelle route aura quatre-vingt-deux toises de moins ; mais cette différence est si modique que l'on ne sauroit y faire attention, attendu l'observation ci-dessus de la montée & de la descente. »

» La Commission, après avoir pris lecture du Mémoire de M. le Marquis des Pennes, & de la convention passée entre MM. les Procureurs du Pays & lui, en 1786. »

» Après avoir entendu l'Ingénieur en chef du Pays, & examiné les plans & devis qu'il a remis à la Commission, & qu'elle a trouvé parfaitement conformes au rapport qu'il en a fait, a été unanimement d'avis de proposer aux États, de ratifier la convention passée entre MM. les Procureurs du Pays & M. le Marquis des Pennes, pour être exécutée dès que les circonstances le permettront, sauf de traiter avec M. le Marquis des Pennes pour la suppression de son péage, en conciliant son intérêt avec celui du Commerce & du Pays. »

Les Etats ont unanimement approuvé & ratifié la convention paſſée entre MM. les Procureurs du Pays & M. le Marquis des Pennes, le 7 août 1786, & ont adopté entiérement l'avis de la Commiſſion.

Signé, J. R. DE BOISGELIN, Archevêque d'Aix, Préſident des Etats de Provence.

Le vingt-ſeptieme dudit mois de Janvier les Etats ne ſont pas aſſemblés.

Du vingt-huitieme dudit mois de Janvier.

PRÉSIDENT MONSEIGNEUR L'ARCHEVEQUE D'AIX.

ME. Ricard, Greffier des Etats, a fait lecture du procès-verbal de la derniere ſéance.

Le Roi accepte l'offre des Etats en ſupplément à l'abonnement des Vingtiemes, & accorde une remiſe de cinquante mille livres pour la préſente année.

MONSEIGNEUR L'ARCHEVEQUE D'AIX, Préſident, a annoncé aux Etats que Sa Majeſté, ſatisfaite de leur zele & de leur empreſſement, a accepté la ſomme de trois cent cinquante mille livres qu'ils ont délibéré d'offrir, en ſupplément à l'abonnement des vingtiemes & quatre ſols pour livre du premier, & qu'elle a bien voulu en même-tems accorder au Pays une remiſe de cinquante mille livres pour la préſente année. Monſeigneur le Préſident a remis aux Greffiers des Etats, la lettre de M. le Contrôleur Général à M. le Comte de Caraman.

Me. Ricard, Greffier des Etats, a fait lecture de cette lettre.

LES ETATS ont accepté, avec reconnoissance, la remise accordée par Sa Majesté; & après avoir témoigné les sentimens dûs au zele & aux soins de MM. les Commissaires du Roi, & de Monseigneur le Président, pour les intérêts du Pays, ils ont prié mondit Seigneur le Président de vouloir bien remettre sous les yeux de Sa Majesté & de ses Ministres, les motifs contenus dans la Délibération du 14 de ce mois, de lui représenter que, ces motifs étant les mêmes pour les années à venir, les Etats ont lieu d'espérer de la justice & de la bonté du Roi qu'il accordera la même remise, pour chacune des années pendant lesquelles ils ont offert le supplément à l'abonnement; que cette remise devient encore plus nécessaire, dans le moment où les circonstances ont forcé les Etats à délibérer un affouagement, ou un afflorinement général, pour établir une juste répartition des charges; & que cette opération dispendieuse devient une surcharge accablante pour le Pays..

Les Etats remercient MM. les Commissaires du Roi & M. l'Archevêque d'Aix, Président, & le prient de solliciter auprès de Sa Majesté la continuation de la remise de cinquante mille livres, pour tout le tems que doit durer l'abonnement.

LES ETATS ont délibéré, en même tems, que la lettre de M. le Contrôleur Général à M. le Comte de Caraman seroit transcrite dans le procès-verbal de cette séance.

Teneur de la Lettre.

A Versailles le 21 Janvier 1788.

J'ai reçu, Monsieur, la lettre que vous m'avez fait l'honneur de m'écrire le 14 de ce mois, & par laquelle vous avez bien voulu m'informer de l'offre que les Etats de Provence ont

Lettre de M. le Contrôleur général à M. le Comte de Caraman.

faite, dans leur séance du même jour, d'une augmentation de 350 mille livres sur leur abonnement des Vingtiemes, non compris les biens du Clergé, de l'Ordre de Malte, & des Hôpitaux. Cette offre est inférieure de 112 mille livres, à la fixation que j'avois eu l'honneur de vous annoncer par ma lettre du 14; mais les Etats n'avoient encore pu être informés de cette fixation, lorsqu'ils ont pris leur Délibération. En rendant compte au Roi de leur offre, j'ai mis en même tems sous ses yeux, ce que vous m'avez fait l'honneur de me marquer, ainsi que M. l'Archevêque d'Aix, touchant l'impossibilité de faire supporter une augmentation plus forte à un Pays tel que la Provence, qui n'a point la ressource d'augmenter sa recette, par la perception des Vingtiemes sur les appanages, les forêts, & domaines du Roi; qui est exposée tous les ans à perdre ses récoltes par les orages, inondations, & les gelées; & dont le terrein, couvert de rochers, exige des avances, & un entretien très-considérable. Je n'ai pas laissé non plus ignorer à Sa Majesté, la maniere dont les Etats se sont conduits dans leur Assemblée: Sa Majesté, satisfaite de leur zele & de leur empressement, a bien voulu, non seulement se contenter de l'augmentation de 350 mille liv. qu'ils ont offerte sur l'abonnement des Vingtiemes, lequel par ce moyen sera fixé à seize cent quarante-huit mille livres, non compris le Clergé, l'Ordre de Malte, & les Hôpitaux, mais encore leur accorder pour la présente année 1788, une remise de 50 mille livres sur la totalité de leurs impositions. Je ne perds pas de tems à vous annoncer cette nouvelle grace du Roi, dont je ne doute point que les Etats ne s'empreſſent de marquer leur reconnoiſſance à Sa Majeſté.

J'ai l'honneur d'être avec un très-ſincere & très-parfait attachement, Monſieur, votre très-humble & très-obéiſſant ſerviteur. *Signé*, LAMBERT.

Monſeigneur l'Evêque de Siſteron, Préſident de la Commiſſion pour la formation des Etats, a dit :

M M.

» Ayant été chargés de vous rendre compte du bail de la tréſorerie, nous avons trouvé qu'il avoit été paſſé en 1785, pour commencer au premier Janvier 1786, pendant ſept ans, à M. Pin, aux mêmes clauſes & conditions que celui qui avoit été paſſé en 1777, & dont l'exécution devoit commencer au premier Janvier 1779. »

» Il nous a paru que ce bail étoit très-bien fait, & que M. Pin en avoit acquitté parfaitement toutes les conditions, ſans uſer des voies rigoureuſes dont le bail le laiſſoit le maître, & qu'on ne pouvoit donner trop d'éloges à l'exactitude, à la fidélité & aux ſentimens honnêtes de ce Tréſorier. »

Monſeigneur l'Evêque de Fréjus, Préſident de la Commiſſion pour les travaux publics, a dit :

M M.

» La Commiſſion s'eſt fait rendre compte de

Commiſſion pour la formation des Etats. Septieme rapport.

Commiſſion pour les travaux publics. Quatrieme rapport.

Conſtruction

du Palais de Juſtice, en la ville d'Aix.

l'état des travaux, pour la conſtruction du Palais de Juſtice en la ville d'Aix. Le Pays contribue à cette dépenſe, à raiſon de 100000 liv. par année, conjointement avec MM. les Poſſédans-fiefs, & les Terres adjacentes. »

» Il réſulte de l'état certifié par l'Ingénieur du Pays. »

» Qu'il a été payé, pendant les années 1786 & 1787. »

SAVOIR :

» Pour le prix des maiſons néceſſaires à l'emplacement, ci . . 147923 l. 9 6

» Aux Entrepreneurs, à compte des ouvrages 40000

» Pour frais de contrats & acceſſoires 2200

Total . . . 190123 l. 9 6

Chemin allant aux antiquités de St. Remy.

„ La Communauté de St. Remy expoſe, qu'il exiſte dans ſon terroir des monumens antiques, dignes de la curioſité des voyageurs. Le Pays a fait conſtruire autour de ces monumens, une place. Il a exigé, que la Communauté de St. Remy fît réparer le chemin qui conduit à ces monumens, & il a promis de faire conſtruire à ſes frais, un pont ſur un ravin qui traverſe le chemin. ,,

„ La Communauté a fait conſtruire le chemin.

min. Elle defire que le Pays faffe travailler à la conftruction du pont. „

„ La Commiffion a penfé que cette demande devoit être renvoyée à l'Adminiftration intermédiaire, pour faire dreffer les plans & devis de ce pont, & les rapporter aux prochains Etats. „

„ La Commiffion s'eft enfuite occupée de l'état des travaux du canal Boifgelin, & de la dérivation de ce canal dans la Crau. Elle a entendu le rapport qui lui a été fait par le fieur Fabre, Ingénieur hidraulique & Directeur de ce canal. „

Canal Boifgelin.

„ Le canal eft entiérement fini, depuis la prife d'eau jufques au-delà du village d'Orgon, à l'exception de quelques réparations à faire à l'entrée de la mine. „

„ La partie ultérieure eft à finir. Elle doit paffer au-deffous du village d'Eigalieres, à côté de l'Eglife de Romany, & arriver à St. Remy, d'où elle traverfera la plaine de Tarafcon pour verfer fes eaux dans le Rhône, au-deffous des radoubs. „

„ Les ouvrages, dans la partie de dérivation pour la Crau, font entiérement finis. Les eaux y furent mifes en 1786 pour la premiere fois. Elles y ont été mifes une feconde fois, dans le mois de mai dernier. MM. les Procureurs du Pays firent la recette des ouvrages; depuis lors le canal a été en exercice. „

Dérivation pour la Crau.

Canal de jonction du Rhône avec le port de Bouc.

Projet à exécuter, au moyen des eaux du canal Boisgelin.

„ L'eau superflue du canal, & les égouts des arrosages pourront être employés utilement, à l'exécution d'un projet infiniment utile, depuis long-tems désiré, & que des obstacles locaux ont constamment fait échouer. Ce projet consiste à construire un canal de jonction du Rhône avec le port de Bouc : jusques à présent, le coupement de la colline de la *Leque* a toujours empêché l'exécution de ce projet. Mais on pourroit conduire les eaux de la fuite du canal, d'abord à Arles, où l'on communiqueroit avec le Rhône par une écluse. De là le canal passeroit à la Tour de Mollegès, près du Mas Tibert, entre les étangs du Landre & du Galejon, au-dessous du village de Fos, & verseroit ses eaux dans la mer au pied de la colline de la Leque. „

„ Pour éviter le coupement de la colline, on conduira à son sommet quelques moulans d'eau, par le moyen de la dérivation pour Istres, & l'on construira en cet endroit une retenue qui alimentera quatre écluses du côté du Port, & trois du côté de Fos. „

„ Ce canal produiroit les plus grands avantages, ainsi qu'on peut s'en convaincre par l'énumération suivante. „

„ Toutes les munitions de guerre & de bouche, qui descendent par le Rhône, arriveroient à point nommé, à leur destination. „

„ Les sels, qui remontent le Rhône, ne couroient plus aucun risque, à l'embouchure du fleuve. „

„ Les marchandises, arrivées au port de Bouc, remonteroient le canal jusqu'à Arles, d'où par le moyen du petit Rhône, & d'un canal de communication d'environ douze cent toises qu'on feroit à la hauteur de St. Gilles, elles entreroient dans le canal d'Aigues-mortes. „

„ Dans le tems de la foire de Beaucaire, les marchandises de Marseille ne seroient plus arrêtées à l'embouchure du Rhône, par les vents contraires. „

„ Le commerce de la ville d'Arles y gagneroit infiniment, puisque cette Ville, aujourd'hui isolée, se trouveroit alors au point de jonction de trois canaux ; savoir, du canal de Bouc, de celui du Rhône, & de celui d'Aigues-mortes. „

„ Le commerce de Marseille, par le canal royal, n'y gagneroit pas moins, à cause qu'alors les marchandises éviteroient entiérement le golphe de Lyon. „

„ Marseille communiqueroit, par le Rhône & par le canal de Bourgogne, avec toutes les Provinces du nord & de l'ouest du Royaume. „

» Enfin, ce canal arroseroit le plan du Bourg, & recevroit les égouts de la Crau. »

» Ce projet exige le rétablissement du port de Bouc, & la suppression de la cause de ses encombremens, on pourra en donner les moyens dans le tems. »

Dérivation pour la Crau.

» La dérivation pour la Crau commence au pont de la Croisiere, & aboutit à la tête de cette plaine à la Manon, d'où partent des ramifications pour les Communautés d'Eiguieres, Grans, Miramas, Fos, & Istres, & pour le Corps d'arrosans de St. Chamas & Entressens. Cette dérivation est finie, & en exercice; elle a déja produit de très-grands avantages dans les Communautés d'Eiguieres, St. Chamas & Miramas. »

» Il reste encore dans la Crau, environ vingt lieues quarrées de terrein inculte, & qui pouvant être arrosé par cette dérivation, sera bientôt rendu à l'agriculture.

» Les vergers d'oliviers donneront annuellement un bénéfice de plusieurs millions. »

» Les prairies augmenteront considérablement les engrais. »

» Les mûriers amélioreront infiniment le commerce de la soie. »

» Enfin la couche de terre végétale, qui aujourdhui est fort mince dans la Crau, s'accroîtra annuellement par les dépôts des eaux d'arrosage. »

» Au surplus, le canal de dérivation a été construit de façon, qu'en l'état, il peut porter trente moulans d'eau, & qu'avec une très-modique dépense, il pourra en porter au-delà de cinquante moulans. »

Nouvelle dérivation, qui pourroit porter les eaux du canal Boisgelin, à Marseille.

» La dérivation pour la Crau, étant soutenue du côté de Salon, peut porter des eaux jusques à Marseille. Cette nouvelle dérivation passera au dessus de Pelissane, au dessous du Château de la Barben, près de la Chapelle de St. Simphorien, dans le terroir de Lançon, à la tête des terres cultivées de la Fare, près de l'Eglise de Coudoux, au dessous de Ventabren, & elle franchira la riviere de l'Arc à Roquefavour. »

» Delà, elle passera au dessous des villages de Velaux & de Vitrolles, près du Château de Montvallon, au dessous du village des Pennes, & au dessus de celui de Gignac, d'où elle aboutira au sommet du vallon qui précede Châteauneuf-lès-Martigues. »

» De ce vallon, la dérivation passera au dessous de l'Eglise de La Nerte, au dessus de Séon, aux Eygalades, à St. Barnabé, & aboutira à la riviere d'Uveaune, près du village de la Penne.

» Au vallon de Châteauneuf, la dérivation sera navigable jusqu'à Séon, où il y aura une division des eaux d'arrosage & de navigation; ces dernieres seront conduites par des écluses, jusques à la petite baie de la porte de la Juliette à Marseille. »

» Du vallon de Châteauneuf, on descendra pareillement par des écluses, dans l'Etang de Berre, & par ce moyen le commerce de Marseille, avec toutes les Provinces du Royaume, pourra entiérement se faire à travers les terres. »

» Cette dérivation arroferoit environ onze lieues quarrées de terrein, & elle produiroit de très-grands avantages;

» Par l'irrigation des oliviers, dans toute la contrée de la Fare, Vitrolles, &c. »

» Par les engrais confidérables qui en réfulteroient. »

» Par les mûriers qu'on pourroit y élever. »

» Par l'encombrement des marais de Berre qu'on pourroit opérer. »

» Par l'irrigation particuliere du terroir de Marfeille. »

» Et enfin, par la communication de Marfeille avec le Port de Bouc, à travers les terres. »

Etat des fonds affectés à la conftruction du cânal Boifgelin & de fes dépendances.

» Les fonds, affectés à la conftruction du canal Boifgelin & de fes dépendances, confiftent, pour l'année 1787, 1°. en la fomme de 100,000 liv., faifant partie de la remife accordée par le Roi, fur le prix du fel, ci . . . . 100000 l.

» 2°. En la fomme de 24000 liv., reprife pour des avances qui avoient été faites, fur les fonds du canal, lors de la conftruction de la digue de Malefpine, ci . . . . 24000 l.

124000 l.

Ci-dernier	124000	
» Le premier Janvier 1787, la caisse du canal étoit en avance de . .	3224 16 1	
» Depuis lors jusques au 6 Janvier 1788, il a été expédié des mandats relatifs aux ouvrages, emplacemens, digues, frais de direction, &c. pour . .	111748 19 5	114973 15 6
Il reste donc en caisse		9026 4 6

» Il est encore dû à l'Entrepreneur des ouvrages de la dérivation pour la Crau, la somme de 33956 liv. 2 sols 9 den., dont 3000 liv. ne doivent être payées qu'en 1790, ci 33956 2 9

» Plus pour l'entier paiement des ouvrages, soit à la prise d'eau pour alimenter la dérivation de la Crau, soit dans la partie inférieure du canal principal, pour évacuer les eaux superflues à la dérivation 2154 10 2

» Pour le remboursement des avances faites par les Communautés de la Crau 10500

» Pour le prix des terrains . 14000

» Pour l'entier paiement des ouvrages faits par le sieur Bressy à Orgon 12287 1 3

72897 14 2

Ci-dernier	72897	14 2
» Il est encore du au sieur Jaubert, pour des ouvrages faits à l'entrée de la mine à Orgon . .	6000	
» Pour ouvrages à faire à l'entrée de cette mine	52000	
Total	130897	14 2

Il reste en caisse,
ci 9026 4 6
Fonds de l'année
1788 . . . . . 100000 } 109026 4 6

21871 9 8

» L'excédent de la dépense est de la somme de 21871 liv. 9 sols 8 den., qui sera prise sur les fonds de l'année 1789 »

» La Commission a vu, avec la plus vive satisfaction, que ce canal, construit au moyen des secours du Roi, sans aucun accroissement d'imposition pour le Pays, a déja augmenté la valeur de plusieurs territoires, & va porter la fertilité dans un terrein immense qu'il rendra à l'agriculture. Les générations les plus reculées verront l'ouvrage, jouiront de ses effets, & se rappelleront à jamais, avec la plus vive reconnoissance, le Prélat dont il porte le nom, & qui a procuré au Pays les secours nécessaires à la construction de cet ouvrage. »

Desséchement des marais de Fréjus.

» La Commission a entendu le rapport qui lui a été fait par le sieur Sigaud, second Ingénieur

nieur du Pays, de l'état, & de la dépense des travaux entrepris à Fréjus, pour le desséchement des marais. »

» Sa Majesté avoit accordé, par un Arrêt du Conseil du 14 Octobre 1779, pour cet objet, & pendant dix années, un secours de 15000 l.; le Pays a contribué pour la même somme de 15000 liv. pendant dix années: ainsi les fonds affectés à ces travaux sont de la somme de 300000 liv. »

» Les marais des Escas & des Mandras sont entiérement desséchés, au moyen de la somme de 32000 liv. qui a été payée à l'Entrepreneur. »

» Le marais de l'ancien port des Romains est également desséché, par les alluvions du Reiran, dans le nouveau lit qui a été creusé à travers ce marais. »

» La dépense totale des ouvrages, pour le desséchement du marais de l'ancien port, jusques au premier Décembre 1787, s'éleve
à 181710

» La dépense des ouvrages qui restent à faire en 1788, s'éleve à . . 8754

» La dépense imprévue, faite lors de la derniere crue du Reiran, & pour réparer les dommages qu'elle a causés, s'éleve à 4022 5
                                                    ─────────
                                                    194486 5

Dd

Ci-devant 194486 5
» Le prix des terreins pour l'emplacement des travaux, les indemnités allouées à l'Entrepreneur, & frais accessoires, s'élevent à . . . 42544 8

» Le dessséchement des Escas & Mandras a coûté 32000

Total 269030 13

» La Commission desire que le rapport du sieur Sigaud, & les états de dépense soient mis sous les yeux des Etats. »

» Elle a vu avec satisfaction, que les travaux déja exécutés avoient produit leur effet. »

» Elle a pensé que le Pays ne devoit pas perdre de vue la bonification d'un terroir considérable, qui étoit affouagé autrefois quatre-vingt feux, & qui a été successivement réduit à dix-huit feux. Il seroit à desirer que les Etats s'occupassent dans la suite, des moyens de rendre à cette contrée sa premiere existence.

Monseigneur l'Evêque de Fréjus, a dit ensuite :

Réglement sur l'administration des travaux publics.

» Que la Commission formée pour les travaux publics, après s'être livrée à l'examen le plus détaillé & le plus réfléchi sur cette partie de l'Administration, a cru devoir présenter aux Etats le projet d'un réglement général, dont il va être fait lecture. »

Lecture faite de ce projet de réglement.

Les Etats ont approuvé ce projet de règlement : ils ont délibéré, qu'il fera exécuté à l'avenir dans toutes fes parties, & qu'après avoir été annexé au procès-verbal de cette Affemblée, il fera imprimé féparément, & diftribué dans toutes les Communautés, afin que chacun puiffe connoître les difpofitions qu'il renferme.

Signé, † J. R. DE BOISGELIN, Archevêque d'Aix, Préfident des Etats de Provence.

Du vingt-neuvieme dudit mois de Janvier.

PRÉSIDENT MONSEIGNEUR L'ARCHEVEQUE D'AIX.

ME. Ricard, Greffier des Etats, a fait lecture du procès-verbal de la derniere féance.

Monfeigneur l'Evêque de Graffe, Préfident de la Commiffion pour les affaires diverfes, a dit :

Commiffion pour les affaires diverfes.

Second rapport.

MM.

« Tout le monde connoît les avantages de l'Art Vétérinaire, & combien il eft utile à l'agriculture. »

Continuation pour une année, de la gratification de 400 liv. au fieur Guyot, Artifte Vétérinaire.

« Le Gouvernement & les Provinces fe font occupées à en perfectionner, & à en répandre les connoiffances. »

« Nos Adminiftrateurs n'ont pas négligé un

Dd ij

objet si important. Des Eleves ont été envoyés, aux frais du Pays, aux Ecoles royales Vétérinaires ; mais avant qu'ils fussent formés, il étoit prudent d'attacher au Pays un homme habile dans cet Art. »

» Le sieur Guyot, Artiste Vétérinaire, médailliste, breveté du Roi, offrit ses services en 1777 ; ils furent acceptés. »

» L'Assemblée générale des Communautés de 1778 lui accorda une gratification annuelle de 400 liv. ; il en a joui depuis lors. Il demande aujourd'hui aux Etats, la prorogation de cette gratification. Il fonde sa demande sur son zele, sur son habileté dans son Art, sur ses succès, & sur les services réels qu'il a rendus, dans les diverses contrées du pays où il a été appellé, ou envoyé par MM. les Procureurs du Pays. »

» La Commission, instruite de la réalité des services & des connoissances profondes du sieur Guyot, dans l'Art Vétérinaire, a été d'avis, à la pluralité des suffrages, qu'il étoit utile de lui continuer pour un an, la gratification de quatre cent livres, à la charge de former deux Eleves. »

Ce qui a été unanimement délibéré. »

Monseigneur l'Evêque de Grasse, a dit :

M M.

Prorogation, pour cinq années, de la pen-

» L'Administration du Pays, toujours occupée de sa prospérité, crut ne devoir rien négliger pour établir des Manufactures de velours ; le succès a répondu à ses vues. »

sion de 300 liv. aux freres Vialé, Gênois, Fabricans de velours, en la ville d'Aix.

» Les freres Vialé, Gênois, attirés par les avantages qui leur furent offerts, quitterent leur Patrie, & amenerent avec eux, dans cette Ville, un nombre considérable d'ouvriers. »

» La fabrique de velours qu'ils ont établie, sous la protection du Pays, a prospéré ; la République de Gênes en a été jalouse. »

» Il fut instruit une procédure contre les sieurs Vialé : le jugement qui intervint fut rigoureux ; leurs biens furent confisqués, ils furent condamnés à la peine de mort, & leur tête mise à prix pour deux cent ducats. Cette Sentence fut rendue le 31 juillet 1776. »

» L'Assemblée des Communautés de 1777, pénétrée de l'utilité de ce nouvel établissement, & de la protection & justice qu'elle devoit à des Manufacturiers, qui s'étoient exposés à tous les dangers, pour concourir aux vues de l'Administration, accorda aux freres Vialé, vingt sols de gratification, par aune de velours qu'ils fabriqueroient, & en outre une gratification annuelle, & pendant dix années, de 300 liv. »

» Les freres Vialé, satisfaits du succès de leur établissement, du débit de leurs velours, ne réclament plus les vingt sols par aune : cet encouragement leur étoit nécessaire, dans les premieres années de leur établissement. Cependant les intempéries des saisons, les froids tardifs, en détruisant la récolte des soies, rendent le prix de cette marchandise excessif. Les Entrepreneurs éprouvant des pertes, les atteliers chomment: Pour ne pas congédier les Ouvriers, les freres Vialé leur ont fourni une subsistance gratuite. »

» Ils supplient aujourd'hui les Etats, de leur proroger, pour quelques années, la gratification annuelle de 300 liv. »

» La Commission a pensé que cette demande étoit juste, & elle propose d'accorder encore aux freres Vialé, pour cinq années, la pension annuelle de 300 liv. Quelques Membres de la Commission auroient desiré porter plus loin le terme de cette pension. »

Les Etats ont unanimement accordé aux freres Vialé, la prorogation, pour cinq années, de la pension de 300 liv. qui leur avoit été accordée par l'Assemblée générale des Communautés de 1777.

Monseigneur l'Evêque de Grasse, a dit:

M M.

Liquidation des places de bouche & de fourrages, fournies aux Troupes du Roi en 1787.

» Les Etats doivent régler le taux sur lequel, les places de bouche & de fourrages, fournies par étape aux Troupes du Roi, pendant l'année derniere 1787, doivent être liquidées & remboursées par le Pays aux Communautés, dans le courant de la présente année 1788, attendu que la fixation, faite par la derniere Assemblée générale des Communautés, ne doit avoir lieu que pour le remboursement des étapes de 1786. »

Les Etats ont délibéré, que le taux des places de bouche, fixé par la derniere Assemblée générale des Communautés, pour servir au remboursement des étapes de 1786, aura lieu & subsistera, pour servir au remboursement des étapes fournies pendant l'année derniere 1787 ; savoir, la place de bouche d'Infanterie à 14 sols, l'ustensile compris ; celle de Cavalier & Dragon à 17 sols, y compris l'ustensile ; & les places de fourrages, tant de la Cavalerie que des chevaux des Officiers d'Infanterie à 25 sols, lequel taux n'aura lieu que pour la dépense de 1787.

Monseigneur l'Evêque de Grasse, a dit :

M M.

» La Provence jouissoit, sous ses anciens Comtes, de la liberté d'exporter & de vendre à l'Etranger ses marchandises & ses denrées, sans payer aucune sorte d'imposition. »

Remontrances contre le droit de foraine sur le transport des marchandises de Languedoc en Provence, & sur celui des marchandises, qui par le Détroit de Gibraltar vont dans les ports des cinq grosses fermes.

» Si les besoins de l'Etat forcerent le Roi René à établir quelques impôts, & à mettre pour quelque tems des entraves à la liberté nationale, le Pays réclama bientôt, avec succès, le retour à cette liberté précieuse ; & un Statut de 1480, confirmé par Charles III, dernier Comte de Provence, abolit tous les droits nouvellement établis, & rendit au commerce son ancienne franchise. »

» La faculté indéfinie d'exporter les marchandises & les denrées du Pays, sans subir aucune gêne, sans payer aucune imposition, fut dans la suite un des artticles convenus avec la Provence. Nous en avons la preuve dans les Etats convoqués au mois de janvier 1482, de l'autorité de Louis XI, Roi de France. Ils demanderent que la Nation provençale fût confirmée, dans l'exemption *de tout tribut & de tout droit de foraine sur les denrées & marchandises exportées au dehors.* »

» La demande fut favorablement accueillie : *Placet Regi ut faciliùs ditentur Provinciales, quod cordi sibi est per maximè.* »

» La Provence consentit dans la suite, à payer une imposition à la sortie, sous le nom *de foraine*, mais elle ne renonça jamais au droit de faire circuler en franchise, dans les Provinces intérieures du Royaume, les marchandises & denrées qu'elle exporte. Son consentement à l'établissement de la foraine forme en sa faveur, un nouveau titre pour l'exemption qu'elle réclame. »

» L'Edit de 1542, qui est le vrai siege de la matiere, n'établit la foraine que sur les marchandises qui passent à l'Etranger, ou qui sont transportées des Provinces où les Bureaux de la foraine sont établis, dans celles qui n'ont pas voulu consentir à l'établissement de ces Bureaux. »

» Louis XIII, dans sa Déclaration du 30 juin

juin 1621, décida formellement que toute les Provinces, qui auroient consenti à l'établissement des Bureaux à leur sortie, seroient déchargées des droits qu'on perçoit à l'entrée, sur les marchandises venant de l'intérieur. »

» La Provence se trouve dans cette position : elle doit donc être exempte des droits, qu'on perçoit à son entrée, sur les marchandises qui viennent de l'intérieur du Royaume. »

» Elle peut invoquer en sa faveur plusieurs loix enrégistrées. Les Lettres patentes du mois d'août 1543, déclarerent *que tous les habitans du Pays & Comté de Provence, Forcalquier & Terres adjacentes seroient à toujours francs, quittes & exempts de la traite foraine de toutes denrées, vivres & marchandises, qui seroient tirées & amenées du pays de Languedoc, Lyon & autres parties du Royaume, pour être menées & conduites dans le Pays de Provence, sans qu'ils puissent être contraints, en aucune maniere, à payer aucuns droits de ladite traite foraine, en baillant toutefois bons & loyaux certificats, que lesdites denrées, vivres & marchandises étoient pour la provision dudit Pays & Comté de Provence ; & au cas qu'ils les fissent sortir du Royaume, Pays & Seigneurie, ils étoient tenus de payer ladite traite foraine aux limites & extrêmités qu'elles sortiroient.* »

» Les mêmes dispositions se trouvent renouvellées, dans les Lettres patentes de 1544, 1555 & 1556. »

E e

» On est sans doute étonné qu'avec tant de titres, la Provence ne soit pas à couvert des prétentions injustes du Fermier, & que ses réclamations n'aient eu aucun effet. »

Le Parlement en avoit fait article dans ses remontrances de 1761.

» *La perception du droit de foraine, sur les marchandises qui viennent du Languedoc, est d'autant plus injuste,* » avoit-il dit, » *qu'elle soumet la même marchandise à payer deux fois la foraine; la premiere à son arrivée du Languedoc en Provence ; & la seconde à son passage de la Provence au pays étranger, perception qui devient encore abusive, lorsqu'on l'étend sur tout ce qui vient de Lyon & de Dauphiné en Provence par le Rhône.* »

» Il revint à la charge en 1767. *La foraine*, » disoit-il », *est due sur les marchandises & denrées qui sortent du Languedoc pour aller en Dauphiné, parce que le Dauphiné n'a pas voulu consentir à l'établissement des Bureaux de la foraine à ses extrêmités, qui sont frontieres de l'Etranger ; mais par la raison contraire, la foraine ne doit point être exigée de ce qui vient du Languedoc en Provence, puisque le Pays de Provence, qui est réputé pays étranger, a consenti à l'établissement des Bureaux à sa frontiere à l'Etranger. Cependant les Fermiers s'obstinent à maintenir cette perception contraire à toute justice.* »

» Le Parlement invoqua même l'autorité de M. d'Aguesseau, qui condamne formellement cette exaction en Provence, qu'il qualifie d'*illicite & odieufe.* »

» L'Adminiftration intermédiaire n'a point négligé un objet auffi effentiel. Elle demanda en 1772, que toutes les marchandifes & denrées venant du Languedoc & des autres parties du Royaume en Provence, fuffent déclarées exemptes du droit de foraine, foit qu'elles y fuffent portées par mer, par terre, ou par le Rhône ; 2°. que les marchandifes qui fortiroient de Beaucaire, pendant le tems de la franchife de la foire, puffent également être tranfportées en Provence, en exemption des droits de réapréciation qui n'eft qu'un acceffoire de la foraine ; enfin, que toutes les marchandifes & denrées qu'on embarqueroit dans les ports de Provence pour aller par le détroit de Gibraltar, dans les Provinces des cinq groffes Fermes, fuffent pareillement exemptes de la foraine, & de tous autres droits de fortie qui peuvent y avoir été fubftitués. »

» Les Adminiftrateurs revinrent fur la premiere de ces trois demandes en 1780. Le Miniftre des Finances fut frappé de la folidité de nos motifs ; il répondit le 13 mai 1780, pour témoigner le regret qu'il avoit de ne pouvoir, quant alors, faire aucune réforme : En finiffant fa lettre, il fe référoit aux intentions que Sa Majefté avoit témoignées à cet égard, lorfque la paix feroit rétablie. »

„ Nous en jouiffons depuis plufieurs années; & la Provence eft encore foumife au droit de foraine. „

,, Le second chef de notre demande, en 1772, regardoit les droits exigés sur les marchandises exportées de la foire de Beaucaire. La Communauté de Tarascon s'en étoit plainte déja en 1666 & 1667. Ces plaintes se renouvellerent en 1672 & 1673; elles portoient sur ce qu'on vouloit soumettre les marchandises achetées à la foire de Beaucaire, à ne pouvoir sortir qu'ensuite d'un billet des Consuls de cette Ville qui seroit contrôlé, & pour lequel il seroit payé 4 sols; on observoit que tout ce qu'un homme peut porter sous le bras ou sur le dos, n'est point soumis à la formalité de ces certificats. Ces plaintes se renouvellerent en 1678; on vouloit soumettre les Négocians à prendre des passeports à Beaucaire pour en faire sortir les marchandises achetées en foire ; on exigeoit que ces passeports fussent convertis en passavans; on les avoit taxés cinq sols; on soumettoit ces passavans à un droit de *visa* dans la route. ,,

,, De ces plaintes on en inféra la nécessité de se procurer des copies du tarif, pour éviter que les Commis des Fermes abusassent de l'ignorance des Négocians, pour les soumettre à des droits indus. ,,

,, Le troisieme chef de notre demande, en 1772, fonda encore nos plaintes en 1780. Nous soutînmes que nos denrées devoient être affranchies de la foraine, en passant par le détroit de Gibraltar pour aller dans les pays des cinq grosses Fermes, parce qu'à la sortie de ces Provinces, pour passer dans le pays étranger, on paye les droits du tarif de 1664 qui remplace la foraine. ,,

» Tout ce qui va d'un port du Royaume à un autre, sous le Pavillon françois, ne sort pas des Etats du Roi, & doit jouir de tous les privileges de la circulation intérieure. On ne perçoit point dans ce cas la domaniale, pour les denrées qui y sont soumises. On ne perçoit point la foraine, pour les denrées qui de Provence vont en Languedoc. Pourquoi traiter plus défavorablement les denrées & marchandises qui de Provence, vont dans les Provinces des cinq grosses Fermes ? »

» C'est inutilement que le Fermier invoque l'usage, & les baux à ferme. »

» L'usage ne sauroit suffire pour autoriser une perception contraire à la Loi. En matiere d'impôts, point de perception sans titre. Il faut que le Souverain parle, pour que les sujets payent. Tout tribut, établi sans l'intervention formelle de l'autorité publique, dégenere en concussion : n'importe que la levée de ce tribut soit ancienne ; un abus quoique ancien, n'en est pas moins un abus. »

» Les baux à ferme ne peuvent être d'aucun secours au Fermier : ces baux supposent les droits, & ne les créent pas. On doit juger les baux par les loix, & non les loix par les baux. Les baux sont des actes exécutifs qui doivent être conformes aux Réglemens, bien loin de les contrarier. Par ces sortes d'actes, le Prince cede au Fermier les droits dont il pourroit lui-même faire la perception par des Régisseurs : Or, le Prince ne fait & ne peut faire la perception d'un droit ou d'un tribut, qu'autant que ce droit ou ce tribut est établi légalement. »

L'Assemblée générale de 1783 s'occupa encore de cet objet. Nous fûmes redevables à M. l'Archevêque d'Aix d'un nouveau Mémoire sur cette matiere, qui établit nos principes. »

» M. le Contrôleur général répondit, le 6 Novembre 1784, que ces observations avoient déja été mises plusieurs fois sous les yeux du Conseil; qu'il avoit été reconnu la nécessité de procéder à la réforme des tarifs par une opération générale; qu'il résulteroit beaucoup d'inconvéniens des opérations partielles; que depuis deux ans on étoit occupé d'un travail sur cet objet, & qu'il étoit très-avancé. Il ajouta qu'il trouvoit nos représentations très-fondées; il assura qu'il y seroit pourvu, & que *la Provence n'auroit plus à se plaindre de cette foraine qui excite, depuis un siecle, ses justes réclamations.* »

» Tous ces faits mis sous les yeux des Membres de la Commission, ils ont unanimement pensé, qu'il étoit très-essentiel d'en faire article dans le cahier des Etats. »

Les Etats ont unanimement délibéré, qu'il en sera fait article dans le cahier à présenter à Sa Majesté.

Monseigneur l'Evêque de Grasse a dit :

MM.

Remontrances contre les Arrêts du Conseil des » Les Syndics du Corps des Marchands de la ville de Marseille se sont plaints, de ce que le Fermier a voulu mettre à exécution, dans la ville de Marseille & son terroir, les dispositiont prohibitives de deux Arrêts du Conseil des 10 & 17 Juillet 1785, qui attentent à la franchise de ce port. »

10 & 17 juillet 1785, qui attentent à la franchise du port de Marseille.

» L'Edit du Port franc & sa sagesse sont connus ; c'est à lui qu'est dû l'accroissement du commerce en Provence. »

» En vertu de cet Edit, Marseille, réputée ville étrangere, est devenue un dépôt général; & ce genre de commerce n'étoit susceptible ni de gênes ni de Loix prohibitives. »

» Les Bureaux de la Ferme furent transportés sur la frontiere: Septemes est un de ces Bureaux. Il est donc évident que la prohibition de certaines marchandises & l'assujettissement d'autres à certains droits, sont absolument étrangers à Marseille. »

„ La Déclaration de 1703 ne reconnoît, pour marchandise de contrebande à Marseille, que les munitions de guerre, & quelques autres objets peu nombreux. „

„ D'après ces principes, les Arrêts dont se plaignent les Syndics du Corps des Marchands à Marseille, ne peuvent y être exécutés. »

„ Celui du 10 juillet 1785, prohibe l'introduction des mousselines & des toiles de fil & de coton dans les Bureaux, & il dénomme celui de Septemes. Ce Bureau, dans le langage fiscal, est la limite du Royaume; tout ce qui est en delà est réputé étranger; donc la prohibition ne regarde pas Marseille. ,,

,, L'Arrêt du 17 du même mois & an est encore plus précis: la prohibition n'est prononcée qu'aux entrées du Royaume. L'article neuvieme ordonne que les Marchandises confisquées soient renvoyées dans l'un des Ports francs, pour y être vendues; donc l'Arrêt de prohibition est étranger à Marseille. ,,

,, En vain le Fermier objecte, que la consommation personnelle des habitans opéroit une diminution de bénéfice pour les fabriques nationales, & de produit dans le revenu des fermes. Ces légers inconvéniens sont compensés par des avantages bien supérieurs. ,,

,, La crainte des versemens en contrebande dans l'intérieur n'est qu'une raison spécieuse: c'est au Fermier à veiller, & par une pareille crainte, il viendroit à bout de détruire tous les Ports francs. ,,

,, Si par ces prohibitions on éloigne l'étranger, on ruine la Provence, qui ne trouvera plus de débouché à la plus grande partie de ses productions. ,,

,, En conséquence, les Syndics demandent une loi qui rétablisse dans leur entier l'Edit de 1669, & la Déclaration de 1703, ou qui énonce les restrictions que les circonstances ont pu exiger; ils ont présenté le plan de cette nouvelle

loi,

loi, & MM. les Procureurs du Pays ont déja appuyé leur demande auprès du Gouvernement. „

„ La Commiſſion a penſé qu'il devoit en être fait article, dans le cahier des Etats à préſenter à Sa Majeſté „

Ce qui a été unanimement délibéré.

Monſeigneur l'Evêque de Graſſe a dit:

MM.

„ Les ſieurs Buiſſon, Roccas, Beaudier, & Roure, Chirurgiens Lithotomiſtes, expoſent que la Pierre étant une maladie fréquente en Provence, il y a environ 80 ans, que le Pays appella le ſieur Collot, Maître Chirurgien de Paris, qui, moyennant les arrangemens convenus, s'engagea à former deux Eleves. „

Rejet de la demande des Chirurgiens Lithotomiſtes, en continuation des penſions accordées aux anciens Eleves du ſieur Collot.

„ Ce nombre ne parut pas ſuffiſant. L'Aſſemblée de 1718, en exigea un troiſieme; & celle de 1724, un quatrieme. En 1728, on employa 900 liv. en inſtrumens de l'art; & en 1730, on propoſa 300 livres de penſion annuelle en faveur de deux Eleves, les ſieurs Bermond & Leclerc, à la charge de former des Eleves. „

„ Le ſieur Bermond, premier Eleve du ſieur Collot, ne voulut pas de ce traitement; on lui accorda 600 liv., & 400 liv. au Sr. Leclerc, & on donna à ces deux Maîtres huit Eleves, qui devoient fournir chacun une caution de 300 liv., de reſter dans le Pays. „

Ff

,, En 1737, quelques Eleves n'ayant pu fournir le cautionnement, on exigea qu'ils payaffent 1000 liv. s'ils quittoient le Pays; ils fe défifterent, & à leur place, on admit pour Eleve du fieur Bermond, le fieur Pontier, alors Chirurgien major de l'Hôpital. ,,

,, Succeffivement, les fieurs Buiffon, Roccas, Beaudier, & Roure, furent reçus & nommés Eleves des fieurs Bermond & Leclerc, par Délibérations ratifiées dans les Affemblées générales, & on renouvella à leur égard, la précaution du cautionnement de 300 liv., pour refter en Provence. ,,

,, A l'époque de la mort du fieur Leclerc, le fieur Bermond étant très-avancé en âge, les fieurs Tabary & Pontier, deux des premiers Eleves, fe préfenterent pour former gratuitement les Chirurgiens qui voudroient exercer la Lithotomie. ,,

,, Le concours des différens Eleves, qui prétendoient opérer les malades attaqués de la Pierre, exclufivement & à tour de rôle, dans l'Hôpital général d'Aix, détermina l'Affemblée générale des Communautés de 1767, à la requifition des Recteurs de l'Hôpital, de décharger tous les Eleves de leurs obligations, fauf aux fieurs Tabary & Pontier d'indiquer les Chirurgiens qu'ils croiroient en état. ,,

,, Ce fut probablement ce concours d'Eleves qui décida l'Affemblée de 1771, à partager la penfion de 600 liv., dont le fieur Bermond jouiſſoit encore, entre les ſieurs Tabary & Pontier, & a déclarer qu'après eux la penſion ſeroit ſupprimée. ,,

,, Cette Délibération n'eut pas tout ſon effet. L'Aſſemblée de 1776, accorda au ſieur Pellicot, dont les ſervices étoient auſſi anciens que ceux des ſieurs Tabary & Pontier, 300 livres de penſion, avec la clauſe qu'elle ſeroit ſupprimée à ſon décès. ,,

,, Les ſieurs Buiſſon, Roccas, Beaudier, & Roure, ſe plaignent de la ſuppreſſion prononcée par les Aſſemblées de 1771 & 1776. ,,

,, Ils regardent cette ſuppreſſion comme injuſte & dangereuſe : injuſte, parce qu'après avoir fourni au Pays le cautionnement requis, il n'a pu ſe délier arbitrairement de ſes obligations; dangereuſe, parce qu'il ſe prive d'Artiſtes, qui, s'occupant ſpécialement de la Lithotomie, peuvent, par une opération délicate, ſoulager l'humanité ſouffrante. ,,

,, Ils obſervent enfin, que tous les Pierreux ſont amenés à l'Hôpital d'Aix, où ils ſont opérés gratuitement ; & qu'il ſeroit bien extraordinaire que, quand le Pays entretient à Paris des Eleves vétérinaires pour la conſervation des beſtiaux, il négligeât d'encourager dans ſon ſein un art qu'il y avoit introduit, pour ſe conſerver des Citoyens. S'il ne falloit ſe décider que ſur les talens, ou le mérite perſonnel des ſieurs Buiſſon, Roccas, Beaudier & Roure, ou ſi les Etats devoient avoir égard au nombre d'opérations qui ne font pas payées, il n'y auroit certainement pas à héfiter. „

„ Mais, le Pays n'ayant contracté l'engagement de continuer la penfion aux Eleves que ceux du fieur Collot pourroient faire, n'ayant exigé le cautionnement de refter dans le Pays de la part des nouveaux Eleves, que comme une conféquence de l'obligation impofée aux fieurs Leclerc & Bermond ; & ayant d'ailleurs délié les Eleves de leur cautionnement depuis 20 années, il a paru à la Commiffion, qui a examiné cette affaire, dans deux féances, que l'art de guérir les maladies de la Pierre, & de l'extraire, étoit affez connu, pour ne pas exiger une continuation d'encouragement aux Chirurgiens qui fe livreront à cette partie, & qui voudront encore fe charger de faire des Eleves ; elle a penfé qu'il falloit continuer les penfions accordées, mais n'en pas accorder de nouvelles. „

Ce qui a été unanimement délibéré.

Monfeigneur l'Evêque de Graffe a dit :

MM.

Aumône de 150 liv. à la Maifon du Refuge, en la ville d'Aix.

„ Les Recteurs de la Maifon du Refuge de la ville d'Aix ont préfenté un placet à cette Affemblée, par lequel ils expofent la mifere & les befoins de cette Maifon ; ils la fupplient de vouloir bien continuer l'aumône qui leur a été accordée par plufieurs Affemblées générales des Communautés. »

LES ETATS ont unanimement délibéré d'accorder pour aumône à ladite Maison du Refuge, la somme de 150 liv., sans tirer à conséquence, de laquelle il sera expédié mandement en sa faveur, par MM. les Procureurs du Pays, sur le sieur Trésorier des Etats.

Monseigneur l'Evêque de Grasse a dit :

MM.

» Le sieur Olive, Fabricant de gazes, expose aux Etats, qu'il est parvenu à fabriquer toute espece de gazes, même celles qui sont connues sous le nom de gazes d'Italie, crêpes de Boulogne, & toiles pour les bluteaux des moulins à passer la farine ; qu'il a trouvé le secret d'y employer les soies de Provence, & qu'avec quelque encouragement, il pourroit parvenir à occuper tous les bras renfermés dans nos Hôpitaux. Il a joint à son mémoire un certificat d'une foule de Marchands de soie, qui attestent la bonne qualité de ses ouvrages ; il a paru à la Commission, que cet objet de luxe est assez lucratif par lui-même, pour encourager le Fabricant. Elle a pensé qu'il n'y avoit lieu à accorder aucun encouragement. »

Fabrique de gazes. Rejet de la demande du sieur Olive, en encouragement.

Ce qui a été unanimement délibéré.

Monseigneur l'Evêque de Grasse, a dit :

MM.

» Messieurs les Procureurs du Pays établirent

Demande en remboursement

des sommes fournies par le Pays, pour la construction de l'Arcenal de Marseille.

dans un Mémoire en 1781, que le Pays étoit fondé à réclamer vis-à-vis le Roi, les fonds qu'il avoit fournis, à différentes époques, pour la construction du Parc de Marseille, dès que ce Parc jugé inutile avoit été aliéné. »

» Le Parc de Marseille fut établi à la fin du dernier siecle, pour la construction & entretien des galeres destinées à défendre le Port de cette Ville, les côtes du pays, & à protéger le Commerce. »

» Le Pays accorda pour cet établissement, sur la demande du Roi, en 1685, la somme de 60000 liv. En 1686, le Pays accorda encore 50000 liv. En 1687, le Pays accorda 60000 liv. pour être employées aux Parcs de Marseille & de Toulon. Enfin, en 1689, le Pays accorda 22262 liv. pour être employées à ces mêmes objets. »

» Le Parc de Marseille a été jugé onéreux à l'Etat, & inutile, depuis nos liaisons avec l'Espagne. Il a été aliéné au profit du Roi; ne seroit-il pas juste que le Roi tint compte au Pays, des sommes qu'il a fournies pour cet établissement ? »

» Par cette contribution, le Pays n'est-il pas devenu co-propriétaire, à concurrence des sommes qu'il a fournies ? »

Les Etats ont unanimement délibéré, qu'il en sera fait article dans le cahier à présenter à Sa Majesté.

Monseigneur l'Evêque de Grasse, a dit :

MM.

„ Il a été remis à la Commission des affaires diverses, un Mémoire fort volumineux, sur les moyens à employer pour l'allegement de la Gabelle en Provence. Il seroit trop long de vous détailler les avantages économiques que l'Auteur de ce Mémoire se propose de procurer. Nous n'avons pu nous défendre, en examinant les plans de régie sur cet objet, de la crainte que tout Provençal doit avoir, de voir altérer sa constitution & ses privileges. „

Mémoire sur l'allegement de la gabelle en Provence.

„ La Commission a unanimement pensé, qu'il étoit prudent d'en renvoyer l'examen à l'Administration intermédiaire. „

Ce qui a été unanimement délibéré.

Monseigneur l'Évêque de Sisteron, Président de la Commission pour la formation des Etats, a dit :

Commission pour la formation des Etats. Huitieme rapport.

MM.

„ Plusieurs Députés aux Etats, de la part des Communautés de la Viguerie d'Aix, ont représenté, que, contre l'usage constant d'assembler, au moins une fois l'année, toutes les Communautés des Vigueries dans leur Chef-lieu, celle d'Aix, par une contravention aux Réglemens généraux, étoit la seule qui n'eût point été assemblée depuis 1717, malgré le Réglement renouvellé encore en 1779. „

Plaintes de plusieurs Députés des Communautés de la Viguerie d'Aix, sur ce que cette Viguerie n'a pas été assemblée depuis 1717, & sur ce qu'elle est représentée par le second Consul d'Aix, au lieu d'avoir un Député nommé par elle.

„ MM. les Consuls d'Aix, persuadés qu'ils doivent être les premiers à donner l'exemple de se conformer aux loix, ont écrit aux Communautés de la Viguerie dont ils sont les Chefs, & leur ont témoigné le desir qu'ils avoient de les assembler ; les Etats n'auront donc plus à recevoir des plaintes à ce sujet. „

„ Ces mêmes Communautés de la Viguerie d'Aix représentent encore, que par toutes les loix anciennes, & renouvellées pendant trois cents ans, il doit y avoir un Député de chaque Viguerie aux Etats ; que ce Député ne doit être, ni Consul, ni habitant du Chef-lieu, & que par conséquent le second Consul d'Aix ne peut être regardé comme Député de la part de la Viguerie, puisqu'il n'y a point eu d'Assemblée, & que les Réglemens s'opposent à sa députation. „

„ Par la connoissance que nous avons prise de la composition des anciens Etats, nous avons trouvé que les Consuls & Assesseur d'Aix, Procureurs du Pays, y avoient constamment assisté tous les quatre, lorsqu'ils se tenoient à Aix. „

„ Dans les Etats de 1539, 1578 & 1620, on appelle aux voix la Viguerie d'Aix, de même que cette Communauté, sans désigner le nom des Opinans. Dans ceux de 1624, les Députés des Vigueries y sont désignés par le nom du lieu d'où ils étoient Députés, & il n'en est désigné aucun pour la Viguerie d'Aix ; ce qui fait présumer qu'un des Consuls d'Aix opinoit pour elle. „

„ Cette

„ Cette préfomption eft appuyée, fur ce que dans les Etats de 1622, le fieur de Beaumont, Conful d'Aix, opina pour la Viguerie. „

„ La Commiffion a penfé que toutes les Vigueries, fans en excepter aucune, & nonobftant tout ufage contraire, devoient être affemblées au moins une fois l'an, & notamment dès qu'on aura reçu les lettres de convocation des Etats, afin que chaque Communauté de la Viguerie puiffe porter fes plaintes, & les remettre au repréfentant de la Viguerie aux Etats. „

Les Etats délibèrent que toutes les Vigueries, fans en excepter aucune, feront affemblées avant la convocation des Etats.

Ce qui a été unanimement délibéré.

Monfeigneur l'Evêque de Fréjus, Préfident de la Commiffion pour les travaux publics, a dit :

Commiffion pour les travaux publics. Cinquieme rapport.

M M.

„ Des conteftations fe font élevées entre Madame de l'Epine & M. le Comte de Drée, fur l'exécution du plan du chemin de Toulon à la Valette, délibérée par les Affemblées générales des Communautés. „

Conteftations entre M. le Comte de Drée & Madame de l'Epine, fur l'emplacement du chemin de Toulon à la Valette.

„ La Commiffion a penfé que cette affaire méritoit la plus grande attention. Elle a obfervé que la conftruction de cette route, effentielle au fervice de Sa Majefté & au Commerce, ne pouvoit être retardée plus long-tems ; que la Communauté de Toulon & les autres Communautés voifines avoient fait des avances confidérables, fur les affurances qui leur avoient

Gg

été données que ce chemin feroit entiérement achevé par toute l'année 1788 ; qu'en conféquence, cette obligation avoit été impofée à l'Adjucataire, & que d'ailleurs, il ne s'agiffoit aujourd'hui que de l'exécution d'un chemin déja adopté & délibéré par le Pays, & déja mis en conftruction. Il a donc paru à la Commiffion qu'il n'y auroit aucun inconvénient à ordonner, que par l'un de MM. les Procureurs du Pays, qui accédera inceffamment fur les lieux, avec tout autre Ingénieur que ceux qui ont déja travaillé à la levée des plans du local & à la dreffe du devis, il fera procédé, les Confuls de Toulon & de la Valette, & toutes les parties intéreffées préfentes ou duement appellées, à une nouvelle vérification d'après l'infpection du local, & l'application des plans & devis eftimatifs ; que du tout il fera dreffé procès-verbal, figné par ledit fieur Procureur du Pays, par l'ingénieur qui fera à fa fuite, & par les Confuls de Toulon & de la Valette ; pour, le procès-verbal rapporté à la premiere Affemblée renforcée des Procureurs du Pays nés & joints, être par elle ftatué définitivement fur la conteftation élevée entre Madame de l'Epine & M. le Comte de Drée. „

Les Etats déliberent qu'un de MM. les Procureurs du Pays accédera fur les lieux, & que la premiere Affemblée renforcée de MM. les Procureurs du Pays nés & joints ftatuera définitivement.

LES ETATS, à la pluralité des fuffrages, ont adopté le vœu de la Commiffion.

Pepiniere d'oliviers. Rejet de la demande du Sr. Bremond de Cuers en encouragement.

Monfeigneur l'Evêque de Graffe, a dit : qu'il a été préfenté un Mémoire par le fieur Bremond de la ville de Cuers, par lequel il réclame un encouragement de la part des Etats pour une pépiniere d'oliviers ; il defireroit, ou que les

Etats lui accordaſſent un ſol par olivier qu'il enlevera de cette pépiniere, ou qu'il fiſſent avec lui, & pour la moitié, les frais de cet établiſſement, en lui donnant cependant une ſomme de 5000 liv., pour ſervir à l'acquiſition du terrein dans lequel il veut former ſa pépiniere.

La Commiſſion a penſé qu'il n'y avoit pas lieu à accorder aucune des demandes du ſieur Bremond.

Ce qui a été unanimement délibéré.

Signé, † J. R. DE BOISGELIN, Archevêque d'Aix, Préſident des Etats de Provence.

Du trentieme dudit mois de Janvier.

PRÉSIDENT MONSEIGNEUR L'ARCHEVEQUE D'AIX.

ME. Ricard, Greffier des Etats, a fait lecture du procès-verbal de la derniere ſéance.

MONSEIGNEUR L'ARCHEVEQUE D'AIX, Préſident, a fait part aux Etats d'une lettre de M. le Contrôleur Général, par laquelle ce Miniſtre lui marque, que Sa Majeſté veut bien accorder au Pays le ſecours de 50000 liv. qui avoit été demandé par Monſeigneur le Préſident, en faveur des Communautés ravagées.

Secours de cinquante mille livres accordé par le Roi, ſur la demande de M. l'Archevêque d'Aix, Préſident, en faveur des Communautés ravagées.

Gg ij

Teneur de la Lettre.

A Versailles le 23 Janvier 1788.

J'ai reçu, Monsieur, la lettre que vous m'avez fait l'honneur de m'écrire le 14 de ce mois, & par laquelle vous avez bien voulu m'informer que les Etats avoient accordé les sommes qui leur ont été demandées pour la capitation & la dépense des milices, & consenti à une augmentation de 350000 liv. sur l'abonnement des Vingtiemes. Quoique cette derniere somme fût inférieure de 112000 liv. à la fixation que le Roi avoit arrêtée, Sa Majesté a bien voulu s'en contenter, en considération de la détresse dans laquelle la Province se trouve, & dont je lui ai rendu compte, en mettant sous ses yeux le tableau que vous m'en avez fait. Sa Majesté a accordé en outre le secours de 50000 liv. que vous avez demandé en faveur des Communautés ravagées. En faisant jouir la Province d'un pareil soulagement, Sa Majesté a moins consulté les besoins de l'Etat que son affection pour ses sujets de Provence, & le desir qu'elle avoit de marquer aux Etats, combien elle a été satisfaite de leur empressément & de leur zele pour son service; vous pouvez être bien assuré, Monsieur, que s'il avoit été possible de faire d'avantage pour la Province, Sa Majesté s'y seroit portée d'autant plus volontiers, qu'elle n'auroit fait en cela que suivre les mouvemens de son cœur.

J'ai l'honneur d'être avec un très-sincere & parfait attachement, Monsieur, votre très-humble & très-obéissant serviteur. LAMBERT.

LES ETATS ont reçu, avec la plus vive reconnoissance, ce nouveau bienfait de Sa Majesté, & ils ont renouvellé, à Monseigneur le Président, les sentimens dus au zele actif & éclairé dont il est animé pour les intérêts du Pays.

Monseigneur l'Evêque de Grasse, Président de la Commission pour les demandes du Roi & impositions, a dit : *Commission pour les impositions.*

Premier rapport.

MM.

» Sur les représentations qui ont été faites, par les sieurs Députés des Communautés & des Vigueries, qu'il seroit trop onéreux aux Communautés & aux Vigueries de payer les frais du voyage, & ceux du séjour de leurs Députés en cette Ville, pendant la tenue des Etats. » *Frais du voyage & du séjour des Députés des Communautés & des Vigueries, à l'occasion de la tenue des Etats.*

» La Commission a pensé, que ces frais devoient être dorénavant à la charge du Corps des Vigueries. »

» Elle a cru devoir proposer aux Etats de les régler à sept livres par jour pour le séjour, à douze livres par jour pour les jours de voyage, tant en allant qu'en revenant, & de fixer trois livres par jour pour les Valets-de-Ville servant auprès des sieurs Députés, & pour le nombre de jours effectifs seulement, y compris les jours de voyage. Elle a cru devoir proposer encore, que, pour cette fois seulement, les sieurs Députés des Communautés, ceux des Vigueries, les Officiers du Pays, le Trompete & les Serviteurs feront payés pour quarante-cinq jours de féjour, & à l'avenir pour trente jours de féjour, quand même les féances des Etats dureroient moins de tems. »

Les Etats ont adopté le vœu de la Commiſſion.

Monfeigneur l'Evêque de Graſſe, a ajouté :

Dons & gratifications ordinaires.

» La Commiſſion s'eſt enſuite fait repréſenter l'état des dons & gratifications, que les Aſſemblés des Communautés accordoient annuellement ; & après s'être inſtruite de l'origine & des motifs de ces dons & gratifications, dont la plûpart avoient été établis par les Etats, avant leur fuſpenſion, elle a unanimement penſé qu'ils devoient être continués, en retranchant quelques articles qui étoient relatifs au lieu de la féance des Aſſemblées. »

» Ces dons & gratifications font :

» A M. le Duc de Brancas Ceireſte, Lieutenant Général pour le Roi en Provence, 5000 liv. »

» A M. le Baron de Breteuil, Miniſtre & Secretaire d'Etat, 7700 liv. »

» Au ſieur Silveſtre ſon premier Commis, 1000 liv. »

» Au Secretaire de M. le Prince de Beauvau, Gouverneur de Provence, 1500 liv. »

» Au Secretaire de M. le Lieutenant Général, 1200 liv. »

» Au fieur Serré, Secretaire de M. l'Intendant, 900 liv. »

» Au fieur Chaudoin, Secretaire de M. le Commandant, & à lui perfonnellement fans tirer à conféquence, 900 liv. »

» Au Directeur du Bureau de l'Ordinaire, 300 liv. »

» Au Facteur dudit Bureau, 48 liv. »

» A M. Pafcalis, Affeffeur d'Aix, 150 liv. »

» A Me. de Regina, Greffier des Etats, 100 liv. »

» A Me. Ricard, Greffier des Etats, 100 liv. »

» A Me. Blanc, Agent des Etats, 60 liv. »

» Aux trois Commis au Greffe, 450 liv. »

» Au Trompette & aux quatre Serviteurs du Pays, 150 liv. »

» Au Courrier, pour porter les dépêches au fujet du don gratuit, 1100 liv. »

Ce qui a été unanimement délibéré.

Monseigneur l'Evêque de Grasse, a dit:

MM.

Imposition de 910 liv. par feu, pour être exigée aux quatre quartiers de l'année 1788.

» La Commission a examiné, avec la plus grande attention, tous les objets de dépense auxquels il falloit faire face par des impositions justes & proportionnées ; elle a appliqué à chaque article la somme nécessaire & indispensable ; & elle a été partagée en opinions sur un seul point ; savoir, si on imposeroit pour les cas inopinés 60 liv. 7 s. par feu, ou seulement 53 liv. 7 s., en laissant subsister, dans le premier cas, l'imposition générale sur le pied de 917 liv. par feu, telle qu'elle avoit été faite par la derniere Assemblée des Communautés, ou en la réduisant, dans le second cas, à 910 liv. »

Les Etats ont imposé neuf cent dix livres par feu, pour être exigées, aux quatre quartiers de la présente année 1788, suivant la répartition ci-après.

S A V O I R :

Gouverneur.

Pour les appointemens de M. le Gouverneur & pour l'entretenement de sa Compagnie de Gardes, il sera levé, suivant l'imposition faite par les derniers Etats, dix-sept livres douze sols par feu.

Lieutenant-général.

Pour les appointemens de la charge de M. le Lieutenant Général, il sera exigé six livres cinq sols par feu.

Pour

Pour les gages des Officiers du Pays, il sera levé douze livres six sols par feu.

Gages des Officiers du Pays.

Pour l'abonnement du droit sur les huiles, il sera levé seize livres par feu.

Droits sur les huiles.

Pour les anciennes rentes constituées sur le Pays, à causes des sommes principales par lui empruntées, il sera exigé quatre-vingt-dix livres par feu.

Anciennes rentes sur le Pays.

Pour l'amortissement successif du principal, & arrérages des nouvelles dettes contractées par le Pays, il sera levé cent livres par feu.

Nouvelles rentes.

Pour le payement de la somme de 700000 l. accordée au Roi, pour le don gratuit de la présente année, il sera levé deux cent quarante-une livres dix sols par feu.

Don gratuit.

Pour le payement des 35000 liv. de l'abonnement des droits d'albergues, cavalcades, & autres vieux droits, il sera exigé douze livres deux sols par feu.

Vieux droits.

Pour payer les 1600 liv. destinées aux réparations à faire aux bords de la riviere de Durance, pour les terroirs de Noves & de Châteaurenard, il sera levé douze sols par feu.

Réparations aux bords de la Durance à Noves & Châteaurenard.

Pour les 2000 liv. des saisies réelles, le droit de nouvel acquet des usages des Communautés, & 10 s. pour livre, & pour les objets relatifs au commerce & à l'agriculture, il sera levé deux livres quatre sols par feu.

Commissaire aux saisies réelles, Nouvel acquet des usages. Objets relatifs au commerce & à l'agriculture.

H h

Dépense des troupes.	Pour le remboursement de la dépense des Troupes d'Infanterie, Cavalerie, & Dragons, en route ou en quartier pendant l'année 1787, & pour payer les fastigages & ustensiles des garnisons établies à Toulon, Antibes & autres Lieux, il sera exigé cent vingt-une livres par feu.
Milices.	Pour ce qui compete au Pays de la dépense des Milices, il sera exigé huit livres par feu.
Rente des fonds de l'Œuvre de S. Vallier	Pour les fondations de St. Vallier, & pour la rente de la présente année, il sera levé cinq livres quatre sols par feu.
Ponts & chemins. Gages des Ingénieurs, & autres dépenses relatives.	Pour la construction & réparation des ponts & chemins, & pour les gages des Ingénieurs du Pays, & autres dépenses relatives aux chemins, il sera levé quatre-vingt-une livres cinq sols par feu.
Entretien des ponts & chemins.	Pour l'entretien des ponts & chemins, il sera levé cinquante-une livres par feu.
Ouvrages d'utilité publique dans la haute Provence.	Pour les ouvrages d'utilité publique dans la haute Provence, il sera exigé quinze livres douze sols par feu.
Compte du Trésorier du Pays.	Pour les frais de la reddition du compte du Trésorier du Pays, il sera levé huit livres par feu.
Rente en exécution de la convention du 18 Mai 1772.	Pour la rente de la somme principale de 300,000 liv., au denier vingt-cinq, dont le Pays est chargé, pour les causes contenues en la convention du 18 mai 1772.
Compensation des tailles de	Et pour la compensation des tailles de MM.

les Officiers des deux Cours de Parlement & des Comptes, il fera levé cinq livres douze fols par feu ; toujours néanmoins fous la réferve expreffe du rembourfement à faire par le Pays, de la fomme de 60,000 liv. pour lefdites deux Cours, en exécution de l'Arrêt du Confeil du 3 juin 1606, conformément aux Délibérations des Affemblées des 6 avril & 27 mai 1754.

MM. les Officiers du Parlement & des Comptes.

Pour payer le fecours extraordinaire, tenant lieu de don gratuit des Villes, accordé pour dix ans, par l'Affemblée des Communautés de 1780, il fera levé quinze livres par feu.

Dons gratuits des villes. Secours extraordinaire.

Pour la conftruction du chemin, dans le terroir de Meyrargues, il fera levé onze livres par feu.

Chemin de Meyrargues.

Pour les frais de conftruction du bâtiment pour la bibliotheque du Pays, & objets y relatifs, il fera levé dix-neuf livres dix fols par feu.

Bibliotheque du Pays.

Pour les frais des Sieurs Députés du Tiers-Etat, foit aux Etats, foit à la Cour, & aux Affemblées intermédiaires, & pour les dépenfes annuelles & ordinaires, il fera levé dix-fept livres par feu.

Frais de la tenue des Etats & objets relatifs.

Pour les frais des procès, dépenfes imprévues, & pour tous les autres cas inopinés, & dépenfes indifpenfables, il fera levé cinquante-trois livres fept fols par feu.

Cas inopinés.

Toutes lefquelles impofitions, ci-deffus mentionnées, reviennent à la fomme de 910 liv.

par feu, dont l'exaction fera faite par le fieur Pin, Tréforier des Etats, aux quatre quartiers de la préfente année, également fur le pied de 227 liv. 10 f., pour chacun defd. quatre quartiers.

Monfeigneur l'Evêque de Graffe a dit:

MM.

Entretien des Bâtards & enfans expofés.

„ La Commiffion s'eft auffi occupée de l'impofition ci-devant faite, pour l'entretien des Bâtards, & enfans expofés; & d'après le relevé qu'elle a fait faire du montant de la dépenfe, & des payemens, pendant les fept dernieres années, elle a été convaincue que cette impofition, qui monte à 100,000 liv., étoit annuellement infuffifante, au moins de 30,000 l. „

Les Etats chargent l'Adminiftration intermédiaire de s'occuper des moyens de rendre cet établiffement plus utile à l'humanité, & moins onéreux au Pays.

„ Sur quoi, les Etats ont penfé qu'il étoit impoffible d'augmenter, quant à préfent, une impofition déja très-confidérable; mais qu'il falloit avifer aux moyens de rendre cet établiffement, plus utile à l'humanité, & moins onéreux au Pays; ils ont chargé en conféquence l'Adminiftration intermédiaire de s'occuper de cette affaire, & de préfenter aux prochains Etats, fes obfervations fur l'excès de la dépenfe, fur les caufes de la mortalité d'un grand nombre de bâtards, & fur les moyens qu'on pourroit employer pour y rémédier. „

„ Les Etats perfuadés, qu'une des caufes principales de la mortalité des bâtards eft le défaut de nourrices; confidérant qu'il feroit digne de la juſtice & de la bienfaiſance de Sa Majeſté, de venir au ſecours de cette claſſe infortunée, ont unanimement délibéré, qu'il ſera fait les plus vives inſtances, pour obtenir de Sa Majeſté un encouragement en faveur des Nourrices, qui ſe chargeront d'enfans trouvés, pris dans les Hôpitaux du Pays, & Monſeigneur le Préſident a été prié d'appuyer cette demande, de tout ſon crédit. „

Encouragement à demander à Sa Majeſté, en faveur des nourrices qui ſe chargeront d'enfans pris aux Hôpitaux.

MONSEIGNEUR L'ARCHEVEQUE D'AIX, préſident, a propoſé aux Etats, de conſacrer, par un hommage public & ſolemnel, dans le procès-verbal de leurs ſéances, les ſentimens de reconnoiſſance dont les Trois Ordres doivent être animés, pour le legs précieux que M. le Marquis de Mejanes a bien voulu faire à ſa Patrie. „

Bibliotheque du Pays.

Les Etats conſacrent, par un hommage ſolemnel, dans le procès-verbal de leurs ſéances, la reconnoiſſance de tous les Ordres, pour le legs fait par M. le Marquis de Mejanes.

„ LES ETATS ont témoigné, par les plus vives & les plus ſinceres acclamations, les ſentimens dont chaque Ordre eſt pénétré pour la mémoire d'un citoyen, qui, après avoir été infiniment utile à ſon Pays pendant ſon Adminiſtration; & à ſes Concitoyens, par ſes vertus & ſa bienfaiſance, a voulu en perpétuer les effets par des dons toujours renaiſſans, & qui mériteront chaque année la reconnoiſſance de nos neveux. „

LES ETATS inſtruits par Monſeigneur le Préſident, du noble déſintéreſſement que M. le Marquis de la Goa, neveu & héritier de M. le Marquis de Mejanes, a montré à cette occaſion, ont unanimement délibéré, que M.

Remercimens à M. le Marquis de la Goa, neveu & héritier de M. le Marquis de Mejanes.

le Marquis de la Goa sera remercié au nom des Etats.

Offre de MM. de l'Ordre de la Noblesse d'une contribution volontaire à la dépense des chemins.

Monseigneur l'Evêque de Grasse a dit : „ qu'il a assemblé la Commission des demandes du Roi, & impositions, dans laquelle, en s'occupant de la fixation du montant des impositions, pour la présente année, MM. de la Noblesse ont offert, par les motifs exprimés dans un mémoire qu'ils ont remis, une contribution volontaire à la dépense des chemins, sous certaines conditions renfermées dans ce Mémoire, qui sera lu aux Etats. „

Et d'un don de charité de 4000 liv. pour l'entretien des bâtards.

„ MM. de l'Ordre de la Noblesse ont encore proposé, de faire un don de charité de 4000 l. pour l'entretien des Bâtards. „

Offre de MM. de l'Ordre du Clergé de la moitié de la contribution & du don de charité offerts par MM. de l'Ordre de la Noblesse.

„ MM. de l'Ordre du Clergé, ne pouvant consentir à aucune contribution, avant d'être instruits du vœu de la prochaine Assemblée du Clergé, ont offert, tant pour les chemins que pour l'entretien des Bâtards, un don de la moitié de la contribution, & du don de charité offert par MM. de l'Ordre de la Noblesse. „

Réserve de MM. les Députés des Communautés.

„ MM. les Députés des Communautés ont accepté ces offres, sous la réserve de demander une plus forte contribution. „

Me. Ricard, Greffier des Etats, a fait lecture de deux mémoires remis par MM. de l'Ordre de la Noblesse, & dont la teneur suit :

Mémoire sur la contribution volontaire de la Noblesse, aux Chemins.

Mémoire de l'Ordre de la Noblesse, sur la contribution volontaire aux chemins.

„ La Noblesse n'a jamais contribué à la dépense des chemins. Elle auroit le droit de n'y pas contribuer, & par sa possession, & par la nature de cette dépense qui remplace la corvée, & encore plus par tous les titres qui assurent la franchise totale des biens nobles. „

„ Cependant la Noblesse voudra bien, & sans tirer à conséquence pour d'autres objets, consentir à contribuer à la dépense des chemins, dans la proportion réglée provisoirement pour sa contribution à l'abonnement du droit sur les huiles, & à la construction du Palais. „

„ La Noblesse ne fera pas valoir toutes les considérations qui devroient faire diminuer cette contribution, telles que celles fondées sur ce que le commerce retire le plus grand avantage des chemins, & est la cause de leur plus grande dépense, & que la Noblesse ne fait pas le commerce. „

„ La Noblesse a toujours donné des preuves de sa justice & de son patriotisme, quand elle l'a pu, sans blesser ses droits essentiels & constitutifs, droits qui dérivent de la propriété, & qui tiennent à l'ordre public, & à celui d'un Gouvernement monarchique. „

„ La Noblesse toujours animée du même esprit, & dans le desir de concourir au bien

& à l'avantage public, voudra donc bien contribuer volontairement à la dépense des chemins pour une vingtieme portion, ainsi qu'elle contribue à l'abonnement du droit sur les huiles, & à la construction du Palais. „

„ La Noblesse cependant contribue fortement à la dépense des chemins & travaux publics, par la portion qu'elle supporte par elle-même, & par ses Fermiers, & par ses troupeaux, de l'augmentation du prix du sel, & sur laquelle il a été accordé par le Roi, depuis quinze ans, une indemnité de 150,000 liv., & depuis six ans, une autre indemnité de 50,000 liv. qui ont été employées en entier au profit & au soulagement du Tiers-Etat. Mais cette contribution étant absolument volontaire de la part de la Noblesse, elle y mettra les conditions suivantes. „

„ 1°. Cet arrangement & cette fixation seront provisoires, & n'auront lieu que jusqu'à ce que, par l'opération de l'affouagement & de l'afflorinement faite conjointement, on ait pu connoître la valeur relative des biens nobles, & des biens roturiers, & fixer, d'après cette valeur relative, la mesure de la contribution des biens nobles, aux Vingtiemes, & autres objets auxquels ils contribuent, en ayant néanmoins égard, lors de la fixation des Vingtiemes, à la portion d'iceux qui doit être appliquée à l'industrie, & à la valeur des maisons des Villes. „

„ 2°. Si le Vingtieme payé par la Noblesse,
pour

pour la dépense des chemins, excede sa contribution, ensuite de la vérification relative des biens nobles, & des biens roturiers; le Tiers restituera ce qui aura été payé de trop par la Noblesse, avec les intérêts tels que de droit; & si la Noblesse a moins payé qu'elle ne devoit, elle payera au Tiers ce qu'elle auroit dû payer de plus, & c'est aussi avec les intérêts tels que de droit. „

» 3°. Il sera examiné & discuté, avant les prochains Etats, quels sont les meilleurs, les plus courts, & les plus économiques moyens pour parvenir à faire conjointement le nouvel affouagement, & le nouvel afflorinement, conformément aux traités & conventions passées entre la Noblesse & le Tiers; & après que ces Etats auront adopté un plan, l'affouagement & l'afflorinement seront commencés dès les premiers mois de l'année 1789, ainsi qu'il a déja été délibéré par les Etats; & en cas qu'ils ne soient pas finis à cette époque, qui est de rigueur, & qui ne pourra être retardée ou renvoyée, sous quelque prétexte & pour quelque cause que ce soit, la Noblesse cessera, dès le premier Juillet 1792, d'être tenue de contribuer à la dépense des chemins; sans que, pour quelque motif, & sous quelque prétexte que ce soit, elle puisse être obligée de payer pour le tems qui se sera écoulé depuis l'époque du premier Juillet 1792, jusqu'à celle où l'opération conjointe du nouvel affouagement & afflorinement aura été finie. »

» 4°. La Noblesse, en contribuant à la dépense

des chemins, contribuera auſſi, & tant ſeulement, à celle concernant les Ingénieurs, ſous-Ingénieurs & Inſpecteurs, qui peut être regardée comme acceſſoire à celle des chemins; & leurs honoraires ne ſeront plus pris ſur les fonds des cas inopinés, mais ſur les fonds des chemins, & ſans que la Nobleſſe, qui contribue aux chemins volontairement & ſans aucune obligation, & qui peut par conſéquent borner & limiter les objets, ſoit tenue de contribuer à aucune autre dépenſe qui pourroit être regardée comme relative ou connexe aux chemins. »

» 5°. La Nobleſſe ne contribuera qu'aux ſeuls chemins de premiere & de ſeconde claſſe, qui ſont à la charge de la généralité du Pays, & qui doivent être délibérés & approuvés par les Etats; & elle ne pourra jamais être obligée de contribuer à la dépenſe des chemins de Viguerie ou de Communauté. »

» 6°. La Nobleſſe ne contribuera point au paiement du fonds ni des intérêts du million emprunté en 1777, pour la route du bateau de Noves à Marſeille, ni des 200,000 l. empruntées ou qui ont dû l'être en 1785, pour la route de Meyrargues, ni à aucunes autres dettes antérieures, s'il en exiſte concernant les chemins, ni au paiement des ſommes qui peuvent être dues dans ce moment aux Entrepreneurs chargés des conſtructions & entretiens des chemins, s'il n'y a pas de quoi les payer ſur les fonds échus; la contribution volontaire de la Nobleſſe ne devant dater que d'aujourd'hui, & pour l'avenir, ne pouvant & ne devant avoir aucun effet rétroactif; & au moyen de ce, les soixante-douze mille livres prises sur les fonds des chemins, pour le paiement du fonds & des intérêts du million emprunté en 1777, & ainsi que toutes les autres dettes passées, employées dans l'état de la dépense des chemins, en seront distraites & séparées, à l'effet de ne pas faire masse dans la dépense des chemins, à laquelle la Noblesse veut bien contribuer. »

„ 7°. Le terrein noble, qui sera pris pour l'emplacement des chemins, sera payé; & s'il y a un ancien chemin abandonné, le Seigneur aura la faculté de le prendre en paiement, ou à compte, suivant sa valeur, du prix du terrein noble occupé par le nouveau chemin; & cet emplacement de l'ancien chemin deviendra alors noble entre les mains du Seigneur, ou pourra servir de matiere à compensation, s'il est aliéné ou donné à nouveau bail par le Seigneur. Le paiement des biens nobles sera pris sur les fonds des chemins, & les Communautés ne continueront à payer que le prix des seuls biens roturiers. „

„ La Noblesse ne contribuant pas à la dépense des chemins de Viguerie, il ne doit pas lui être payé le prix des terreins nobles occupés par les chemins de Viguerie. „

Mémoire sur l'aumône de la Noblesse pour l'entretien des Bâtards.

Mémoire de l'Ordre de la Noblesse, sur l'aumône pour l'entretien des bâtards.

„ L'entretien des bâtards a toujours été à la charge des Communautés, quand le pere étoit inconnu, ou hors d'état de fournir à cet entretien ; jamais les Seigneurs, soit à raison de la haute Justice, soit à raison de la possession de leur biens nobles, n'ont contribué à cet entretien. „

„ Telle est la regle & le droit commun en Provence. „

„ Le Pays a pris, en 1763, un nouvel arrangement relativement à l'entretien des bâtards. Cet arrangement a été délibéré & exécuté par le Tiers-Etat seul, dont on ne peut que louer les motifs, parce qu'ils ont été dictés par des principes d'humanité, afin de conserver la vie, s'il étoit possible, à un plus grand nombre de ces enfans, & afin d'éviter une inquisition & une délation odieuse, par la recherche qu'on faisoit pour tâcher de découvrir le pere ou la mere, & dont les conséquences étoient souvent funestes. Cet arrangement peut-il nuire aux droits des Seigneurs & à la franchise des biens nobles ? „

„ Le Tiers-Etat a bien reconnu qu'il ne le pouvoit pas, puisqu'il n'a jamais pensé à demander aucune contribution à la Noblesse, & qu'en 1763, & depuis lors, il a toujours, sans réclamation aucune, supporté entiérement & uniquement la dépense de l'entretien des bâtards, par une répartition particuliere sur les Communautés. „

„ Cependant la Noblesse voudra bien, par esprit d'humanité & de charité, donner annuellement, & par forme d'aumône, une somme de 4000 liv. pour l'entretien des bâtards. „

MM. les Commandeurs de l'Ordre de Malte, ont dit : qu'ils 'adhérent au vœu de MM. de l'Ordre du Clergé, sous la réserve de l'approbation de leurs supérieurs.

Adhésion & réserve de MM. les Commandeurs de l'Ordre de Malthe.

MM. de l'Ordre de la Noblesse ont ajouté, que leurs offres n'étoient susceptibles d'aucune réserve de la part du Tiers-État ; qu'elles devoient être acceptées ou refusées purement & simplement ; & qu'en cas de réserve ou de restriction, ils retractoient leurs offres.

Dire de MM. de l'Ordre de la Noblesse.

MM. les Députés des Communautés ont dit, que dans la situation malheureuse où se trouve le troisieme Ordre de la Province, qui, depuis plusieurs siecles, supporte presque seul tout le fardeau des impositions, & qui s'est vu dans la nécessité de contracter des dettes énormes, tant pour le service de ses maîtres, que pour le bien & l'utilité générale du Pays, il est indispensable que les deux premiers Ordres viennent à son secours, & participent à toutes les charges qui doivent naturellement regarder les

Dire de MM. les Députés des Communautés.

sujets d'un même Souverain, & les membres d'une même Administration.

Qu'en conséquence, la contribution offerte par MM. du Clergé & de la Noblesse, ne portant que sur la dépense des chemins & l'entretien des enfans trouvés, ne leur paroît point suffisante. Ils ne peuvent donc l'accepter, qu'avec la réserve expresse qu'ils font de déférer à la justice & à la bonté paternelle de leur Souverain, leurs respectueuses représentations, tant pour faire porter les contributions du Clergé & de la Noblesse sur les divers objets qui doivent les concerner, que pour en faire déterminer la quotité, relativement à la valeur de leurs possessions.

MONSEIGNEUR L'ARCHEVEQUE D'AIX, président, a dit : qu'il auroit bien désiré que les Trois Ordres eussent pu se concilier dans le sein des Etats, sur leurs intérêts respectifs; que depuis long-tems, MM. les Commissaires du Roi lui avoient proposé de faire part aux Etats des intentions de Sa Majesté, que dans l'espoir d'engager tous les Ordres à terminer à l'amiable, & dans le sein des Etats, les contestations relatives aux contributions; il avoit différé jusqu'à présent d'adhérer aux desirs de MM. les Commissaires du Roi; qu'il n'avoit rien négligé pour amener les trois Ordres à une conciliation qui étoit vraiment à désirer; mais qu'il ne pouvoit plus se dispenser de faire connoître aux Etats les intentions du Roi. »

» Monseigneur le Président a remis à Me. Ricard, l'un des Greffiers des Etats, un Mémoire dont il a été fait lecture, & dont la teneur suit :

Articles particuliers des Mémoires servant d'instruction aux Commissaires du Roi, en l'Assemblée des Etats du Pays & Comté de Provence, tenue en la présente année.

Mémoire du Roi, servant d'instruction à MM. ses Commissaires.

» Sa Majesté, s'étant fait rendre compte des Mémoires répandus en Provence sur les contributions & les exemptions des biens de différente nature, charge ses Commissaires de communiquer aux Etats les observations suivantes, en cas que quelque membre des Etats renouvelle les mêmes discussions. »

» On a soutenu que les Ordres ne doivent délibérer que sur les contributions qui sont à la charge, & qu'on ne pouvoit les convoquer, qu'en rendant les contributions communes à tous. »

» Il eut été à desirer qu'on n'eût pas élevé une contestation, qui n'a nul rapport avec la convocation des Etats, qui n'a point lieu dans les autres Provinces, & qui seroit destructive de la Constitution des Pays d'Etats. »

» Les exemptions des Nobles, ou des biens nobles, subsistent en Languedoc, en Bourgogne, en Bretagne, & les trois Ordres s'assemblent, dans ces Provinces, pour délibérer sur tous les impôts. Les anciens Etats de Provence délibéroient sur les contributions imposées sur les feux. »

» Les motifs de Sa Majesté, en convoquant les Etats de Provence, sont de rendre au Pays sa Constitution, qui n'avoit été révoquée, ni même suspendue par aucun acte légal; elle n'a point eu l'intention de faire aucun changement dans les Loix, Statuts & usages de la Province, par rapport à la répartition des contributions, & à la maniere d'y délibérer. »

» Il semble que ceux qui veulent proscrire l'exemption des biens nobles en Provence, regardent la Noblesse, ou le Corps des Possédans fiefs, comme soumis à toutes les charges du Pays; parce que la Noblesse, en réclamant les Etats en 1639, a représenté qu'elle contribuoit aux charges de la Province. On a conclu de cette seule expression, qu'elle contribuoit à toutes les charges. »

» Les Commissaires de Sa Majesté peuvent faire sentir que la Noblesse pouvoit réclamer les Etats, sans contribuer à toutes les charges; parce que au droit constitutionnel du Pays, elle ajoutoit celui d'avoir à délibérer sur les charges auxquelles elle contribuoit; & qu'enfin on retrouve dans le procès-verbal des Etats même de 1639, l'énumération des charges qui s'imposoient sur les feux, & qui ne s'imposoient pas sur les biens nobles. »

» On

» On a soutenu que les exemptions des biens nobles n'étoient fondées que sur le service militaire personnel, qui formoit autrefois la charge de la Noblesse, & que cette obligation ne subsiste plus. »

» Qu'il n'y a point de taille royale en Provence. »

» Que la taille n'est qu'une maniere particuliere d'imposer les fonds, comme la dîme municipale qu'on perçoit sur les fruits, ou les droits sur les consommations connus sous le nom de reves. »

» Que l'exemption des tailles, attribuée aux biens nobles, n'est que le privilege dont jouissoient les Seigneurs féudataires, de n'être point cotisés par les Communautés soumises à leur jurisdiction; & que c'est par cette raison qu'on ne reconnoît point en Provence de biens nobles sans jurisdiction. »

» Que les Communautés ont réclamé en 1569, la contribution des deux Ordres au subside. »

» Que l'exemption de la Noblesse, pour la dépense des Troupes, ne doit être que l'exemption du logement des gens de guerre, & qu'elle ne doit pas s'étendre aux frais de voitures, & autres. »

» Que le don gratuit est le gage de l'amour des Sujets pour le Souverain, & que ce sentiment doit être commun à tous les Ordres. »

K k

» Qu'il n'y a point de raifon pour mettre à la charge du Tiers feul, les appointemens du Gouverneur, & du Commandant de la Province. »

» Que les dons gratuits extraordinaires font le rachat de la Conftitution du Pays, qui doit être également chere à tous les Ordres. »

» Que les chemins, ponts, chauffées & canaux préfentent les mêmes avantages à tous les propriétaires, & que ces avantages augmentent avec l'étendue des propriétés. »

» Que l'impofition pour les enfans trouvés eft établie par un fentiment d'humanité, qui doit animer également tous les Citoyens. »

» Sa Majefté defireroit qu'il n'y eût point d'exemption fondée fur des ufages abolis, & elles n'entend point établir d'exemptions nouvelles. »

» C'eft dans ces difpofitions de fon amour pour fes peuples, qu'elle a fixé d'une maniere invariable le brevet de la taille dans fon Royaume, qu'elle a porté les charges nouvelles fur les Vingtiemes & la Capitation, & qu'elle a voulu détruire tous les privileges dans la levée des Vingtiemes. »

„ Mais Sa Majefté obferve qu'en Provence, les exemptions font attachées aux biens nobles & non aux perfonnes; que ces biens font poffédés avec leurs exemptions par les membres de tous les Ordres ; que la Noblesse paye sans privilege les charges des biens taillables qu'elle possede ; que les membres du Tiers-Etat jouissent des exemptions attachées à leurs biens nobles ; que les biens nobles ont été acquis, ont été évalués dans les successions à plus haut prix, par l'effet de leurs exemptions ; que les biens taillables ont été moins vendus au degré où ils sont plus imposés ; que le Service militaire personnel ne subsiste pas plus dans les autres Provinces qu'en Provence ; & qu'une raison qui doit être la même pour la Noblesse de tout le Royaume, ne doit pas être opposée en particulier à la Noblesse d'une seule Province. „

„ Sa Majesté considere que rien n'est plus clairement exprimé dans toutes les Loix & les Statuts du Pays, dans les Ordonnances des anciens Comtes, dans les Arrêts du Conseil & Edits enregistrés depuis la réunion, notamment l'Arrêt de 1702 sollicité par le Tiers-Etat, dans les affouagemens souvent renouvellés, & dans les Délibérations des anciens Etats & des Assemblées des Communautés, que la réalité des tailles en Provence, la distinction des biens nobles & des biens roturiers, & celle des impositions, même des dons payables sur les feux, & non sur les biens nobles. „

„ Les anciens Comtes avoient le droit mettre des tailles sur leurs sujets dans des circonstances désignées ; ils prenoient le droit de quête & de fouage sur leurs sujets taillables. & les Communautés en furent chargées, sauf leur recours sur les taillables. Le fouage fut appellé taille royale,

K k ij

les Etats l'ont confenti fous le nom de don gratuit & de taille royale ; les Etats l'ont impofé par feux & non par florins. ,,

,, Le taillon fut impofé en Provence, comme dans le refte du Royaume, par l'Edit d'Henry II de 1549. ,,

,, Il eft vrai que les Communautés ont pu lever leurs tailles, comme les autres dons & fubfides, dans une forme ou dans une autre ; & il n'en eft pas moins vrai que l'impôt a toujours été reftraint aux biens roturiers, & perçu fur les feux.

,, Il eft vrai que les Seigneurs ont joui du privilege de n'être point cotifés par les Communautés, pour les impofitions auxquelles ils contribuent, comme celles des vingtiemes, & il eft également vrai qu'ils ont joui du privilege de ne point contribuer à la taille. ,,

,, La réclamation des Communautés en 1569 fur le fubfide n'a point eu d'effet. Le fubfide eft devenu perpétuel, & n'a jamais été levé que fur les feux. ,,

,, La dépenfe pour le logement, les voitures & le paffage des Troupes étoit autrefois un fervice perfonnel en Provence, il l'eft encore dans plufieurs Provinces, & la Nobleffe en eft exempte. ,,

,, Les Affemblées des Communautés ont formé des plaintes fur la dépenfe des Troupes : elles ont réclamé la décharge accordée à la Province par l'Edit de 1661 : elles ont représenté l'excès de la contribution : elles ont obtenu la fixation du taux de l'imposition, & elles n'ont jamais prétendu que la charge dût être partagée par la Noblesse. „

„ L'Ordonnance de 1675 soumit les Communautés à fournir l'étape aux Troupes en route ; elle fut exécutée en Provence, comme dans le reste du Royaume : cette fourniture fut abonnée en en 1719, & l'abonnement fut payé sur les feux. »

„ Cette fourniture a été remise à la charge des Provinces en 1727. Elle a été fixée en 1760 sur le pied de paix & sur celui de guerre ; & la noblesse n'a jamais été appellée à y contribuer. „

» Les premiers dons gratuits en Provence ne furent point distingués de la taille : le don gratuit actuel, établi en 1664, eut pour objet d'assurer les droits de la Province sur l'affouagement, qui ne concerne que les biens roturiers, & les intérêts des Communautés ; & les dons gratuits en Provence ont été constamment levés sur les feux. „

» Les appointemens du Gouverneur ont eu d'abord pour objet l'entretenement d'une compagnie d'ordonnance, & d'une compagnie de Gardes. Cette contribution étoit relative au service de guerre ; elle fut imposée sur les feux, comme la dépense des Troupes. »

» Ce qu'on donne au Commandant, fait bien plus partie encore de la dépense des Troupes. »

» Les dons gratuits extraordinaires rachetent une partie de la conſtitution, qui n'intéreſſe que les Communautés. Ils remplacent un genre d'impoſition, qui ne devoit être levé que ſur les impoſitions même des Communautés. »

» Toutes ces impoſitions ſont les mêmes, qui ſe levent ſur la taille dans toutes les Provinces du Royaume ; & la Nobleſſe d'une ſeule Province ne doit pas perdre ſes exemptions, ou celles de ſes biens nobles, auſſi long-tems que la Nobleſſe du reſte du Royaume n'en ſera point privée. »

» Sa Majeſté penſe qu'elle ne pourroit elle même donner atteinte à toutes les Loix, Statuts, Délibérations, & Uſages du Pays, & aux Titres les plus conſtans & les plus ſolemnels ; & qu'une ſemblable révolution dans l'état des biens & des perſonnes exigeroit les plus grandes & les importantes réflexions ſur les principes de tous les genres d'impoſitions, & ſur les effets qui peuvent en réſulter dans ſes Provinces. »

» Cependant Sa Majeſté deſire que ſes Commiſſaires puiſſent faire uſage de cette diſcuſſion, pour procurer quelque ſoulagement aux Communautés. »

» Les impoſitions pour les chemins étoient autrefois peu conſidérables, & la charge n'en étoit pas ſenſible. Cette impoſition n'excédoit pas

80000 liv. en 1771. On a connu depuis quinze ans l'utilité des chemins. On a multiplié les entreprises ; & la contribution s'accroît avec les dépenses. On ne faisoit que des chemins renfermés dans les limites de quelques Communautés ; & le Pays étoit censé venir au secours des Communautés ou des Vigueries, quand il supportoit un excédent de dépense. On traverse actuellement la Province dans tous les sens par des grands chemins. On pratique des canaux pour arroser les terres. Ces travaux sont plus utiles aux plus grandes propriétés. »

» Les chemins n'ont jamais été construits par corvées, en Provence. Sa Majesté, en détruisant les corvées dans tout son Royaume, les a remplacées par une imposition sur toutes les propriétés. »

» Il n'est pas convenable que la Noblesse conserve, dans une seule Province, une exemption qui n'a plus lieu dans toutes les autres. »

» On paye en Provence le terrein pris sur les fonds roturiers : on ne paye pas celui qui est pris sur les biens nobles. La perte du terrein & de sa valeur est une véritable contribution. »

» Il est à desirer de rendre la contribution proportionnelle, quand l'exemption ne subsiste plus. »

» L'imposition pour les Enfans trouvés est une Œuvre de charité & d'humanité. Sa Majesté est persuadée qu'aucun des Ordres ne réclamera l'exemption d'une charge, qui n'est qu'une Œuvre de charité & d'humanité. »

» Sa Majesté, en faisant connoître à ses Commissaires ses dispositions, a pensé que ses Commissaires, consultés par les trois Ordres, pourroient selon les circonstances donner des réponses ou des conseils utiles ; elle leur a fait part de ses dispositions, afin qu'ils soient instruits des principes qu'ils doivent suivre. Signés, LE COMTE DE CARAMAN & LA TOUR. »

Demande de M. le Président à MM. les Députés des Communautés.

Monseigneur le Président a ensuite demandé à MM. les Députés des Communautés, s'ils vouloient accepter ces offres.

Réponse de MM. les Députés des Communautés.

MM. les Députés des Communautés ont répondu : que les moindres témoignages de la volonté de leur Souverain, seront toujours pour eux des loix sacrées dont ils ne s'écarteront jamais ; mais qu'en même-tems ils ne peuvent se persuader qu'un Roi aussi juste que bienfaisant, & qui a donné jusqu'ici tant de preuves de sa bonté paternelle à ses fideles sujets de Provence, ait voulu consacrer ses intentions d'une maniere définitive, sur un objet aussi intéressant pour eux, avant que de les avoir entendus.

Ils osent donc se flatter qu'il voudra bien accueillir leurs respectueuses représentations, & faire porter les contributions des deux premiers Ordres sur les divers objets auxquels ils doivent participer.

L'Ordre

MM. de l'Ordre de la Noblesse ont dit: que l'Ordre de la Noblesse, persistant toujours dans les sentimens de zele dont il est animé pour le service du Roi, & le bien de l'Etat, ayant eu connoissance des intentions de Sa Majesté, par la lecture qui a été faite des instructions qu'elle a données à ses Commissaires, renouvelle les offres qu'il a déja faites dans les Etats assemblés, de contribuer volontairement pour les chemins de premiere & de seconde classe ; & de faire pareillement une aumône, pour l'établissement des Enfans trouvés, aux conditions portées dans le Mémoire dudit Ordre qui a été présenté aux Etats, lesquelles conditions sont inséparables desdites offres ; & dans le cas où l'Ordre du Tiers mettroit quelque obstacle que ce soit à l'exécution desdites offres, par des réserves ou protestations même vagues, & sans objet fixe, l'Ordre de la Noblesse prie MM. les Commissaires du Roi de rendre compte à Sa Majesté, & à son principal Ministre, de la bonne volonté permanente de l'Ordre de la Noblesse, & des obstacles insurmontables que l'Ordre du Tiers a mis aux effets qu'elle pouvoit produire.

L'Ordre de la Noblesse renouvelle ses offres.

MM. de l'Ordre du Clergé ont adhéré au vœu de MM. de l'Ordre de la Noblesse.

L'Ordre du Clergé adhere au vœu de l'Ordre de la Noblesse.

Signé, † J. R. DE BOISGELIN, Archevêque d'Aix, Président des Etats de Provence.

Du trente-unieme dudit mois de Janvier.

Président Monseigneur l'Archeveque d'Aix.

ME. Ricard, Greffier des Etats, a fait lecture du procès-verbal de la derniere séance.

Commission pour les affaires diverses.
Troisieme Rapport.

Monseigneur l'Evêque de Grasse, Président de la Commission pour les affaires diverses, a dit :

MM.

Demande du cordon de l'Ordre de S. Michel pour M. Tournatoris, Docteur & Professeur en medecine.

» L'Assemblée générale de 1772 délibéra de renouveller, auprès de Sa Majesté, la demande du Cordon de l'Ordre de St. Michel pour le sieur Tournatoris, Docteur & Professeur en la Faculté de Médecine, en l'Université de cette Ville. Elle forma cette demande pour offrir à ce Citoyen, la seule récompense digne de ses soins, & du désintéressement qu'il avoit témoigné, pendant la maladie épidémique qui avoit affligé la ville de Forcalquier. »

» La Commission a pensé qu'il conviendroit d'insister sur cette demande. Le zele, les talens & les vertus du sieur Tornatoris doivent en accélérer le succès. »

Les Etats ont unanimement délibéré, de renouveller, auprès de Sa Majesté, la demande du Cordon de l'Ordre de St. Michel, en faveur du Sr. Tornatoris, comme une récompense que ce Citoyen a continué de mériter, par les services qu'il a rendu au Pays dans l'exercice de sa profession; & ils ont prié Monseigneur le Président de vouloir bien continuer ses sollicitations en faveur du sieur Tornatoris.

Monseigneur l'Evêque de Grasse a dit:

MM.

» Depuis quelques années, il a été rendu un Arrêt du Conseil qui permet aux navires des Puissances neutres, d'approvisionner nos Isles d'Amérique. Il n'y avoit auparavant que les vaisseaux françois qui eussent ce droit. Cet Arrêt a excité les réclamations de toutes les Chambres de Commerce du Royaume. Il porte un préjudice réel au commerce de Marseille, & par conséquent à la Provence qui alimente ce commerce par ses denrées, comme vins, huiles, amandes, &c.; il seroit convenable d'en faire un article dans le cahier. »

Remontrances contre l'Arrêt du Conseil, qui permet aux navires des Puissances neutres, d'approvisionner nos Isles de l'Amérique.

Ce qui a été unanimement délibéré.

Monseigneur l'Evêque de Grasse a dit:

MM.

» Il a été présenté plusieurs mémoires sur les inconvéniens, qui résultent pour le commerce, des différens droits excessifs établis sur le transport, l'entrée & circulation des vins à Marseille. »

Remontrances contre les droits excessifs sur le transport, l'entrée & la circulation des vins dans Marseille.

La Commission a pensé que les Etats devoient prendre en considération cet objet important, & en faire article dans le cahier. »

L l ij

Ce qui a été unanimement délibéré.

Monseigneur l'Evêque de Grasse a dit:

MM.

Remontrances contre le droit établi sur l'entrée des Pozzollanes étrangeres.

» Les Assemblées générales des Communautés avoient délibéré des représentations, sur le droit de quinze sols par quintal établi sur les pozzollanes étrangeres, à leur entrée dans le Royaume. »

» La Commission a pensé qu'il conviendroit de renouveller ces représentations, & d'en faire article dans le cahier des Etats. »

Ce qui a été unanimement délibéré.

Monseigneur l'Evêque de Grasse a dit:

MM.

Les Etats déclarent que c'est pour l'impression de l'histoire de Provence du sieur Papon seulement, que le Sr. Pierres, Imprimeur du Roi à Paris, a été autorisé à prendre le titre d'Imprimeur des Etats de Provence.

» Les Sieurs Gibelin-David, & Emeric-David, Imprimeurs-Libraires des Etats, exposent, que depuis plus de deux siecles, leurs aïeux ont consacré en cette qualité leur zele & leurs soins au service du Pays. »

» Que cependant le sieur Pierres, Imprimeur du Roi à Paris, chez qui le sieur Papon a fait imprimer l'Histoire de Provence, a trouvé bon de prendre dans le troisieme Volume de cet ouvrage, le titre d'Imprimeur ordinaire du Roi & des Etats de Provence; & dans le quatrieme Volume, il a pris le titre de premier Imprimeur ordinaire du Roi & des Etats de Provence »

» Qu'à la vérité, le titre d'Imprimeur des Etats de Provence, lui avoit été accordé par l'Assemblée générale des Communautés de 1786, mais sans entendre gêner la Province, & sans tirer à conséquence. »

» Que la distribution des Volumes, dans lesquels ce titre a été pris par le sieur Pierres, pourroit faire présumer que les Sieurs Gibelin-David & Emeric-David ont perdu la confiance du Pays, & porter atteinte à leur réputation & à leur commerce. »

» Ils supplient en conséquence les Etats de vouloir bien, en interprétant, dans le procès-verbal, la Délibération de la derniere Assemblée générale des Communautés, déclarer que lorsqu'elle a approuvé que le sieur Pierres prît le titre d'Imprimeur des Etats de Provence, elle a entendu que c'étoit pour l'impression de l'Histoire de Provence du sieur Papon seulement, & sans tirer à conséquence pour l'avenir. »

» La Commission a pensé que cette demande, juste en elle-même, devoit être accordée, comme une nouvelle preuve de la confiance due aux services personnels des sieurs Gibelin-David & Emeric-David, & à ceux de leurs ayeux pendant un exercice de plus de deux siecles. »

Ce qui a été unanimement délibéré.

Monseigneur l'Evêque de Grasse, dit

MM.

Intervention en faveur de la Communauté de Bandol, dans une instance, en réglement de Juges, pendante au Conseil du Roi.

» La Communauté de Bandol a présenté deux Mémoires. Dans le premier, elle réclame l'intervention des Etats dans une instance en réglement de Juges, pendante au Conseil du Roi, entre M. le Marquis de Bandol & lad. Communauté. La contestation est relative aux réparations de la fontaine publique. M. le Marquis de Bandol se disant, tantôt Bourgeois de Paris, tantôt Grand Messager de l'Université, a voulu évoquer le procès au Châtelet de Paris. Le Pays n'a jamais cessé de réclamer contre les évocations, & d'invoquer les privileges qui assurent aux Provençaux le droit de n'être jamais distraits de leurs Juges naturels. »

Plainte contre le Préposé établi par M. de Bandol, au Bureau de Santé.

» Dans le second Mémoire, la Communauté de Bandol se plaint que le Seigneur a établi un Préposé au Bureau de santé. Elle expose que le défaut de connoissances de ce Préposé a donné lieu à des inconvéniens qui ont menacé la sûreté publique. Elle demande le crédit & l'intervention des Etats, pour faire attribuer cette administration aux Officiers municipaux. »

„ Sur le premier objet, la Commission a pensé qu'il étoit juste d'accorder à la Communauté de Bandol l'intervention qu'elle sollicite. Sur le second objet, elle a pensé que la Communauté devoit s'adresser à M. le Procureur Général au Parlement. „

Les Etats ont unanimement adopté l'avis de la Commission.

Monseigneur l'Evêque de Grasse, a dit.

MM.

„ Les Recteurs de l'Hôpital général des Insensés de la ville d'Aix ont représenté, que cet Hôpital fut établi en 1692. Il paroissoit d'abord n'avoir pour objet que les malades de la ville d'Aix. Il fut revêtu de Lettres patentes en 1737, & il est devenu général pour tout le Pays, puisqu'il est l'unique établissement de cette espece en Provence. „

Secours de 6000 liv. à l'Hôpital général des Insensés de la ville d'Aix, payable en quatre années, & en quatre paiemens égaux.

„ Les Recteurs ajoutent, qu'ils ne se bornent pas, dans le régime de l'Œuvre, à la simple garde des Insensés, mais qu'ils travaillent encore à chercher des moyens de guérison. Ils représentent que l'édifice actuel ne pouvoit remplir la destination de l'Œuvre. Que dans les derniers tems, les malades ne pouvoient être logés avec sûreté; qu'on étoit forcé d'en placer plusieurs dans la même loge ; que de grands inconvéniens étoient résultés de cette habitation commune ; que le Conseil municipal de la ville d'Aix, malgré l'état de détresse dans lequel cette Communauté se trouve, a délibéré d'acheter un local pour agrandir l'Hôpital ; que cet Hôpital n'a que 1600 liv. de revenu, qu'il ne peut nourrir & entretenir ses malades que par les charités journalieres des Fideles ; & qu'il seroit digne de la bienfaisance & de la générosité des Etats, de venir au secours d'une

Œuvre dont la nécessité & l'utilité sont reconnues. »

» La demande des Recteurs a paru à la Commission, devoir mériter toute l'attention des Etats : on s'occupe par-tout des moyens de guérir des maux, qui humilient l'homme autant qu'ils affligent l'humanité. Le Gouvernement, sage & éclairé dans ses vues, a fait publier des instructions qui ne peuvent être utiles au peuple, qu'autant que l'Administration publique fournira les moyens de les exécuter. Le premier soin doit être de ménager aux malades des logemens assez commodes & assez sûrs, pour l'administration des remedes. On a déja éprouvé l'efficacité des secours de l'art. Des guérisons connues ont justifié la sollicitude des Administrateurs. »

» La Commission a cru, que pour récompenser le zele des Citoyens honnêtes & vertueux qui se consacrent au bien de l'Œuvre, il falloit assurer un secours convenable à l'Œuvre même, elle propose d'accorder une somme de 6000 liv., payable dans quatre ans, & par portions de 1500 liv. „

Les Etats ont adopté l'avis de la Commission.

Monseigneur l'Evêque de Grasse, a dit :

M M.

Remontrances contre l'établis-

„ Le Tribunal, érigé sous le nom de Commission

miffion de Valence a, depuis fon origine, jufte- *fement de la*
ment excité les plaintes & la conftante récla- *Commiffion de*
mation de la Provence. La Cour des Aides a *Valence.*
également repouffé fes entreprifes; mais cette
réfiftance combinée femble avoir animé la
perféverance des efforts de la ferme, auprès du
Gouvernement, pour la faire jouir de toute l'étendue de fon attribution. En conféquence, le
Pays a été plufieurs fois ménacé de voir rendre des Arrêts du Confeil, qui confirmeroient &
vengeroient l'autorité de ce Tribunal inconnu
en Provence. Cette affaire importante a fixé
l'attention de la Commiffion, & elle a unanimement penfé, qu'il falloit en faire article dans le
Cahier des Etats, & charger fpécialement les
Députés du Pays à Paris, de faire valoir les
privileges des Provençaux de n'être point diftraits de leurs Juges locaux & naturels ; privilege d'autant plus cher dans cette circonftance,
qu'il s'agit de fouftraire nos habitans à un Tribunal dont les maximes & les formes infpirent
une terreur générale. „

Ce qui a été unanimement délibéré.

Monfeigneur l'Evêque de Graffe, a dit:

M M.

» Le fieur Pin, Tréforier des Etats, a repré- *Comptes du*
fenté que MM. les Commiffaires de la Cour *Tréforier du Pays.*
des Comptes, Députés pour l'audition de fes *Relevement &*
comptes des années 1779, 1780, 1781, 1782, *garantie, à raifon des articles*
1783, 1784 & 1785, ont rayé, mis en fouf- *rayés, mis en*
france, & non alloué plufieurs articles defdits *fouffrance, &*
non alloués.

M m

comptes, quoiqu'il ait rapporté les pieces jointes aux ordres, mandemens & états expédiés par MM. les Procureurs du Pays. »

» Il ne feroit pas jufte que ce Tréforier, qui a rempli toutes les obligations qui lui font impofées par fon bail, fût expofé à aucune recherche. »

» La Commiffion a penfé, que les Etats devoient délibérer de relever & garantir ledit fieur Tréforier, de toutes demandes à ce fujet. »

Sur quoi, lecture faite des articles fecond & vingtieme du bail de la tréforerie du Pays, & de l'état remis par le fieur Tréforier des parties rayées, mifes en fouffrance, & non allouées dans fes comptes des années 1779, 1780, 1781, 1782, 1783, 1784 & 1785.

LES ETATS ont délibéré de relever & garantir ledit fieur Pin de toute demande & recherche à ce fujet, de quelque part qu'elles puiffent être faites, conformément à ce qui eft porté par l'article quarante-unieme de fon bail.

Délibérations des Etats fur les rapports de la Commiffion des travaux publics.

LES ETATS, délibérant fur le rapport de la Commiffion des travaux publics, fait dans les précédentes féances, ont diftingué dans les ouvrages d'utilité publique, les objets de conftruction, & les objets d'entretien ; & les travaux des chemins de premiere & de feconde claffe.

Conftruction des chemins de premiere claffe.

Ils ont délibéré de continuer l'exécution des entreprifes adjugées, & des prix-faits, fur les routes de premiere claffe.

SAVOIR:

Sur la route d'Aix à Sisteron, le chemin de Ste Tulle à Manosque, dont les ouvrages seront perfectionnés, au moyen de la somme de 20400 liv., dans le cours de cette année. *Chemin de Ste. Tulle à Manosque.*

Le chemin de la Combe St. Donat, dont les ouvrages doivent être achevés, pour une somme de 39017 liv. payable à raison de 10000 liv. chaque année. *Chemin de la Combe St. Donat.*

Le chemin de Toulon à la Valette, dont le prix-fait monte à 99400 liv., dont il reste à payer 86900 liv.; savoir: *Chemin de Toulon à la Valette.*

En 1788 . . . 36613 liv.
En 1789 . . . 44000 liv.

Le restant en 1790.

Lesdites sommes payables sur les remises faites par le Roi au Pays; les ouvrages seront perfectionnés dans l'année.

Le chemin de la Valette à Solliers, dont les ouvrages très-avancés doivent être finis dans l'année, & dont le prix est à cent trente-cinq mille cinquante-deux livres, payables également sur les remises faites par le Roi; savoir: *Chemin de la Valette à Solliers.*

En 1790 . . . 37713 liv.
En 1791 . . . 44000 liv.
En 1792 . . . 14000 liv.
En 1794 . . . 21350 liv.

LES ETATS ont observé, que le chemin de

Chemin de Solliers à Cuers Solliers à Cuers, sur la route de Toulon en Italie, demande une réparation fonciere, & ont chargé l'Administration intermédiaire d'en faire dresser les plans & devis, pour être remis sous les yeux des prochains Etats.

Chemin de Cabanes à St. Andiol. LES ETATS ont observé, que la route de Cabanes à St. Andiol avoit besoin d'un élargissement & d'une réparation fonciere; que les réparations en avoient toujours été différées, dans l'incertitude sur le tems & sur le lieu de la construction d'un pont sur la Durance; qu'en attendant, le chemin se détérioroit, & qu'il étoit d'une absolue nécessité de le mettre en état de passage.

Chemin de la Pierre Plantade de l'entrée du terroir de Senas à Orgon, de Fouquet avant la porte du Pin, & du terroir de Septemes. Que les parties de chemin de la Pierre Plantade, de l'entrée du terroir de Senas à Senas, de Senas à Orgon, de Fouquet avant la Poste du Pin & du terroir de Septemes, doivent être reconstruites à neuf, & ont chargé l'Administration intermédiaire de faire dresser les plans & les devis des réparations ou reconstructions à faire desdites parties, pour être remis aux prochains Etats.

Chemin de Lambesc à la montée de Ganseou.

Chemin des limites de Senas à Orgon. LES ETATS ont délibéré de payer à l'Entrepreneur du chemin, de Lambesc au sommet de Ganseou, route d'Aix à Avignon, la somme de 1300 liv. après la seconde recette, & de payer à l'Entrepreneur du chemin des limites de Senas à Orgon, la somme de 1653 liv. 1 sol 4 den. après la seconde recette.

Chemin dans LES ETATS, ayant confirmé la transaction

passée pour le péage des Pennes, ont ordonné la construction conforme aux plans & devis qui ont été remis sous les yeux de la Commission, & ont chargé l'Administration intermédiaire d'affecter une somme de 8000 liv. cette année, à prendre sur les fonds des chemins.

l'étendue du péage des Pennes.

Par rapport aux chemins de seconde classe, LES ETATS ont distingué ceux dont les dépenses sont prises sur les fonds des chemins, & ceux dont les dépenses sont prises sur les fonds de la Montagne.

Chemins de seconde classe.

Par rapport aux chemins de seconde classe, dont les dépenses sont prises sur les fonds des chemins, LES ETATS ont délibéré :

1°. De faire payer à l'Entrepreneur du chemin de Lauris à Merindol, sur les fonds des chemins de 1788, la somme de 1629 liv. 1 sol 11 den.

Chemin de Lauris à Mérindol.

2°. De payer aux Entrepreneurs du chemin d'Aix à la Ciotat, pour entier paiement des ouvrages faits jusques à ce jour, la somme de 5510 liv. 7 sols, & de renvoyer à l'Administration intermédiaire l'examen de la demande de la Communauté de la Ciotat, concernant le chemin d'Aix à la Ciotat.

Chemin d'Aix à la Ciotat.

3°. De payer à la Communauté de Saint-Maximin, pour avances par elle faites de la construction du chemin de Saint-Maximin au poteau de Nans, route de Marseille, la somme de 10000 liv., à compte de la somme de

Chemin de St. Maximin au poteau de Nans.

45000 liv., payable en cinq années à ladite Communauté.

Chemin d'Apt à Aix. 4°. De payer aux Entrepreneurs de la route d'Apt à Aix, la somme de 17000 liv., à compte de l'entreprise.

Chemin d'Apt à Avignon. 5°. De payer aux Entrepreneurs de la route d'Apt à Avignon, la somme de 10000 liv., à compte de l'entreprise.

Chemin de Barjols à Moustiers. 6°. De payer aux Entrepreneurs de la route de Barjols à Moustiers, la somme restant due, de 7455 liv. 15 s.

Chemin de Lourmarin à Lauris. 7°. De payer aux Entrepreneurs du chemin de Lourmarin à Lauris, pour payement définitif, la somme de 1400 liv.

Ouvrages auprès des ponts sur Crapone, route d'Aix à Cadenet. 8°. De payer aux Entrepreneurs des chaussées attenantes au pont sur Crapone, route d'Aix à Cadenet, la somme de 2400 liv. pour solde.

Chemin de Moustiers à la Palu. 9°. De payer aux Entrepreneurs du chemin de Moustiers à la Palu, à compte de ce qui leur est dû, la somme de 10000 liv.

Chemin de la Bivoye de Brignolles & de St. Julien, à St. Julien. 10°. De payer à l'Entrepreneur du chemin de la Bivoye de Brignolles & de Saint-Julien, à l'allée de Saint-Julien, la somme de 3340 l. pour l'entier payement de son entreprise desd. ouvrages.

Par rapport aux chemins de seconde classe, entrepris sur les fonds affectés aux chemins de la Montagne.

LES ETATS ont délibéré.

1°. De payer, pour la fuite des ouvrages de construction du pont de Vinon fur le Verdon, la fomme de 25000 liv. — *Pont de Vinon.*

2°. D'appliquer à la montée de Villedieu, felon le devis fait par l'Ingénieur du Département de Digne, la fomme de 546 liv., pour parfaire la fomme de 5546 liv. à laquelle monte le devis. — *Montée de Villedieu.*

3°. D'appliquer, pour la réparation des digues placées fur la riviere d'Affe, au-deffus du pont de Mezel, la fomme de 1250 liv., laquelle fera jointe à la fomme de 1750 liv. reftante en caiffe, & deftinée au même objet, par deux précédentes répartitions. — *Digues du Pont de Mezel.*

4°. De payer à l'Entrepreneur du chemin des Clues, dans la partie de Norante, la fomme de 10000 liv., à compte de la fomme de 22739 livres qui lui reftent dues. — *Chemin des Clues dans la partie de Norante.*

5°. D'appliquer au chemin de Digne à Seyne, à la fortie de Digne, la fomme de 2600 l. — *Chemin de Digne à Seyne, à la fortie de Digne.*

6°. De payer aux Entrepreneurs du chemin de Digne à Malijai, la fomme de 1653 liv. 8 f. pour folde des ouvrages faits. — *Chemin de Digne à Malijay.*

7°. De payer à l'Entrepreneur du chemin de Sifteron à Valernes, la fomme de 438 liv. 12 f., pour entier payement. — *Chemin de Sifteron à Valernes.*

Chemin de Draguignan à Castellanne.

8°. De payer à l'Entrepreneur du chemin de Draguignan à Castellane, la somme de 2961. 2 f., pour entier payement.

Port de la Seyne.

LES ETATS ont délibéré, qu'il sera fourni pour les travaux du port de la Seyne, la somme de 15000 liv. à compte de la contribution pour le tiers de la dépense.

Pont de Roquebrune.

LES ETATS ont délibéré, qu'il sera fourni pour la suite des ouvrages du pont de Roquebrune, la somme de 15000 liv., pour la contribution à la moitié de la dépense.

Palais de Justice en la ville d'Aix.

LES ETATS ont délibéré, sur le rapport qui leur a été fait des ouvrages de construction du Palais d'Aix, de continuer l'imposition de la somme de 100 mille livres, laquelle continuera d'être levée de la même maniere.

Chemin d'Apt à Forcalquier.

LES ETATS ont délibéré, d'autoriser les Vigueries d'Apt & de Forcalquier, à continuer les ouvrages en construction, sur la route d'Apt à Forcalquier, à la concurrence des engagemens que lesdites Vigueries ont avec le Pays, en chargeant l'Administration intermédiaire de remettre sous les yeux des Etats prochains, les engagemens desdites Vigueries, & l'état des ouvrages faits & à faire, afin que les Etats puissent délibérer sur ce qui resteroit à exécuter par le Pays.

Digues du pont de Vinon.

LES ETATS, sur la réclamation de la Communauté de Vinon, ont délibéré de charger l'Administration intermédiaire de faire lever les plans

plans & devis de la conſtruction des digues à faire au-deſſus & au-deſſous du pont de Vinon, & de les rapporter aux Etats prochains.

Les Etats ont délibéré, de faire dreſſer le devis des engravemens à faire à la deſcente de Telle, pour être remis aux Etats prochains. *Deſcente de Telle.*

Les Etats ont délibéré, de ſuſpendre la conſtruction de la partie du chemin de Digne à Seyne, au col de Labouret. *Chemin de Digne à Seyne, au Col de Labouret.*

Les Etats ont ordonné la vérification des digues faites ſur la riviere de Bleoune, ſervant à garantir le chemin de ſeconde claſſe, d'Aix à Digne, ainſi que de toutes les circonſtances relatives à l'établiſſement de ces digues, & aux plaintes qu'elles ont occaſionnées. *Digues ſur la riviere de Bleoune.*

Les Etats ont délibéré, qu'il ſera dreſſé un plan & devis du pont à jetter ſur un ravin du chemin de Saint-Remy aux antiquités, lequel ſera remis aux prochains Etats. *Pont ſur le chemin allant de St. Remy aux antiquités.*

Les Etats ont délibéré, de renvoyer à l'Adminiſtration intermédiaire, la vérification des plans & devis pour le chemin de Venelles à Meyrargues, & de l'emploi à faire des fonds affectés à la conſtruction dudit chemin. *Chemin de Meyrargues.*

Les Etats ont chargé l'Adminiſtration, de vérifier l'exécution des ouvrages, & d'acquitter les dépenſes occaſionnées par les cas fortuits, conformément au tableau qui a été remis, montant à la ſomme de 7649 liv. 2 ſ. *Dépenſes occaſionnées par des cas fortuits.*

N n

Canal de Manosque.

Canal Boisgelin.

LES ETATS ont délibéré, d'appliquer sur la remise de 100 mille liv., pour l'indemnité du sel en 1788, pour le canal de Manosque, la somme de 16000 liv., & le restant pour sommes dues aux Entrepreneurs du canal de Boisgelin, & pour ouvrages nécessaires à la construction dudit canal, d'Orgon à Saint-remy.

Travaux de Fréjus.

LES ETATS ont délibéré, d'employer à la réparation du nouveau canal du Reiran à Fréjus, & aux indemnités des propriétaires voisins, la somme restante en caisse, provenant du secours fourni par la Province & par le Roi pour les ouvrages de Fréjus.

Baux d'entretien.

LES ETATS ont chargé l'Administration intermédiaire, de vérifier tous les baux d'entretien, de résilier à la fin de la présente année, tous ceux dont elle jugeroit le résiliement utile, & de faire dresser les devis des parties à donner à l'entretien, lesquels seront remis aux Etats prochains, pour en autoriser le renouvellement.

Fouilles pour chercher du gravier.

LES ETATS ont délibéré, qu'il sera fait des fouilles pour chercher du gravier à mettre sur le chemin d'Aix à Saint-Cannat, & qu'il sera appliqué pour cet effet, une somme de 800 l.

Stationnaires sur les chemins.

LES ETATS ont chargé l'Administration, de s'occuper des moyens d'établir des Stationnaires sur les chemins, pour en soigner journellement l'entretien, & de rapporter aux Etats prochains un état de ce qu'il en coûteroit.

Règlement à faire pour les

LES ETATS ont chargé l'Administration intermédiaire, de s'occuper du projet d'un Réglement à faire pour les chemins de Viguerie, & de le communiquer aux prochains États. *chemins de Viguerie.*

LES ETATS ont arrêté, qu'il ne sera employé pour les chemins, autres sommes que celles qui sont désignées par leur présente Délibération ; que les sommes qui deviendront libres sur les fonds des chemins, seront successivement & uniquement employées à perfectionner & achever les chemins de premiere classe, sans qu'on puisse entreprendre auparavant la construction d'aucun nouveau chemin, ou d'aucune nouvelle partie de chemin de seconde classe. *Il ne sera employé d'autres sommes que celles qui ont été délibérées. Les fonds libres seront appliqués d'abord aux chemins de premiere classe.*

LES ETATS ont renvoyé à l'Administration intermédiaire la demande faite pour des réparations, à l'effet de contenir les eaux dans la plaine de la Napoule; celle faite pour un pont sur le Jabron, dans le terroir de Sisteron ; celle faite pour une digue, dans le terroir de Merindol ; les plaintes de M. de Saporta de la ville d'Apt, sur des ouvrages offensifs ; & généralement tous les Mémoires présentés pour demandes nouvelles de digues, ou travaux d'utilité publique, pour qu'il soit fait rapport aux prochains Etats, de celles que les Assemblées renforcées des Procureurs du Pays nés & joints croiront devoir leur proposer. *Réparations dans le terroir de la Napoule. Pont sur le Jabron à Sisteron. Digue dans le terroir de Merindol. Plaintes de M. de Saporta, sur des ouvrages offensifs dans le terroir d'Apt.*

LES ETATS ont délibéré & déclaré, qu'ils convoquoient les trois Assemblées renforcées des Procureurs du Pays nés & joints, établies par leur Réglement sur l'Administration intermédiaire, pour le premier février, le premier juin, *Assemblées renforcées des Procureurs du Pays nés & joints se tiendront aux époques fixées, sans lettres de convocation.*

& le quatrieme novembre, & que tous les affiftans auxdites Affemblées doivent fe rendre à Aix, aux époques fixées, pour y tenir leurs féances, fans qu'il foit befoin d'aucunes autres lettres de convocation.

Commiffion pour la formation des Etats. Neuvieme rapport.

Sur le rapport fait par Monfeigneur l'Evêque de Sifteron, Préfident de la Commiffion pour la formation des Etats;

Commis aux écritures dans le Greffe des Etats.

LES ETATS ont nommé pour Commis aux écritures dans le Greffe des Etats, les Sieurs Braze & Mollet, aux appointemens de 1200 livres, y compris les 200 livres attribuées à chacun des Commis au Greffe, & des Commis aux écritures, pour le travail relatif aux impofitions des Communautés, & à la préfentation des Comptes des Receveurs des Vigueries.

Procureur au Parlement.

Pour Procureur au Parlement, Me. Geoffroi, aux gages accoutumés de 37 liv. 10 f. par année.

Procureur aux Comptes.

Pour Procureur aux Comptes, Me. Contard, aux mêmes gages de 37 liv. 10 f. par année.

Procureur en la Sénéchauffée, & à la Chambre des Requêtes du Palais.

Pour Procureur en la Sénéchauffée, & en la Chambre des Requêtes du Palais, Me. Reybaud, fans aucuns gages.

Notaire.

Pour Notaire, Me. Bertet, fans aucuns gages.

Ingénieur en Chef.

Pour Ingénieurs du Pays, le fieur Vallon, Ingénieur en chef, aux appointemens de 3900 l. tant pour lui que pour fon Secretaire; le fieur

Sigaud, second Ingénieur, chargé du Département d'Aix, conjointement avec l'Ingénieur en chef, & qui doit le suppléer dans toutes ses fonctions, aux appointemens de 3000 liv. ; le sieur Aubrespin, troisieme Ingénieur, aux appointemens de 2700 liv. *Second Ingénieur. Troisieme Ingénieur.*

Pour Ingénieurs des Départemens, les sieurs Bonnard, Rouget, & Beaumont, aux appointemens de 2400 liv. pour chacun. *Ingénieurs des Départemens.*

Pour Concierge des appartemens du Pays, Paul Banon, aux gages accoutumés de 100 liv. *Concierge.*

Pour Trompette du Pays, ledit Banon. *Trompette.*

Et pour Messagers-Serviteurs du Pays, ledit Banon, Pierre Fabri, Joseph Peise, François Moignard, & Jean-Joseph-Roch Ravel, aux gages & émolumens ordinaires, revenant à environ 800 liv. pour chacun d'eux. *Messagers-Serviteurs.*

Les Etats ont déterminé que toutes les personnes ci-dessus nommées exerceront leurs fonctions, jusques au premier janvier 1789.

Les Etats ont encore nommé pour leur Avocat & Conseil à Paris, le sieur Bigot de Préameneu, avec 2000 l. d'appointemens annuels. *Avocat & Conseil des Etats à Paris.*

Pour Agent du Pays à Paris & à la Cour, le sieur Aublay, avec 4000 liv. d'appointemens annuels. *Agent du Pays à Paris & à la Cour.*

Pour leur Avocat aux Conseils du Roi, Me. *Avocat aux Conseils.*

Damours, sans autres honoraires que ceux de son travail.

Ingénieur Hidraulique & Directeur du Canal Boisgelin.

Pour Ingénieur Hidraulique & Directeur du Canal Boisgelin, le sieur Fabre, avec le même traitement dont il jouit aujourd'hui.

Ingénieur adjoint au Directeur du Canal Boisgelin.

Pour Adjoint au Directeur du Canal Boisgelin, chargé en cette qualité de tous les objets d'entretien, recurages & plantations, le sieur Aubrespin, troisieme Ingénieur du Pays, aux appointemens annuels de 1000 liv.

Imprimeurs-Libraires.

Et pour Imprimeurs-Libraires, les sieurs Gibelin-David & Emeric-David.

Députation pour assister à l'audition du compte du Trésorier du Pays, pour l'année 1787.

MONSEIGNEUR L'ARCHEVEQUE D'AIX, Président des Etats, a dit : » que suivant le Réglement des Etats, il doit être nommé annellement un Gentilhomme possédant-fief, pour assister de la part de MM. de l'Ordre de la Noblesse, au compte du Trésorier du Pays; que ce Député doit être choisi dans le nombre de ceux qui assistent aux Etats, & que ceux-ci doivent nommer celui qui assistera au compte du Trésorier du Pays de l'année 1787, avec les deux Maire Consuls des Communautés, suivant le le tour de rôle accoutumé. »

LES ETATS, sur la proposition de Monseigneur le Président, ont unanimement nommé M. de Barras de Melan, pour assister à l'audition du compte du Trésorier du Pays de l'année 1787, au nom de MM. de l'Ordre de la Noblesse, avec le sieur Charles-François de Baux,

Maire premier Conful & Député de la Communauté de St. Maximin, & le fieur Louis-Vincent-Charles, Bourgeois, Maire premier Conful & Député de la Communauté de Brignolle pour le Tiers-Etat, fuivant le tour de rôle; auquel compte affifteront auffi ceux qui ont accoutumé d'y affifter, fuivant le Réglement des Etats, pour les fonctions de leurs charges.

MONSEIGNEUR L'ARCHEVEQUE D'AIX, Préfident, a dit: » qu'il lui a été préfenté plufieurs placets par des Demoifelles nobles, relativement aux fondations faites par feu M. le Préfident de St. Vallier. Ces placets ont pour but, les uns la dotation de dix mille livres en mariage, les autres la dotation fpirituelle de quatre mille livres, & la place de Penfionnaire dans un Couvent, qui vaquera dans le cours de la préfente année 1788, par la retraite de Mlle. d'Albert de Roquevaux : les Demoifelles prétendantes ont remis les pieces néceffaires pour juftifier leur nobleffe, & les autres qualités requifes. L'examen a été fait par le Commiffaire nommé, ainfi qu'il eft porté par les contrats du mois de février 1735, & du mois de décembre 1736; & pour fatisfaire à l'obligation que le Pays a contractée, Monfeigneur le Préfident a propofé pour la dotation de dix mille en mariage, Mademoifelle de Coriolis de Puymichel; pour la dotation fpirituelle de quatre mille livres, Mademoifeille des Michels; & pour remplir la place de Penfionnaire dans un Couvent, qui vaquera le 23 juillet 1788, par la retraite de Mademoifelle d'Albert de Roquevaux, qui aura pour lors atteint fa vingtieme année, Mademoifelle de Jaffaud Thorame.

Dotations de l'Œuvre de St. Vallier.

Sur laquelle propofition, les Etats, après avoir été inftruits des preuves des Demoifelles qui ont préfenté leurs placets, ont accordé à Mademoifelle de Coriolis Puymichel, dix mille livres pour fa dotation en mariage ; à Mademoifelle des Michels, quatre mille livres pour fa dotation fpirituelle ; & à Mademoifelle de Jaffaud de Thorame, les deux cent livres pour la place de Penfionnaire qui vaquera le 23 juillet 1788; & ce des fonds provenant des dons de feu M. le Préfident de St. Vallier, conftitués fur le Pays de Provence, en exécution des contrats des 26 février 1735, & 6 décembre 1736.

Nomination des Procureurs du Pays nés & joints de chaque Ordre, pour adminiftrer les affaires du Pays, jufques au premier janvier 1789.

MONSEIGNEUR L'ARCHEVEQUE D'AIX, Préfident, a dit : que les Etats devoient nommer les Procureurs du Pays joints de chaque Ordre, pour, avec Monfeigneur l'Archevêque d'Aix, & MM. les Confuls, Affeffeur d'Aix, Procureurs du Pays nés, adminiftrer les affaires du Pays, jufques au premier janvier prochain ; & il a propofé à cet effet pour Procureurs du Pays joints dans l'Ordre du Clergé, Monfeigneur l'Evêque de Fréjus, & Monfeigneur l'Evêque de Senez; dans l'Ordre de la Nobleffe, M. de Lombard de Gourdon, & M. de Villeneuve de Bargemont; & pour le Tiers-Etat, les Communautés de Forcalquier & de Sifteron, fuivant le tour de rôle de cette année.

Ce qui a été unanimement délibéré.

Nomination des Procureurs du Pays joints renforcés.

Monfeigneur le Préfident a ajouté, qu'il falloit également nommer les Procureurs joints des trois Ordres, qui doivent, fuivant le réglement adopté

adopté par les Etats, renforcer les Assemblées de MM. les Procureurs du Pays nés & joints des premier février, premier juin, & quatrieme novembre de chaque année; & il a proposé dans l'Ordre du Clergé, Monseigneur l'Evêque de Digne, & M. le Commandeur de Beaulieu; dans l'Ordre de la Noblesse, M. de Castellane de Mazaugues, & M. de Sade d'Eiguieres; & pour le Tiers-Etat, les Communautés de Grasse & d'Hieres.

Ce qui a été unanimement délibéré.

Monseigneur le Président a dit: Que les Etats devoient nommer leurs Députés, pour présenter à Sa Majesté le cahier des Etats; & il a proposé Monseigneur l'Evêque de Sisteron pour le Clergé; M. de Vintimille de Figanieres, pour la Noblesse, & M. Lyon de Saint-Ferreol, Député de la Viguerie d'Aix, pour le Tiers-Etat.

Nomination des Députés des trois Ordres, qui doivent présenter à Sa Majesté le Cahier des Etats.

LES ETATS ont délibéré la députation, & ont agréé les Députés proposés par Monseigneur le Président: ils ont en même tems prié mondit Seigneur l'Archevêque d'Aix, Président, de vouloir bien être adjoint à cette députation, & de présenter à Sa Majesté, au nom des Etats, la médaille d'or qu'ils ont délibéré d'offrir, dans la séance du quatorze de ce mois.

LES ETATS ont agréé l'hommage qui leur a été fait par le sieur Abbé Decene, Généalogiste de l'Ordre de la Noblesse, de l'Armorial des Assistans aux Etats.

Armorial des assistans aux Etats.

Signé, † J. R. DE BOISGELIN, Archevêque d'Aix, Président des Etats de Provence.

O o

Du premier Février mil sept cent quatre-vingt-huit.

PRÉSIDENT MONSEIGNEUR L'ARCHEVEQUE D'AIX.

ME. Ricard, Greffier des Etats, a fait lecture du procès-verbal de la derniere séance.

Délibération des Etats sur la relation des affaires du Pays.

MONSEIGNEUR L'ARCHEVEQUE D'AIX, Président, a dit: Que les Etats avoient à délibérer sur la relation des affaires du Pays, faite par M. l'Assesseur d'Aix, dans la séance du 15 janvier, & dans celle du 16 du même mois.

LES ETATS ont approuvé & ratifié l'Administration de MM. les Procureurs du Pays, & les ont remerciés des soins qu'ils ont pris, pendant la durée de leur exercice.

Il a été encore délibéré, que la relation des affaires du Pays sera transcrite dans le procès-verbal de cette séance.

Rareté & cherté des moutons.

Sur l'article de cette rélation, concernant la rareté & la cherté des moutons, & les craintes qui avoient porté MM. les Procureurs du Pays à adresser des Mémoires au Gouvernement: LES ETATS ont pensé, que le prix excessif du sel en Provence étoit une des principales causes de cette rareté; que cet excès, dans le prix d'une denrée absolument nécessaire à l'entretien & à la conservation des bestiaux, produiroit les plus funestes effets, & pourroit occasionner dans la suite une disette entiere. Ils ont unanimement délibéré, qu'il sera fait à Sa Majesté des représentations sur cet objet intéressant, & qu'il en sera fait article dans le cahier des Etats.

Sur l'article de la même relation, concernant la suppression du péage des Célestins à Tarascon : M. de Benault de Roquemartine, membre des Etats, & possesseur du péage *de Lubieres, ou des Gentilshommes*, annexé à celui de Tarascon, a observé :

Péages des Célestins à Tarascon, & de Lubieres.

Que les Célestins sont obligés, par des Arrêts du Conseil, à percevoir en même tems dans les Bureaux de leur péage, les droits du péage de Lubieres.

Qu'en demandant la suppression du péage des Célestins, les Etats doivent demander également celle du péage de Lubieres, & en payer la valeur.

Qu'autrement, ils devroient indemniser le propriétaire du péage de Lubieres, de la recette isolée qu'il seroit obligé de faire des droits de son péage, dont l'entretien & les frais de perception deviendroient à sa charge, par l'extinction de celui des Célestins.

Qu'il est même de l'intérêt des Etats d'obtenir la suppression du péage de Lubieres, qui est de six deniers pour toute charge de marchandises, & dont aucune Ville n'est exempte; tandis que celui des Célestins n'est que de quatre

O o ij

sols par charge de quatre quintaux, & que plusieurs Villes en sont exemptes.

Que le péage de Lubieres n'est pas une concession gratuite, & qu'il a été confirmé à titre onéreux, par la cession des droits dont le Roi jouit aujourd'hui en la ville de Tarascon.

Et qu'au surplus, le Languedoc, le commecé général du Royaume, le commerce particulier des villes de Marseille & d'Arles, ayant le même intérêt que le Pays de Provence, à l'extinction de ces deux péages, devroient contribuer également à l'indemnité due au propriétaire du péage de Lubieres.

LES ETATS ont chargé MM. les Procureurs du Pays, en sollicitant la suppression du péage des Célestins, de ne pas perdre de vue l'intérêt que le Pays peut avoir à la suppression de celui de Lubieres, & les droits du Propriétaire.

Bordigues à Martigues.

LES ETATS, ayant ordonné & entendu la lecture des Délibérations prises par les Assemblées générales des Communautés de 1785 & 1786, ont pensé, qu'il n'y avoit pas lieu à délibérer sur le Mémoire présenté à MM. les Procureurs du Pays, par la Communauté de Martigues, relativement aux bourdigues.

Traité sur l'Administration du Comté de Provence,

MONSEIGNEUR L'ARCHEVEQUE D'AIX, Président, a dit : Que M. l'Abbé de Coriolis, membre des Etats, a donné au public un ouvrage intitulé, *Traité sur l'Administration du Comté de Provence*, par M. l'Abbé de Coriolis.

Cet ouvrage est infiniment estimable par l'exactitude des recherches, & par les connoissances qu'il renferme. Le rétablissement des Etats va donner à l'Auteur les moyens de rendre cet ouvrage encore plus intéressant ; & la mention honorable qui en seroit faite, dans le procès-verbal de l'Assemblée, seroit la récompense la plus flatteuse, & la plus convenable à ses sentimens.

Les Etats applaudissent au zele, aux lumieres & aux talens de l'Auteur.

LES ETATS ont applaudi, par leurs acclamations, au zele, aux lumieres & aux talens de l'Auteur, & ont délibéré, qu'il en sera fait mention dans le procès-verbal.

MONSEIGNEUR L'ARCHEVEQUE D'AIX, Président, a dit : Que les Etats ont chargé l'Administration intermédiaire, de s'occuper des moyens de rendre l'établissement pour l'entretien des bâtards, ou enfans trouvés, plus utile à l'humanité, & moins onéreux au Pays.

Entretien des bâtards.
Droit de compensation.
Les Etats prient des Magistrats du Parlement & de la Cour des Comptes, de concourir avec l'Administration intermédiaire, pour préparer les moyens de délibérer dans les Etats prochains

Il a pensé que les lumieres & les talens des Magistrats du Parlement, & de la Cour des Comptes, procureroient à l'Administration intermédiaire des secours qui, en facilitant son travail, pourroient en préparer, & en accélérer le succès.

Il lui a paru également intéressant, de concerter avec eux les arrangemens à prendre sur le droit de compenſation des biens nobles aliénés par les Seigneurs des Fiefs, avec les biens roturiers par eux acquis ; il propoſe en conſéquence de prier MM. d'Arlatan de Lauris, de Cymon de Beauval, de Mazenod de Saint-Laurent, & M. l'Abbé de Coriolis, de vouloir bien faire part de leurs vues, & de leurs connoiſſances à l'Adminiſtration intermédiaire, & préparer avec elle les moyens de mettre les Etats prochains à même de prendre, ſur ces deux objets, une Délibération réfléchie, & de référer leur travail à l'Aſſemblée renforcée de MM. les Procureurs du Pays nés & joints, qui ſe tiendra le quatrieme Novembre prochain, à l'effet qu'elle puiſſe en faire part aux prochains Etats.

Ce qui a été unanimement délibéré.

Clôture des Etats.

Après quoi, MONSEIGNEUR L'ARCHEVEQUE D'AIX, Préſident, a dit : Que les Etats n'ayant plus à délibérer ſur aucun objet, leurs ſéances ſe trouvoient terminées.

Les Etats délibérent d'aller, à l'iſſue de la ſéance, remercier M. le Préſident.

Avant de ſe ſéparer, LES TROIS ORDRES ont délibéré, par acclamation, de ſe rendre, à l'iſſue de la ſéance, chez MONSEIGNEUR LE PRÉSIDENT, pour lui renouveller l'hommage de leur reconnoiſſance de tous les ſervices qu'il a rendus au Pays, & notamment pendant la tenue des Etats.

TENEUR de la relation faite par M. Pascalis, Assesseur d'Aix, dans les séances des 15 & 16 Janvier.

» Chargés de l'administration des affaires du Pays, depuis la derniere Assemblée générale des Communautés, il est de notre devoir de vous en rendre compte. »

» Une Délibération du 30 décembre 1786, fixa à 600 liv. les honoraires du Concierge de la Bibliotheque du Pays, & accorda 200 liv. de gratification au Valet de Chambre de M. de Mejanes, chargé de cet emploi & recommandé par lui. »

Honoraires du Concierge de la Bibliotheque du Pays.

» La même Assemblée fixa les honoraires du sieur St. Martin, chargé de la recette générale du droit de Consignation pour toute la Province, à 400 liv. »

Honoraires du sieur St. Martin pour la recette du droit de consignation.

» L'Assemblée de MM. les Directeurs de la Bibliotheque, léguée au Pays par M. le Marquis de Mejanes, du 26 décembre, chargea Me. Blanc, Agent du Pays, de la recette des rentes destinées à l'accroissement de la Bibliotheque, & le nomma Secretaire du Bureau de direction. »

» Et l'Assemblée particuliere du Pays, du 7 janvier suivant, fixa les appointemens de Me. Blanc à la somme de 600 liv. en sa qualité de Secrétaire & Trésorier du Bureau de direction de la Bibliotheque, & ce à compter de la présente année. »

Port d'Antibes.

» Il fut fait part à la même Assemblée, d'une lettre de M. le Maréchal de Ségur, Ministre de la Guerre, portant que le Port d'Antibes a été mis à sa profondeur & dans le meilleur état, & qu'il étoit question de pourvoir à son entretien, pour prévenir des frais aussi considérables que ceux que l'on a été obligé de faire pour le rétablir. »

» La dépense annuelle de l'entretien du Port, de la machine à curer, des frais de garde de cette machine, & d'inspection du curement avoit été portée par les Ingénieurs de Sa Majesté à la somme de 1800 liv., & le Ministre observoit que, comme la dépense avoit été supportée un tiers par le Roi, un tiers par le Pays, & un tiers par les Vigueries de Grasse, St. Paul, & la Communauté d'Antibes, il seroit convenable que la dépense d'entretien fût supportée par les mêmes parties, & dans la même proportion. »

» L'Assemblée délibéra de contribuer pour la somme de 600 liv., les 1200 liv. restantes devant être supportées moitié par le Roi, & moitié par les Vigueries de Grasse, de St. Paul, & la Communauté d'Antibes; que cette somme seroit prise sur les fonds imposés pour la dépense des Troupes, ainsi qu'on le pratique pour la contribution de la Province à l'entretien du Port de Toulon; que le Pays exigera annuellement le contingent des Vigueries de Grasse, de St. Paul, & de la Communauté d'Antibes; & que les deux sommes de 600 liv. ne seront par elle payées, que sur les états des travaux & frais d'entretien qui lui seront adressés chaque année,

année, & dont le Pays pourroit faire faire la vérification. »

» La contribution du Pays, des Vigueries de Grasse & de St. Paul, & de la Communauté d'Antibes, a été acceptée par Arrêt du Conseil du 10 juin 1787. Mais la contribution du pays ne doit, suivant ce même Arrêt du Conseil, être prise sur l'imposition faite pour la dépense des Troupes, qu'autant qu'il y aura des deniers libres, sans qu'elle puisse jamais retomber à la charge du Roi. »

» En exécution de cet arrangement, l'entretien du Port d'Antibes a été mis aux enchères, la délivrance en a été faite, & nous l'avons approuvée, en tant qu'elle seroit également approuvée par le Ministre de la Guerre. »

» Il fut dénoncé à la même Assemblée, que le Fermier avoit attaqué plusieurs particuliers de la ville de Manosque en payement d'un droit de lods qu'il prétend être dû à Sa Majesté, à cause de la directe universelle, & pour la vente de plusieurs fonds arrosés des eaux de la Durance. »

Droit de lods des fonds arrosés de la Durance.

» Cette prétention, éteinte par l'arrangement entre le Pays & Sa Majesté, consolidé par l'Arrêt du Conseil de 1691, avoit déterminé l'intervention de la Communauté de Manosque; elle détermina aussi celle du Pays, mais seulement dans le procès pendant au Parlement, & on refusa de se joindre aux instances encore pendantes aux Trésoriers généraux de France, sauf d'intervenir sur l'appel. »

Assemblée particuliere de MM. les Procureurs du Pays nés & joints, du 10 août dernier.

« Nous ne vous faisons pas le détail de ce qui se passa dans l'Assemblée de MM. les Procureurs du Pays nés & joints du 10 août dernier. On s'y occupa de deux objets bien essentiels. L'un, la convocation des Etats, & ils ont été heureusement convoqués. L'autre, la contribution : il est à espérer que les différens Ordres parviendront à s'entendre sur un objet aussi essentiel. »

Droit d'amortissement pour fondations.

« L'Hôpital la Charité de la ville d'Annot a été attaqué par le Fermier, en paiement d'un droit d'amortissement, prétendu résultant d'une fondation établie pour dotation en faveur de la fille jugée la plus vertueuse. »

« Il est sans doute certain que les legs à charge de fondation, faits aux Hôpitaux, sont sujets au droit d'amortissement ; que lors même que la fondation a pour objet de marier de pauvres filles, elle n'en est pas exempte ; que le Clergé en a fait article dans son Cahier de 1750, & qu'il n'eût pas le succès qu'il devoit s'en promettre. »

« Une fondation établie pour l'intérêt des mœurs, & en faveur d'une fille qui doit servir d'exemple & de leçon à ses compagnes, mériteroit sans doute de faire exception à la regle ; & nous sommes persuadés que si la question étoit portée au Conseil de Sa Majesté, l'honnêteté publique & l'intérêt des mœurs dicteroient une décision conforme aux sentimens de tout Citoyen. »

« Par la nouvelle jurisprudence, le droit

d'amortiffement doit être payé des revenus de la fondation, & ordinairement l'on en fufpend l'exécution, jufques à ce que le droit foit entiérement acquitté. »

„ Pourquoi fufpendre pendant plufieurs années la récompenfe due à la vertu ? Si des Citoyens vertueux facrifient une portion de leur fortune à un établiffement auffi précieux, l'intérêt fifcal doit fe taire, & craindre de fe rendre refponfable du mal que le délai de l'exercice de la fondation pourroit opérer. »

» Ces confidérations ne feroient peut-être pas capables de balancer la regle en l'état ; mais heureufement le Fondateur avoit exigé que les fonds qu'il deftinoit à l'exécution de la fondation, fuffent placés par les recteurs, fur le Clergé, le Pays, ou fur tout autre Corps folide, permis par l'Edit de 1749 ; & les fonds n'étoient pas rentrés lorfque le Fermier forma la demande. »

» Cette difpofition fournit matiere à deux réflexions : La premiere, que la main morte ne doit le droit d'amortiffement, que parce qu'elle acquiert, & qu'elle augmente fon patrimoine en proportion de ce qu'elle enleve au commerce. D'où il fuit que quand elle n'acquiert pas, elle ne peut pas prendre fur fon patrimoine déja amorti, à l'effet de payer l'amortiffement d'un fonds qui peut-être ne lui rentrera pas. »

» La regle eft, en pareil cas, que l'on renvoie le payement du droit d'amortiffement dans un délai préfix, à compter du jour que la main-morte aura reçu. »

» C'eſt ce qui fut décidé par le Conſeil, le 22 janvier 1736, à raiſon d'une fondation faite par M. l'Archevêque d'Arles, dont les fonds n'avoient pas été payés. »

» Une ſemblable déciſion intervint en 1756, en faveur de l'Abbé de la Trappe. »

» Enfin, c'eſt ce qui ſe trouve formellement décidé par l'Arrêt du Conſeil, du 24 novembre 1775, dont nous allons parler, & qui donna un délai de ſix mois, à compter du jour de la délivrance du legs. »

» Cette premiere raiſon n'étoit pas péremptoire. Elle n'eut ſervi qu'à faire débouter le Fermier en l'Etat, & il devoit l'être définitivement. »

» Il eſt de principe, que les rentes léguées pour l'exécution des fondations ſur l'Hôtel-de-Ville de Paris, ou même les fonds des fondations employés en pareilles rentes, ſont exempts du droit d'amortiſſement. »

» Le privilege a été étendu aux rentes établies ſur le Clergé, ou ſur les Dioceſes des Provinces. Le Fermier l'avoit conteſté; mais une foule de déciſions ont enfin fixé la maxime. On les retrouve dans le rapport du Clergé de 1750. La fabrique de l'Egliſe de Noyon, les Prêtres du College des Lombards de Paris, ne réclamerent pas la regle inutilement, & la question s'étant encore élevée en 1775, à l'occasion d'une fondation dont l'Hôpital de Luçon étoit chargé, le Clergé de France s'en occupa : il réclama l'exécution de l'article 7 du Réglement de 1738, qui met au même niveau les rentes constituées sur l'Hôtel-de-Ville de Paris, & sur le Clergé, l'Arrêt du Conseil, du 13 août 1751, qui l'avoit jugé de même. Des Commissaires sont chargés de rapporter une loi qui exempte du droit d'amortissement les sommes mobiliaires léguées à la main-morte, quand elles sont employées en rentes sur le Clergé. Et enfin par Arrêt du Conseil, du 24 novembre 1775, il fut décidé que les rentes constituées sur le Clergé général, même sur les Dioceses particuliers, par les gens de main-morte, pour cause de fondation de messes, prieres ou autres œuvres pieuses, seroient exemptes du droit d'amortissement, soit qu'elles fissent partie des biens du Fondateur, soit qu'elles aient été acquises par leurs héritiers, pour être délivrées aux gens de main-morte, en payement des sommes qui leur ont été données, ou léguées, à la charge que le transport, ou la délivrance, leur en seront faits, au plus tard dans les six mois du jour de la délivrance des legs. »

» Les rentes établies sur le Pays jouissent de la même faveur. »

» Il n'est pas indifférent que les Peuples soient instruits, que lors même qu'il n'a été légué que des sommes mobiliaires pour l'exécution de la fondation, quand ces sommes sont converties en rentes sur le Clergé, ou sur le Pays, créés à l'occasion des emprunts de 1758, 1766, 1769, 1779, & 1782, le droit d'Amortissement n'est point dû. »

Délai à la Communauté de la Breoule, pour payer un droit d'amortissement.

» La Communauté de la Breoule avoit été condamnée au payement d'un droit d'amortissement, s'élevant à la somme de 3300 liv.; elle en avoit payé 1800 liv.; elle étoit hors d'état d'en payer davantage: nous avons engagé le Directeur des Domaines à répartir le reste en payes annuelles, de maniere que tout fût acquitté la derniere année, avant l'expiration du bail. »

Rachat des bannalités.

» La Communauté de Tourrettes, qui avoit succombé au Parlement, dans l'instance en rachat de la bannalité de ses fours & de ses moulins, se pourvut au Conseil: L'Assemblée du 13 novembre 1785, délibéra d'intervenir. Le 23 mai 1786, le Conseil a rendu un Arrêt de soit communiqué, & il a été intimé au Seigneur. Nous avons chargé M. de Préameneu, Conseil des Etats, dont le zele & les lumieres sont connus, de donner à cette affaire l'attention qu'elle exige. »

Taille des bestiaux de la Basse Provence qui vont dépaîtrè pendant l'été dans les Montagnes de la Haute Provence & vicissim.

» La Communauté de Thorame prétendoit exiger la taille des bestiaux de la basse-Provence, dépaissant dans les Montagnes de M. d'André, les mêmes que la Communauté avoit soumis à l'encadastrement depuis peu de tems. Cette contestation parut mériter toute notre attention, soit par la nécessité où sont les bestiaux de la basse-Provence, d'aller dépaître, pendant l'été, dans les Montagnes de la Haute; soit parce que les bestiaux de la haute-Provence viennent, à leur tour, dépaître, pendant l'hiver, dans les pâturages de la Basse ; soit par la rélation que cette affaire pouvoit avoir avec le commerce des bestiaux, avec les moyens de se procurer les engrais nécessaires à nos fonds ; parce qu'enfin si le sistême de la Communauté de Thorame étoit adopté, cette partie de nos bestiaux, qui n'est pas réputée, *pars fundi*, pourroit être asservie à une triple taille : à la taille du fonds dont le troupeau fait partie, à la taille du bétail imposée dans le lieu où il dépaît pendant l'hiver, & à la taille du bétail imposée dans le lieu où il dépaît pendant l'été. »

» Il ne s'agissoit de rien moins, que de concilier l'intérêt de cette partie de notre commerce, avec les ressources qu'une grande partie de nos Communautés se procurent par la taille imposée sur le bétail, autrement dite de sang. »

» La décision arbitrale porta, que la Communauté de Thorame devoit renoncer à exiger la taille des bestiaux dépaissant dans des fonds qui ne produisent que des herbages, dans lesquels les troupeaux ne sont pas agencement, ou instrument du fonds, & dont ils sont le seul moyen de percevoir les fruits ; sauf à elle de l'exiger des bestiaux, qui, par leur rapport avec la culture des fonds, deviendroient *pars fundi*, ou de ceux qui iroient dépaître dans des pâturages lui appartenant, & qui doivent, comme de raison, payer le prix des fruits qu'ils consument. »

» Cette décision fut fondée sur ce que les tailles sont réelles parmi nous, qu'il n'y a que les immeubles qui y foient affujettis, & que les beftiaux n'y font foumis, que parce qu'on les regarde comme faifant partie du fonds dont ils deviennent agencement. »

» Que c'eft par cette raifon que, fuivant que le fonds eft noble ou roturier, les troupeaux qui en dépendent, font, ou ne font pas foumis à la taille. »

» Que lors même qu'ils y font foumis, on ne peut y établir une impofition proportionnée au fol la livre de la livre cadaftrale, conformément à l'Arrêt de Réglement, du 5 décembre 1724. »

» Que le bétail peut être impofé à la taille, fous trois différens rapports. »

» Comme faifant partie du fonds, & dans ce cas, il participe à fa nature; il eft noble ou roturier, ainfi que le fonds dont il eft l'acceffoire. »

» Que le bétail peut être encore impofé, parce que la Communauté en autorife l'introduction dans fes Communaux. C'eft moins alors une taille proprement dite, qu'un droit de *pafqueirage*. »

» La Communauté, propriétaire du fonds, a le droit d'en vendre les fruits, au prix qu'elle trouve à propos. Elle n'eft point obligée alors de s'affervir à la regle de proportion, entre la taille des fonds, & la taille du bétail. »

» Enfin,

» Enfin, la taille peut porter fur le bétail verfé dans un fonds qui ne produit que des pâturages, appellé dans la baffe-Provence *Couffou*, & *Montagne* dans la Haute. »

» Si ces Montagnes, ou ces Couffous font agencement d'un fonds culte, & que les beftiaux y dépaiffant, procurent l'engrais qu'il lui faut, c'eft agencement, & la taille peut en être due. »

» Mais fi ces Montagnes & ces Couffous font féparés de tout fonds culte, il feroit injufte d'en exiger la taille. »

» 1°. Parce que les beftiaux ne deviennent pas alors partie du fonds; ils n'en augmentent pas la valeur; ils ne font que les feuls moyens d'en percevoir les fruits. »

» 2°. Parce que ce feroit évidemment faire payer double taille au même fonds: la premiere, par l'encadaftrement du fonds; la feconde, par la taxe fur le bétail. »

» 3°. Parce que l'impofition feroit inégale: On ne peut impofer fur le moyen qu'emploie celui-ci pour percevoir fes fruits, fans qu'on impofe également fur l'autre. »

» 4°. Parce qu'il n'en eft pas d'une Montagne, ou d'un Couffou, comme d'un pré. On fauche le pré; il n'y a que les herbes d'hiver qui foient deftinées aux troupeaux; le pré eft cenfé n'être allivré, que relativement à cette forme d'exploitation, au lieu qu'on ne fauche ni les Montagnes, ni les Couffous. »

» 5°. Parce que le bétail qui consume les herbages d'une Montagne, ou d'un Couſſou, n'augmente pas la valeur du fonds, comme cette valeur eſt augmentée, quand le bétail en eſt agencement. »

» 6°. Parce que, quand on procede à l'allivrement d'un fonds, on l'eſtime & on l'allivre ſans égard à l'agrégation du bétail; de maniere que le Propriétaire y verſant des beſtiaux, ſon fonds en devient plus précieux & plus productif; & il n'eſt par conſéquent pas injuſte, que la Communauté perçoive une taille ſur cette plus grande valeur. »

» Mais il n'en eſt pas de même d'une Montagne ou d'un Couſſou. Quand on l'allivre, on ſait qu'il faudra y verſer des troupeaux, pour en conſumer les fruits, & que la Montagne n'en deviendra ni plus précieuſe, ni plus productive. »

» L'intérêt qu'a le Pays à conſerver & à favoriſer cette branche de notre commerce, mériteroit peut-être que l'on exemptât le bétail de toute ſorte de taille. »

Déguerpiſſement.

» M. le Marquis de Seillons nous fit ſignifier une requête qu'il avoit préſentée à la Cour des Comptes, aux fins de faire procéder aux formalités preſcrites par l'Arrêt du Conſeil de 1637, pour la réunion au fief en nobilité, d'une baſtide qu'il avoit donnée à nouveau bail, le 28 août 1778, au nommé Pierre Sabatier, & que celui-ci lui avoit déguerpi, ſe trouvant en arrérage de quelques annuités de la cenſe importante de ſept charges & demi tuzelle. »

» Nous crûmes devoir réclamer la regle, & obferver, que tant que les arrérages de cenfe n'étoient pas acquittés, le déguerpiffement n'étoit pas forcé, qu'il étoit au contraire volontaire; que la remife des arrérages pourroit tenir lieu de prix, & qu'en conféquence le Seigneur ne pouvoit fe promettre de faire procéder avec fûreté à la procédure prefcrite par l'Arrêt du Confeil de 1637, ou fe promettre de jouir des biens déguerpis en franchife de taille. »

» Par acte du 15 avril 1782, le Seigneur d'Aiglun vendit au fieur Autric, un jour de jurifdiction, la directe fur le domaine *du Colombier*, & le droit de compenfation compétant fur ce domaine. »

Ceffion, ou rachat du droit de compenfation.

» La Communauté d'Aiglun, qui craignit la diminution de fon cadaftre, prétendit que le droit de compenfation n'étoit pas ceffible, & qu'au befoin elle le pouvoit racheter. »

» L'hommage que nous devons aux principes, & la juftice que nous ne pouvons refufer à tous les Ordres, nous déterminerent à décider que le droit de compenfation étoit patrimonial, qu'il faifoit partie du fief, qu'il étoit dans le commerce, & par conféquent aliénable comme le fief; & que quand le ceffionnaire ou l'acheteur avoit d'ailleurs fief & juftice, la Communauté ne pouvoit pas s'oppofer à ce qu'il fît ufage du droit qui lui avoit été tranfporté. »

» Nous ne crûmes pas non plus pouvoir confeiller à la Communauté d'intenter un rachat qu'il eût été difficile d'établir fur aucune forte de loi ; rachat que la Communauté n'auroit pu exercer, qu'en acquérant auffi le jour de jurifdiction, ainfi que la directe vendue conjointement avec le droit de compenfation ; rachat enfin qui, s'il avoit été fondé, n'auroit pu fe vérifier qu'en obtenant les Lettres patentes requifes par l'Edit de 1749, & en payant un droit d'amortiffement, & un droit de franc-fief, qui euffent coûté beaucoup plus à la Communauté, qu'elle ne perdoit par l'enlevement du domaine *du Colombier*, de fon cadaftre. »

Compenfation du fol noble pris pour emplacement d'un chemin public.

» Un Arrêt de la Cour des Aides, du 27 juin 1753, rendu en faveur du Seigneur d'Empus contre la Communauté du même lieu, jugea que le fonds noble, pris pour emplacement du chemin public, pouvoit être donné en compenfation. »

» Cet Arrêt portoit atteinte à nos maximes; il étoit diamétralement oppofé à l'Arrêt de 1702, qui ne permet de donner en compenfation que des biens fuffifans, & tenus porter mêmes charges qu'avoient dû porter les biens roturiers acquis par les Seigneurs. Il faut même que les biens donnés en compenfation foient entre les mains des particuliers, & encadaftrés. »

» Ce même Arrêt contrarioit encore cette autre maxime, que quand le Pays prend le fonds noble pour l'emplacement des chemins, elle n'indemnife pas le poffeffeur. »

» Le Pays s'étoit pourvu par la voie de la tierce oppofition contre cet Arrêt; le Seigneur d'Empus a offert expédient de condamnation. »

» Nous attendons que la Noblesse, qui est en qualité, ait produit son système & ses défenses. »

» Madame la Baronne de la Garde nous fit signifier une demande en compensation, portant sur un nouveau bail de 1632, consenti en faveur des freres Jubert, Marchands de la ville de Toulon. »

Compensation demandée par Madame de La Garde.

» Nous eûmes occasion de nous convaincre que ce nouveau bail avoit déja servi de matiere à compensation dans un rapport fait en 1738, en exécution d'un Arrêt de la Cour des Aides de Montpellier de 1670. Nous en avisâmes la Communauté de la Valette contre laquelle la compensation étoit demandée ; & nous prévînmes ainsi un double emploi, qui ne pouvoit qu'opérer injustement la diminution de son cadastre, indépendamment des griefs particuliers contre le rapport de 1738. »

» Nous fûmes informés que dans un de ses baux, la Communauté d'Allauch avoit inféré la clause insolite, *à la charge par le Fermier de faire enrégistrer le présent acte de bail riere le Greffe des-mains mortes établi à Marseille.* »

Greffe des gens de main-morte.

» Nous écrivîmes à la Communauté le 18 septembre, que tout ce qui tient à la taille & aux reves, n'est point asservi à la formalité de cet enrégistrement, même dans les Dioceses où ces sortes d'offices sont en exercice ; & que quand le Clergé avoit voulu y soumettre les

Communautés, le Pays avoit réclamé ses privileges; que nous ne voyons par conséquent pas, par quelle raison ils s'asserviſſoient dans leurs baux à une espece de gêne, & à des droits dont le Pays s'est heureuſement garanti. »

» La Communauté d'Allauch nous a remerciés de notre attention, & nous a en même-tems assuré qu'elle ne feroit jamais usage de pareille clauſe. »

Indemnité des fourniſſeurs des boucheries.

» La cherté des moutons occaſionna diverſes plaintes de la part des Fourniſſeurs des différentes Communautés de la Provence. Les uns réclamoient, ſoit des indemnités, ſoit une augmentation du prix de la viande, les autres des avances. Nous crûmes qu'il étoit néceſſaire de fixer une regle, en attendant que les viandes en revinſſent au prix du commerce. Cette regle le fut par Arrêt de la Cour des Aides du 15 mai 1787, intervenu entre la Communauté d'Aubagne & le ſieur Jourdan, Fermier de ſa boucherie. »

» Le Fermier fut débouté de toute augmentation ſur le prix de la viande, & en l'état, de toute indemnité; & au bénéfice de l'offre faite par la Communauté, de lui fournir une avance de 3000 liv. ſous une nouvelle caution, la demande en indemnité fut renvoyée à la fin du bail, & la continuation du ſervice fut aſſurée. »

Huiſſier Priſeur. Prétentions.

» L'Huiſſier priſeur, dans le reſſort de la Sénéchauſſée de Digne, eut la prétention de procéder excluſivement, & de percevoir les droits attribués à son Office, lors des ventes de meubles judiciairement ordonnées par les Juges des Seigneurs; il l'éleva contre le sieur Ailhaud, Greffier de la Jurisdiction d'Aiglun, à raison de la prisée & vente des meubles dépendans de l'hoirie vacante du sieur de Codur.

» Il la renouvella vis-à-vis du sieur Yvan, curateur de l'hoirie vacante de Mre. Fabre, Curé de Majastres. »

» Ce Juré-Priseur fit davantage : il attaqua personnellement le sieur Yvan, quoiqu'il n'eût procédé à la vente qu'en sa qualité de curateur. »

» Une Sentence du Lieutenant de Digne relaxa le sieur Yvan de l'assignation; sur l'appel, elle fut confirmée par Arrêt, & le Juré-Priseur parvint à obtenir un Arrêt du Conseil qui casse celui du Parlement de Provence, évoque le fonds & principal, condamne le sieur Yvan au payement des droits demandés, à des dommages & intérêts considérables, & à une amende de 1000 liv. »

» Nous eûmes connoissance de cet Arrêt; nous le référâmes à l'Assemblée particuliere du 30 mai, moins à raison des condamnations excessives qu'il prononce contre le sieur Yvan, que sur l'atteinte portée aux Jurisdictions bannarelles de la Province. »

» L'article 10 de l'Edit du mois de février 1771, portant création de ces sortes d'Offices, admet les Officiers des Justices seigneuriales à faire les prisées & ventes de meubles, entre les Justiciables de leurs Justices, & en vertu de Sentences émanées de leurs Juges, concurremment avec les Jurés-Priseurs. »

» Si des Arrêts particuliers ont exigé, pour le concours, que la vente ne fût ordonnée qu'après contestation ou à la suite d'une procédure judiciaire, une foule d'Arrêts du Parlement de Paris, & notamment l'Arrêt du Conseil d'Etat du 21 juin 1785, ont maintenu les Officiers des Seigneurs dans la concurrence qui leur est attribuée par l'article 10 de l'Edit. »

» La vente des meubles, faite par le curateur nommé à la vacance, est une suite nécessaire de la procédure. Cette vente se fait de l'autorité du Juge saisi de l'hoirie vacante ; elle se fait aux encheres que le Juge du Seigneur autorise. Il n'est donc pas possible que l'Officier de la Jurisdiction qui a ordonné la vente & qui y fait procéder, ne jouisse pas du concours que la loi lui réserve. »

» L'Assemblée, pénétrée de la justice de ces motifs, délibéra d'intervenir dans l'instance pendante au Conseil, entre le Juré-Priseur dans le ressort la Sénéchaussée de Digne, & le sieur Yvan, à l'effet de faire dire & ordonner, qu'en exécution de l'article 10 de l'Edit de 1771, les ventes de meubles, ordonnées par les Juges des Seigneurs, pourront être faites concurremment par les Jurés-Priseurs & par les Officiers des Seigneurs, sans néanmoins que les Officiers des
Seigneurs

Seigneurs qui y procéderont, puissent percevoir les droits attribués aux Jurés-Priseurs. »

» Nous avons adressé notre Mémoire, & un extrait de la Délibération au Conseil des Etats, & nous l'avons chargé de suivre cette affaire, & de garantir le Pays, tant de la taxe des droits que les Jurés-Priseurs voudroient exiger, que des vexations auxquelles le Pays seroit exposé, si les ventes judiciaires, ordonnées par les Juges des Seigneurs, ne pouvoient être faites que par les Jurés-Priseurs du ressort. »

» Nous avons été instruits qu'avant que notre requête d'intervention fût présentée, un Arrêt du Conseil avoit déclaré MM. les Syndics de la Noblesse, qui étoient déja intervenus, non recevables, & maintenu le Juré-Priseur dans le droit de procéder exclusivement à la vente des meubles dépendans des hoiries vacantes. »

» Ce succès inattendu ne doit pas rallentir nos démarches, nous nous proposons de nous concilier avec MM. les Syndics de la Noblesse, & de demander une décision par voie d'administration, qui, prononçant sur ce cas hypothetique, conserve aux Jurisdictions bannerelles un concours d'autant plus nécessaire, que ces sortes de ventes ne sont que la suite & l'exécution de la procédure faite de l'autorité des Juges des Seigneurs. »

» Le Fermier a formé depuis quelque-tems une prétention nouvelle: Il demande le droit *Droit de franc-fief de-*

mandé aux possesseurs des arriere-fiefs, lorsqu'ils ne sont pas nobles.

de franc-fief aux possesseurs des arriere-fiefs qui ne sont pas nobles ; il y a même déja plusieurs procès pendans à ce sujet pardevant M. l'Intendant. Nous avons cru devoir y intervenir pour l'intérêt des différens Ordres, & prévenir cette nouvelle extension que le Fermier vouloit donner à ses droits. »

» En regle, le franc-fief n'est dû, qu'autant que le fief relevant du Roi est possédé par un Roturier. Mais toutes les fois que l'arriere-fief est tenu sous la mouvance du fief principal, l'arriere-fief n'est pas franc, l'érection n'opere qu'un jeu de fief de la part du Seigneur suzerain, l'on ne peut pas dire que le fief ait essuyé aucune sorte de démembrement ; il continue donc d'être possédé par l'ancien propriétaire du fief ; & le fief primitif n'est pas démembré ; l'érection en arriere-fief ne peut donc donner ouverture au droit de franc-fief. »

,, Le Fermier a encore voulu distinguer, si l'on adjoignoit à l'arriere-fief la justice ou des biens roturiers, pour exiger au moins le droit de franc-fief de la justice. ,,

,, Nous nous proposons de nous élever encore contre cette distinction. Il n'est aucune partie de fief dont le possesseur ne puisse se jouer, & qu'il ne soit censé conserver, par la directe ou par la mouvance qu'il se réserve ; & dès que le Fermier a fait juger que le droit de franc-fief n'étoit pas moins dû des biens roturiers que des biens nobles, il doit nécessairement convenir, que ce n'est pas la nature des biens transportés en arriere-fief, & sous la mouvance du fief, qui donne ouverture au droit de franc-fief ; c'est uniquement la possession de la la part d'un roturier, d'un fief qui ne releve que du Roi, qui nécessite le payement du droit de franc-fief. Les domanistes appellent ce fief noble, par cette raison, quoiqu'en Provence nous ne réputions biens nobles que ceux qui sont décorés de la jurisdiction. „

„ Le droit de franc-fief suppose donc la possession d'un fief qui releve immédiatement du Roi, qui rend le possesseur homme du Roi, qui le soumet à l'hommage au Roi ; & tout possesseur d'arriere-fief, tenu sous la directe & sous la mouvance du Seigneur principal, n'est que l'homme du même Seigneur. L'on n'a jamais cru qu'il y eût aucun rapport d'hommage, ou autrement entre le Roi, & lui, ni que le Seigneur suzerain cessât d'être l'homme du Roi, pour toute l'étendue de son fief, par conséquent pour celle qu'il a concédée en arriere-fief ; & si le possesseur de l'arriere-fief ne devient pas l'homme du Roi, il est inconcevable qu'il puisse être asservi à un droit de franc-fief. »

» Nous nous proposons de donner à ces idées le développement dont elles sont susceptibles, & d'empêcher que le Fermier n'asservisse le Pays à ce nouveau genre d'exaction. »

» La derniere Assemblée s'occupa de la pozzolane nécessaire aux constructions en Provence. MM. les Administrateurs nous instrui-

Droit sur l'entrée des pozzolanes étrangeres.

firent de leurs démarches, & nous les avons suivies. »

» La Communauté d'Antibes nous écrivit, le 22 janvier, que le Fermier lui demandoit l'importante somme de 2250 liv. pour le montant du droit établi sur la pozzolane étrangere, qu'elle avoit employée à des ouvrages auxquels le Roi contribue pour un tiers; & que le montant du droit excédoit d'un quart, la valeur de la chose. »

» Un impôt aussi destructeur nous parut intolérable; & nous crûmes encore, que s'il importoit de donner faveur à la pozzolane nationale, ce ne pouvoit être qu'autant qu'il y en auroit, dans quelqu'un de nos ports, un dépôt capable de suffire aux besoins du Pays. »

» Nous écrivimes à M. le Contrôleur-général, qui nous fit l'honneur de nous répondre, le 2 Mars 1787, que par égard pour la destination, il consentoit que le droit fût réduit de moitié, sur les pozzolanes qui ont été importées pour les travaux de l'aqueduc d'Antibes. »

» Cette réponse ne sauvoit pas l'inconvenient, de n'avoir pas en Provence le dépôt qu'il faut aux besoins publics, & l'inconvénient plus considérable encore, de n'employer que de la pozzolane qu'il faudroit aller chercher en Languedoc. »

» Nous engageâmes la Communauté d'Antibes à lier une instance en opposition, qui nous mît dans le cas de demander un Réglement sur cette matiere, qui pourvût à l'intérêt du Pays actuellement compromis, non moins par l'impôt excessif établi sur la pozzolane étrangere, que sur la difficulté de pouvoir s'en procurer. Le Gouvernement n'a jamais eu l'idée qu'il fallût que les habitans de Provence achetassent la pozzolane en Languedoc : les frais de transport coûteroient quatre fois plus que la pozzolane elle-même. »

» La Communauté de Brignoles acheta une maison, dont l'emplacement fut destiné à l'agrandissement d'une rue. Cette maison étoit de la directe du Roi. Le Fermier demanda le lods. La Communauté nous consulta. » *Lods des maisons prises pour l'utilité publique.*

» Nous lui répondîmes, que les principes résistoient à ce qu'on ne payât pas le lods des acquisitions, faites par raison d'utilité publique ; que la regle ne souffroit d'exception, que quand le sol étoit pris pour l'emplacement des chemins ; mais que quand il ne s'agit que de rue ou de place, les Communautés ont toujours payé le lods; & que la Communauté de Toulon, & sur-tout celle d'Aix, en ont fait l'expérience dans plus d'une occasion. »

» Nous avons pris en grande considération l'objet des tanneries, dont le commerce est important, & dont les pertes deviennent tous les jours plus sensibles. Nous avons recherché les causes de la diminution des tanneries en Provence, & les raisons par lesquelles le Gouvernement n'avoit jamais voulu entendre aux ré- *Commerce des tanneries.*

clamations des différens Corps du Pays, & du Pays lui-même. »

» Nous avons juftifié, fur des preuves authentiques & non fufpectes, que nos tanneries ont diminué de plus de la moitié depuis l'Edit de 1759, que les pertes de la fabrication fuivent la progreffion des droits établis, & qu'elles croiffent en proportion de ce que la légiflation multiplie les loix & les droits. »

„ Que par une conféquence néceffaire de la diminution de notre fabrication, nos exportations chez l'Etranger étoient moindres dans la même proportion, quoique le luxe ne fe foit pas moins accru chez l'Etranger que parmi nous. „

» Que fi d'une part, nous fabriquions moins quand notre propre confommation devenoit plus confidérable, c'étoit la preuve la plus évidente que la fabrication fe trouvoit dans un état de fouffrance & de dépériffement. »

„ Ces premieres bafes une fois établies, nous avons recherché les caufes de cette diminution ; & les détails les plus vrais & les plus affligeans nous ont convaincus, qu'elle n'étoit que la conféquence de notre légiflation fur la partie des cuirs : trop de gênes pour le Fabricant, trop d'entraves dans la fabrication, impôt exceffif, des avances trop confidérables, des pertes qui ne font que trop fouvent le réfultat de ces avances, de petits bénéfices toujours fans proportion avec les rifques, & fur-tout l'impoffibilité de pouvoir foutenir le concours avec les cuirs étrangers, qui ne font pas furchargés du même impôt que les nôtres. ,,

,, Ces triftes vérités nous ont conduit à juftifier, que Nice, l'Italie, l'Efpagne, & le Portugal, ont gagné ce que notre fabrication a perdu, que leur fabrication, animée par des Ouvriers françois qui s'y font réfugiés, le difpute à la nôtre, & l'étouffera bientôt, foit par l'avantage d'avoir partie des matieres premieres à meilleur compte, foit par la protection fpéciale qu'elle reçoit de chaque Gouvernement, foit enfin par la faveur qu'ont fur nos fabrications les matieres fabriquées chez l'Etranger, qui fe préfente en concours, fans furcharge d'impôt. ,,

,, On l'avoit dit depuis long-tems; mais on n'en avoit pas porté la preuve jufqu'à la démonftration comme aujourd'hui; & le Gouvernement, toujours difpofé à en croire les Régiffeurs, avoit donné trop de confiance à leurs affertions. Ce n'eft pas fans étonnement, que l'on faura, que c'eft dans les propres regiftres de la Régie, que nous avons puifé la preuve que la fabrication n'a ceffé de décliner, depuis l'Edit de 1759, & avec elle les exportations. ,,

,, Nous avons également prouvé, que le Régiffeur avoit encore moins de raifon de fuppofer que les produits de la Régie avoient augmenté, que cette augmentation de produit, d'ailleurs peu réelle, n'avoit été de la part des Commis, qu'un raffinement de politique; que dans le principe, ils s'abftenoient d'exiger les droits à la rigueur, dans la crainte qu'une réclamation trop puissante, ou même la défertion fubite de tous les Fabricans, ne fît fentir au Gouvernement la néceffité de prendre en confidération le fort de cette fabrication, & d'appliquer un remede proportionné à l'importance du mal. „

„ Qu'en accoutumant le Fabricant au joug peu à peu, en n'exigeant de lui, en quelque façon, que ce qu'il vouloit payer, la Régie fe confolidoit lors même qu'elle minoit la fabrication ; & nous l'avons juftifié par le parallelle exact des droits perçus fur les quantités de peaux fabriquées, avec celles qui auroient dû l'être, fi dans le principe la perception avoit été auffi rigoureufe qu'elle l'eft aujourd'hui „

„ Que l'augmentation des produits de la Régie ne peut être attribuée, qu'à l'augmentation des droits impofés fur la fabrication en 1771 & 1782 ; qu'il eft bien fenfible qu'en furchargeant le droit fur les cuirs de dix fols pour livre, les produits doivent naturellement augmenter de la moitié. „

„ Que pour faire une opération exacte, il falloit ou calculer ces produits, abftraction faite de dix fols pour livre impofés en 1771 & en 1782, ou pour mieux dire, ne calculer le droit principal que fur la quantité de marchandifes fabriquées, & la comparer avec celle que l'on fabriquoit jadis. „

„ Enfin, qu'en partant de ce calcul, il étoit évident

évident que depuis 1759, la fabrication avoit diminué de la moitié, puifqu'on ne fabrique pas aujourd'hui la moitié des cuirs que l'on fabriquoit alors; & cependant la confommation n'a pas diminué, nous pourrions même dire qu'elle a doublé. „

„ L'état de dépériffement de nos fabriques une fois juftifié, nous avons prouvé que les fabriques qu'il y a à Nice & fur la côte d'Italie, s'étoient élevées aux dépens des nôtres ; que c'étoient des Artiftes françois qui les faifoient valoir ; & qu'on ne fauroit s'occuper trop tôt des moyens de prévenir, que la fabrication étrangere n'étouffe l'ombre de fabrication qui nous refte. „

„ Ces moyens, nous les avons indiqués. Il faut délivrer la fabrication de cette foule d'entraves qui l'enchaînent ; lui donner autant de liberté qu'elle a actuellement de gêne ; diminuer un impôt véritablement exceffif, puifque tout bien compté, l'impôt s'éleve au quart de la valeur des peaux tannées, quand il ne devroit pas excéder le dix pour cent; ou pour mieux dire, fupprimer l'impôt ; favorifer l'introduction de la matiere premiere, actuellement furchargée d'un impôt trop confidérable ; faciliter l'exportation à l'étranger ; exportation qui fe trouve aujourd'hui grévée des dix fols pour livre du droit principal, & du tiers de ce même droit ; établir à Marfeille un entrepôt, où le Fabricant Provençal puiffe, à l'exemple du Fabricant de Paris, dépofer le produit de fon travail, & continuer le cours de fa fabrication, en attendant l'occafion d'une vente favorable ; enfin, empêcher que les cuirs du

Prince de Naſſau, continuent d'entrer en Provence, en exemption de tous droits, comme ils y entrent actuellement, & avec eux les cuirs anglois, qui, par le dernier Traité fait avec l'Angleterre, ne doivent être impoſés que comme ceux de la Nation la plus favoriſée. „

„ Il eſt bien ſenſible, que ſi les cuirs du Prince de Naſſau, & ceux de l'Angleterre entrent en Provence en exemption de tous droits, notre fabrication qui eſt ſurchargée, ne pourra pas ſouffrir le concours, & que le moindre prix des cuirs polonois ou anglois, ne pourra qu'opérer la chûte du peu de tanneries qui nous reſtent. „

„ Telle eſt la brieve analyſe du Mémoire que nous avons fait paſſer au Gouvernement. Nous l'avons ſoutenu de toutes les pieces juſtificatives, venant à l'appui des différens faits ; & nous devons nous flatter que le Gouvernement bien inſtruit ſe garantira de l'illuſion, qu'il ne ſe refuſera pas à nos réclamations, & que la fabrication des cuirs, recouvrant ſon ancienne liberté, ne tardera pas de recouvrer ſon ancienne proſpérité. „

Bâtards.
Domicile,
gratification.

„ Un enfant de l'Hôpital de Graſſe, après en être ſorti à l'âge où il pouvoit travailler, fut s'établir à la Martre. Il y reſta quelques années, il fut atteint de fievres, & de fievres ſi obſtinées, qu'il crut devoir retourner à l'Hôpital de Graſſe pour s'y faire ſoigner. „

„ Les Recteurs de l'Hôpital lui firent adminiſtrer tous les remedes néceſſaires, & le malade rétabli, ils demanderent à la Communauté de la Martre le payement qui leur étoit dû. „

„ La Communauté de la Martre prétendit, que le malade étant enfant de l'Hôpital, l'Hôpital n'avoit rien à répéter. „

„ Cette conteſtation nous ayant été déférée, nous crûmes que la Communauté de la Martre ne pouvoit ſe diſpenſer de payer ; que quand les enfans de l'Hôpital ſont une fois ſortis, & qu'ils ont fixé leur domicile quelque part, le même lieu, ou la même ville qui profite de leur travail, doit néceſſairement parfournir aux frais de leur maladie ; que l'enfant de l'Hôpital ceſſe en quelque façon de l'être, quand il a une fois un domicile d'habitation, qui ſupplée vis-à-vis de lui le domicile de naiſſance, & qui équivaut à une adoption de la part de la Cité dans le ſein de laquelle il s'eſt fixé. „

» L'Hôpital la Charité de Graſſe réclama la gratification que la loi accorde à ceux qui ſe chargent des Bâtards. »

» Il ne nous parut pas que l'Hôpital la Charité, ſe chargeant des enfans de l'Hôpital général, dût participer à cette faveur, ſoit parce que le ſyſtême du Gouvernement eſt de répartir les Bâtards dans les Campagnes, & d'en faire des Cultivateurs ; ſoit parce que l'Hôpital la Charité étant à la charge de la Communauté, comme l'Hôpital général, la Communauté ne pouvoit pas profiter, par la voie de l'Hôpital de la Charité, d'une gratification qui ne lui étoit pas due, comme chargée de l'Hôpital des Bâtards. »

*Istres.
Maladie épidémique.*

» La Communauté d'Istres nous écrivit, le 12 septembre dernier, que ses habitans étoient affligés d'une maladie épidémique, que plus de deux cent en étoient attaqués; que le Médecin, les Chirurgiens, & Apothicaires étoient tous malades, à l'exception d'un seul Chirurgien qui ne pouvoit suffire. Nous nous empressâmes de lui faire passer les secours que le Pays est en usage de ne pas refuser; & le sieur Roure, Maître en Chirurgie, & professeur de cette Ville, dont le Pays est en usage d'employer les soins, s'y porta, visita tous les malades, parvint à rétablir la très-grande partie d'entr'eux, & en acquérant des droits à la reconnoissance de la Communauté d'Istres, en acquit de nouveaux à la confiance du Pays. »

Morve.

» La Communauté de Manosque se plaignit à nous, que deux particuliers avoient fait disparoître leurs mulets, déclarés atteints de la morve au second degré, & marqués sur le front comme animaux suspects. Nous nous plaignîmes à M. l'Intendant de cette contravention à l'article 7 de l'Arrêt du Conseil du 7 juillet 1784; nous lui fîmes entrevoir le danger des conséquences, & M. de La Tour, toujours attentif à ce qui peut intéresser le bien public, donna sur le champ des ordres pour faire mettre ces Particuliers en prison, & les condamna à une amende de 150 liv. Cet exemple devenoit nécessaire, pour prévenir les effets d'une maladie aussi dangereuſe, & auſſi contagieuſe que la morve. »

» Nous avons cru devoir récompenſer les ſoins du ſieur Guyot que nous avions envoyé à Manoſque, & lui procurer la médaille. Il l'a méritée par l'étude particuliere qu'il a faite de ſa partie, & par les connoiſſances étendues qu'il s'eſt procurées. »

» Le Pays a continué de payer la moitié de la penſion des Eleves, que les Vigueries ont envoyés à l'Ecole vétérinaire, & elles ne tarderont pas long-tems à jouir du fruit de leurs avances. »

» La raffinerie de ſucre, établie dans la ville de la Ciotat, excita quelque réclamation dans le mois de ſeptembre dernier. Pluſieurs habitans ſe plaignirent que la fumée étoit trop conſidérable, qu'elle préjudicioit aux eaux de citerne qui ſont la principale reſſource de cette Ville, & que les fruits du terroir s'en reſſentoient. »

Raffinerie de ſucre à la Ciotat.

» Nous exhortâmes les Conſuls de donner tous leurs ſoins pour calmer ce mouvement, & de tâcher de concilier l'avantage que la Ville ne pouvoit que retirer de cet établiſſement, avec celui des habitans. Nous leur fîmes obſerver, qu'à Marſeille & à Bordeaux il exiſtoit de pareilles raffineries; que le public ne s'en plaignoit pas, & qu'il étoit bien extraordinaire que les habitans de la Ciotat ne compriſſent pas combien il étoit avantageux pour la Communauté, de voir former pareils établiſſemens dans ſon ſein. Il y a apparence que les habitans de la Ciotat l'ont enfin compris, puisque cette affaire n'a plus eu de suite. »

Ecole de Chirurgie.

» Le College royal de Chirurgie de la ville d'Aix continue ses leçons & ses démonstrations. Nous avons décerné les prix cette année, aux sieurs Feraud & Arnaud. »

» Le College, auquel l'Assemblée de 1785 avoit donné la somme de 600 liv. pour l'achat des instrumens & machines nécessaires pour les démonstrations, expose que cette somme n'a pas suffi pour donner aux Eleves les connoissances pratiques qui peuvent, dans l'occasion, soulager l'humanité souffrante, & il se recommande à la bienfaisance des Etats. »

Traité sur la culture de l'Olivier.

» M. Couture, Curé de Miramas, a publié la seconde partie de son traité sur l'olivier. Cet ouvrage intéressant donne des notions certaines, pour la culture de cet arbre précieux. Le zele de M. l'Abbé Couture mérite la reconnoissance du Pays, & nous avons cru devoir le recommander aux bontés de M. l'Evêque d'Autun. Les récompenses de l'Eglise ne peuvent mieux être employées qu'aux objets d'utilité publique; & il n'en est pas de plus important, que d'instruire les Peuples sur la meilleure maniere de cultiver, & d'arracher à la terre des productions abondantes. »

» La nécessité où se trouve le Pays d'encourager l'agriculture, nous avoit fait naître l'idée de proposer des encouragemens pour la culture des oliviers & la formation des pépinieres. Nous eûmes l'honneur d'écrire à M. le Contrôleur général que nous nous flattions que le Gouvernement voudroit bien contribuer pour moitié à ces encouragemens. »

» Le fuccès n'a pas répondu à nos efpérances : M. le Contrôleur général nous a mandé, le 15 décembre, qu'il voudroit pouvoir feconder nos encouragemens, en nous procurant les fecours du Gouvernement, comme nous le defirons ; mais que les circonftances actuelles réfiftent à tout établiffement de dépenfe nouvelle à la charge du Roi ; & que les encouragemens dont il s'agit, ne pouvant former un objet confidérable, il efpere que les Etats fauront trouver, dans l'économie de leur Adminiftration, les reffources néceffaires pour y pourvoir. »

» Nous aurons l'honneur, dans le cours de vos féances, de vous propofer à cet égard quelques vues qui, fans furcharger le Pays, pourront tout à la fois nous procurer des pépinieres d'oliviers, & donner à ceux qui s'en occuperont des témoignages de reconnoiffance plus honorables que lucratifs. »

» Nous nous fommes occupés du moyen de confolider, au profit du Pays, les difpofitions portées au codicile de M. le Marquis de Mejanes. M. le Marquis de La Goa fon héritier, voulant concourir aux vues bienfaifantes de M. le Marquis de Mejanes fon oncle, nous a fait faire, par M. Tinelli fon Procureur fondé, la délivrance des actions de la Compagnie des Indes, énoncées dans le codicille, &

Bibliotheque léguée au Pays par M. le Marquis de Mejanes.

remettre les titres des capitaux énoncés dans le testament. »

» Le capital sur M. de Marignane n'est que de 8000 liv., au lieu de 9000 liv; celui de 188 liv. énoncé, comme constitué sur le Parlement, l'est cependant sur la Communauté d'Aix. Cette équivoque, qui ne prend rien sur le fonds même des dispositions & sur l'exécution qu'elles doivent avoir, a été franchie; & le Pays, principalement redevable à M. le Marquis de Mejanes, le sera beaucoup à M. le Marquis de La Goa son héritier, par la maniere parfaitement honnête avec laquelle il s'est prêté à assurer au Pays la jouissance de ses legs. »

Canal Boisgelin.

» Nous devons faire part aux Etats de la situation des ouvrages du Canal Boisgelin. »

» Sur la fin du mois de Mai, nous nous portâmes à Orgon; nous examinâmes la mine avec attention; & si nous reconnûmes que les ouvrages étoient solides, nous nous convainquîmes en même tems, qu'il y avoit encore des précautions à prendre pour en mettre l'ouverture dans un état de perfection; & nous en avons fait pousser les travaux, jusqu'à ce que le manque de fonds nous ait mis dans la nécessité de les discontinuer. »

» D'Orgon, nous retournâmes à Malemort pour vérifier & recetter les ouvrages du Canal destiné à l'arrosement de la Crau. Nous y fîmes mettre l'eau, conformément aux demandes particulieres qui nous avoient été faites. Nous eûmes la satisfaction de voir, que les eaux arrivoient avec aisance & uniformité au bassin de distribution de la Manon ; & les ouvrages nous parurent tels, qu'à l'exception de quelques petites réparations, nous les jugeâmes dignes de recette. ».

» Nous avons ensuite vérifié le bassin de distribution du *Merle*, commun aux Communautés de Grans, Miramas, St. Chamas, Istres, & au corps d'Entressens. Le Pays s'étoit chargé, par acte du 30 Janvier 1783, de faire exécuter à ses frais les ouvrages nécessaires ; la distribution nous parut faite avec intelligence, & de maniere à prévenir toute espece de contestation entre les Communautés, à raison du partage. »

» Quelques parties des douves des fossés, particuliers aux Communautés, qui n'avoient pas été faites avec attention, ne purent pas soutenir le premier effort des eaux. Mais elles ont été réparées de maniere, que les Communautés de Grans, St. Chamas, Miramas, & sur-tout d'Eyguieres, ont profité de l'arrosage avec avantage. »

» Il est bien à desirer que l'on donne une attention particuliere à cette branche de dérivation, qui dans moins de cinquante années, peut nous procurer l'avantage de voir la presque totalité de la Crau couverte d'oliviers ; ce sera l'un des bienfaits dont nous serons redevables à la haute sagesse & aux grandes vues du Prélat respectable qui met sa gloire à faire le bonheur du Pays. »

Démarcation des arrosages de Crapone & de Boisgelin.

» La compagnie des arrosages d'Entressens & d'Istres réclama, le 20 Septembre, l'exécution des accords consentis entre le Pays & la compagnie de Crapone, au sujet de la démarcation des arrosages respectifs. »

» Nous en écrivîmes aux Directeurs de la compagnie de Crapone ; nous leur fîmes sentir la nécessité qu'il y avoit que les Experts commençassent leurs opérations par la Crau, comme l'endroit où la démarcation devenoit plus nécessaire ; & les opérations n'ayant pas pu être poussées pendant la saison rigoureuse, nous avons été obligés de les renvoyer au printems prochain. »

Démolition du Môle de Gauger.

» La derniere Assemblée donna pouvoir à MM. les Procureurs du Pays, de vérifier l'état du Môle, appellé *Billot de Gauger*, construit en saillie dans le lit du Rhône, en dessus de la ville de Tarascon ; de faire examiner les plans & devis, d'en référer à la prochaine Assemblée ; & cependant de faire travailler à la démolition dudit éperon, s'il y a lieu, & d'y employer, pour le compte du Pays, jusqu'au montant de la somme de 5000 liv., le reste de la dépense devant être supporté par la Communauté de Tarascon, suivant ses offres. »

» Nous vérifiâmes l'état des lieux, nous examinâmes les plans & les devis ; & dans la crainte que cette démolition ne compromît le terroir de Tarascon, nous engageâmes la Communauté de la même ville à assembler un Conseil général, à l'effet de déterminer si cette démolition étoit plus avantageuse que nuisible. »

» La délibération exprimant le vœu de la démolition, nous y donnâmes notre consentement; & la délivrance en fut passée au mois de Juillet dernier à 4990 liv., c'est-à-dire un peu en dessous de la somme à laquelle la derniere Assemblée avoit fixé la contribution du Pays. »

» Plusieurs Particuliers de la Valette se plaignirent à nous, que la Communauté avoit resté deux ans & trois mois de leur payer la valeur des fonds pris pour l'emplacement des chemins, & ils réclamoient leur paiement avec intérêts. »

La Valette. Intérêts du prix des fonds pris pour les chemins.

» Nous écrivîmes le 28 Septembre, que la demande de ces Particuliers étoit de toute justice; que du moment qu'ils avoient été privés des fruits de leurs fonds, il falloit y suppléer par l'intérêt du prix; & nous avons lieu de de croire, par le silence des réclamataires, que la Communauté de la Valette s'est rendu justice. »

» Le port de la Seyne, dont l'Administration s'occupe, ne peut que procurer les plus grands avantages: le commerce en sera vivifié; l'industrie y trouvera un nouvel aliment, la construction marchande des facilités, & le service de la marine des ouvriers & des marins toujours actifs. »

Foire franche, & franchise des matériaux pour l'équipement & construction des navires à la Seyne.

Un établissement de cette importance merite des encouragemens. »

» La Communauté de la Seyne sollicite

l'établissement d'une foire franche, & encore la franchise des marchandises destinées à la construction & à l'équipement des navires. »

» La facilité, avec laquelle la ville de la Ciotat a obtenu un semblable privilege, inspire à celle de la Seyne la plus grande confiance. Nous l'avons engagée à nous faire passer une copie exacte du privilege obtenu par la ville de la Ciotat; & nous l'avons assurée qu'en concourant à ses vues, nous ne doutions pas que les Etats prissent en considération un objet qui merite certainement leur attention. La Communauté de la Seyne ne nous a pas fait passer la copie du privilege de la Ciotat, qui doit servir de modele à celui qu'elle veut que l'on réclame en sa faveur.

Chemin de la Ciotat à Aubagne.

» La derniere Assemblée chargea MM. les Procureurs du Pays, d'examiner la demande que la Communauté de la Ciotat formoit depuis longtems, de la réparation ou construction du chemin de la Ciotat à Aubagne, & d'en rendre compte à l'Assemblée prochaine. »

» On ne peut pas se dissimuler la nécessité de ce chemin. Il n'y a que l'immensité de la dépense, & la difficulté de se menager les fonds, qui puissent dispenser les Etats d'obtempérer à la prétention de la Communauté de la Ciotat. »

Chemin de Valauris à Antibes.

» La Viguerie de Grasse délibéra la réparation du chemin de Valauris à Antibes, passant par Notre-Dame. Dom Marcy, Supérieur de la Maison de Lerins, s'y opposa, prétendant que ce chemin n'avoit jamais paſſé que par le Golfe *Juan*. »

» MM. les Conſuls de Graſſe, chefs de Viguerie, nous déférerent cette oppoſition : nous écrivîmes, tant aux Conſuls de Graſſe qu'aux Conſuls d'Antibes, à l'effet de nous inſtruire quel étoit le véritable chemin de la Viguerie; ſi c'étoit celui qui paſſe par Notre-Dame, ou celui qui paſſe par le Golfe *Juan*. »

» Les Conſuls de ces deux villes nous ayant répondu, que la Viguerie n'avoit jamais connu que le chemin de Notre-Dame, nous engageâmes les Conſuls de Graſſe de paſſer outre à la délivrance du chemin, ſans égard pour l'oppoſition de Dom Marcy, & de toute autre qui pourroit ſurvenir. »

Chemin de Bras à Digne.

» La Viguerie de Digne avoit éprouvé autant, & plus de réſiſtance, au ſujet de l'emplacement du chemin de St. Julien, de Bras & d'Eſtoublon à Digne, paſſant par les iſcles d'Eſtoublon. Quoique le chemin exiſtant fût impraticable, M. de Bras Franceſqui crut ne devoir pas permettre que le nouveau chemin fût emplacé ſur ſon terrein. Nous lui en écrivîmes, & nous eûmes la ſatisfaction d'apprendre que les ouvriers avoient bientôt joui de la tranquillité qu'ils doivent ſe promettre en travaillant à des ouvrages publics. »

Arbitrages.

» Nous avons vu avec ſatisfaction, que trente-ſix différentes Communautés ont terminé leurs procès par la voie de l'arbitrage, ou par celle de la conciliation. »

Eyguieres.	» La Communauté d'Eyguieres transigea avec M. l'Evêque de Sisteron, en sa qualité de Prieur Décimateur, tant au sujet de la contribution du Prieur à la construction du Chœur de la nouvelle Eglise, que sur les arrangemens à prendre, pour établir dans la directe du Prieur un moulin à grignon. »
Lorgues.	» La Communauté de Lorgues finit avec le sieur Astoin & le Maire, une contestation au sujet d'une amende prononcée en Police. »
La Roque.	» Celle de la Roque arbitra une foule de procès qu'elle avoit avec le nommé Roch, auquel elle avoit arrêté sa tuilerie. »
Ubaye.	» La Communauté d'Ubaye arbitra avec le sieur Alphan, qui ne vouloit pas payer la taille de ses biens roturiers, sur le fondement que ses auteurs avoient acquis en 1710 la huitieme partie de la Jurisdiction. »
Thorame.	» Celle de Thorame reconnut, ensuite de la décision des Arbitres, qu'elle ne pouvoit pas exiger la taille des bestiaux dépaissans dans des montagnes qui n'étoient propres qu'au pâturage. Nous avons donné le détail de cette contestation intéressante. »
Mezel.	» La Communauté de Mezel consentit les arrangemens qui lui furent indiqués, à raison du procès qu'elle avoit avec le Fermier du Piquet. »
Berre.	» La Communauté de Berre arbitra ses contestations avec le sieur Ponsard. »

» La Communauté d'Entrevaux, prenant le fait & cause du Maire, fit des sacrifices considérables au Boucher, qui avoit pris à partie cet Officier municipal. »   *Entrevaux.*

» Les Communautés d'Aups & de Moissac ont reglé, par la même voie, les usages que la Communauté d'Aups a dans le terroir de Moissac. »   *Aups & Moissac.*

» La Communauté d'Allauch a terminé les contestations qu'elle avoit avec le sieur Sivan, au sujet de quelques erreurs qu'il y avoit dans un ancien compte tréforaire. »   *Allauch.*

» La Communauté de Bras consentit également à arbitrer une demande en cassation de certain rapport de compensation de 1671 & 1769. »   *Bras.*

» Sur notre invitation, la Communauté de Miramas tira du cadastre le moulin dirupt du sieur Petrier, qui avoit commencé de réclamer par des actes extrajudiciaires. »   *Miramas.*

» Les Communautés des Pennes & de Gignac s'en tinrent à la décision qui intervint, au sujet de la maladie du nommé Rins, déposé à l'Hôpital pendant cent cinquante-trois jours. »   *Les Pennes & Gignac.*

» La Communauté d'Ansouis défera également à des Arbitres ses contestations avec le Seigneur, au sujet de la terre gaste, des bois, des arrosages, & de certaines compensations réclamées par le Seigneur. »   *Ansouis.*

» La Communauté de Gemenos consentit aux   *Gemenos.*

arrangemens préparatoires qui lui furent indiqués, pour fixer les dégradations prétendues commises, dans les forêts de pin vendues au Capitaine Mourgues. »

La Coste. » La Communauté de la Coste référa à des Arbitres sa contestation avec le Maître d'Ecole, au sujet de ses gages. »

Manosque. » La Communauté de Manosque termina avec le Fermier de son imposition, ses différends au sujet du remesurage des grains dans les bastides. »

Volx. » La Communauté de Volx défera également à des Arbitres une condamnation de dépens prononcée contre ses Administrateurs. »

Salernes. » La Communauté de Salernes termina, par la même voie, cinq différens procès qu'elle avoit avec les sieurs Lambert & Vassal. »

Istres. » La Communauté d'Istres s'en référa à notre décision, sur les contestations qui la divisoient avec les Syndics des arrosages d'Entressens. »

Valensolle. » La Communauté de Valensolle défera à des Arbitres ses prétentions contre les Bénédictins, tant au sujet du *remaniment* du toit de l'Eglise, que des réparations du Chœur & de la Nef. Elle a regretté sur un des objets de décision ; nous avons tâché de la ramener par notre avis sur la requête en permission de plaider, & elle n'a pas insisté. »

» Sur

» Sur notre invitation, le Curé & la Com- *Noves.*
munauté de Noves n'ont pas pouffé plus loin
les conteftations minutieufes qui les divifoient. »

» La Communauté de Cucuron, qui poffede,
avec l'Hôpital, les moulins par indivis, n'a pas *Cucuron.*
donné des fuites à fes prétentions. »

» La Communauté & le Seigneur de Fos- *Fos-Amphoux.*
Amphoux ont adhéré à notre décifion, fur les
frais d'un rapport d'encadaftrement, & d'un
rapport de compenfation. »

» La Communauté de la Martre & l'Hôpital *La Martre,*
de Graffe ont accédé aux arrangemens que nous *& l'Hôpital de*
leur avons propofés, au fujet d'un enfant de *Graffe.*
l'Hôpital de Graffe, élevé à la Martre, & foigné
dans l'Hôpital de Graffe. »

» La Communauté d'Angles nous réfera fa *Angles.*
conteftation avec le fieur Blanc de Verrayon,
co-propriétaire du four bannal. »

» La Communauté de Sixfours arbitra auffi *Sixfours.*
fes conteftations avec le quartier de Reynier,
au fujet du banc de la boucherie. »

» La Communauté d'Annot & Me. Feraudy *Annot.*
nous ont auffi déféré une conteftation qui les
divifoit, au fujet de la conftruction d'un pont
fur la riviere de la Vaire. »

» La Communauté de Cuges nous a donné *Cuges.*
le même témoignage de confiance, au fujet du
procès effrayant qu'elle avoit avec le fieur
Paret, fon ancien Tréforier. »

Cabanes.	» La Communauté & les Seigneurs de Cabanes se sont conciliés, au sujet de la contribution du Seigneur aux réparations à faire sur la Durance. »
St. Maximin.	» La Communauté de Saint-Maximin a terminé avec son Boucher le procès qu'elle avoit, au sujet de l'indemnité que ce dernier lui demandoit. »
Entrecasteaux.	» La Communauté d'Entrecasteaux a également fini, par notre médiation, les différends qui l'agitoient depuis quinze années, avec le sieur Agnely, constructeur de son moulin. »
Mouriés.	» La Paroisse de Mouriés a fini, par la même voie, la contestation qu'elle avoit avec son Trésorier, à raison de la durée du bail. »
Sivergues & Saignon.	» Nous sommes également parvenus à faire arbitrer les contestations vraiment affligeantes, qu'il y avoit entre les Communautés de Saignon & de Sivergues, à raison des usages prétendus par la Communauté de Saignon, & qui donnoient lieu à différens procès civils & criminels. »
Le Pays & les Notaires de Salon.	» Enfin, nous avons référé à des Arbitres le procès que le Pays avoit avec les Notaires de Salon; & moyennant le sacrifice de quelques dépens, ces Notaires ont renoncé au droit d'enrégistrer les actes translatifs de propriété du ressort, & d'attaquer l'Arrêt sur requête, du 10 janvier 1786, qui les déboutoit. »

» Il y a encore une foule d'arbitrages qui sont en voie, & dont nous espérons voir incessamment la fin. »

» La Communauté de Brignoles, avec les propriétaires des moulins. »

» La Communauté d'Allein, avec son Seigneur. »

» La Communauté de Mollegés, avec son Seigneur. »

» La Communauté de Pierrefeu, avec son Seigneur. »

» La Communauté d'Ollioules, avec M. de Martelly Chautard. »

» La Communauté de Callian, avec son Seigneur. »

» La Communauté d'Orgon, avec le sieur Rouflan. »

» La Communauté de Mirabeau, avec le sieur Mottet. »

» Les Communautés de Mirabeau, Lauris & Ventabren, avec M. d'Anglesy, &c. &c. »

» La reconstruction du Palais & des Prisons se continue avec intelligence & rapidité; on ne peut rien ajouter à la solidité de l'ouvrage, à la beauté des matériaux qui y sont employés, & à la justesse de l'ensemble. » *Reconstruction du Palais de Justice, & des Prisons à Aix.*

» M. l'Intendant, dont la prévoyance s'étend jusqu'aux plus petits détails, a prévenu par sa sagesse & par sa justice une foule de contestations prêtes à s'élever, de la part des propriétaires dont on prend les maisons en tout ou en partie, ou de la part des voisins. »

» Nous avons surveillé tous les contrats qui ont été passés entre le Roi, le Pays, & les Propriétaires, dont les maisons étoient ou sont encore destinées à l'emplacement du Palais & des Prisons. Nous avons tâché de concilier leur intérêt avec celui des créanciers qui avoient hypoteque sur leurs maisons, & de mettre le Gouvernement & le Pays à couvert de toute recherche. »

Avertissement pour la Dîme. » La maniere d'avertir en fait de dîme, qui faisoit la matiere d'un procès pendant au Parlement, entre la Communauté d'Aix, & le Chapitre St. Sauveur de la même Ville, nous parut intéresser le Pays, avec d'autant plus de raison, que la même question s'étoit déja élevée entre d'autres Décimateurs, & d'autres Communautés. »

» Une ancienne Sentence arbitrale de 1293, ordonnoit, » que lorsque quelque habitant, habi-
» tante ou résidant en la ville d'Aix, voudra
» moissonner ou ramasser ses blés, ou légumes,
» en avertira le Dîmier : de sorte que la Décla-
» ration ou notification faite, chacun desdits
» habitans sera tenu d'attendre le Dîmier tout
» le jour qu'il moissonnera & cueillira ses blés
» ou légumes, jusqu'à trois heures du jour lors
» suivant, sans pouvoir emporter ses blés ou
» légumes hors de la terre dans laquelle ils

» feront moiſſonnés ou cueillis; mais que ſi le
» Dîmier n'eſt pas venu à l'heure aſſignée, pour
» ramaſſer & compter leſdits droits, l'habitant
» pourra emporter ſon blé où bon lui ſemblera,
» en laiſſant dans ſon champ, au juſte & de bonne
» foi, ſans fraude aucune, ni ſupercherie quel-
» conque, le droit appartenant audit Chapitre. »

» La culture ayant conſidérablement gagné
dans le terroir d'Aix, l'exécution de la Sentence arbitrale de 1293, ne fut pas réclamée,
& chaque poſſeſſeur récoltoit ſes grains, ſans
avertir; ſauf au Décimateur de faire la cueil-
lete des gerbes que le Décimable avoit laiſſées
ſur la place. »

» Le Chapitre voulut ramener les habitans
d'Aix à la loi de l'avertiſſement; il obtint un
Arrêt ſur requête auquel la Communauté forma
oppoſition; & l'inſtance liée, le Chapitre prétendit 1°., qu'il falloit l'avertiſſement déterminé
par la Sentence de 1293. »

» 2°. Que, quand cette forme d'avertir ſeroit
preſcrite, il ne faudroit pas moins un avertiſſement individuel, ſuivant l'article 49 de l'Ordonnance de Blois. »

» La prétention étoit nouvelle en Provence;
elle avoit été proſcrite ailleurs; elle nous parut
intéreſſer le Pays; nous la référames à une Aſſemblée particuliere du 30 mai, qui délibéra de
conſulter quatre anciens Aſſeſſeurs. »

» La Conſultation rapportée à une ſeconde

Assemblée, l'intervention fut délibérée ; & le procès instruit, il intervint Arrêt, en date du 19 juin 1787, qui déboute le Pays de son intervention, & ordonne l'exécution de la Sentence de 1293. »

Péage de Tarascon.

» Nous fûmes instruits, qu'à la suite de la suppression de l'Ordre des Célestins, le Gouvernement avoit fait saisir les biens situés en France, & dépendans du Monastere des Celestins d'Avignon ; que parmi ces biens, se trouve le péage de Tarascon : péage fâcheux, important, & qui ne peut qu'opérer une gêne considérable pour le commerce, puisque toutes les marchandises venant du Languedoc, sont en quelque façon nécessitées de passer par Tarascon, & de payer par conséquent le péage. »

» La circonstance nous a paru favorable pour en demander la suppression. En rendant au commerce sa liberté dans cette partie de la Provence, le Gouvernement justifiera la protection qu'il lui accorde ; & personne n'en souffrira, puisque l'on trouvera aisément, sur les autres biens des Célestins situés en France, de quoi fournir aux pensions des différens Religieux auxquels elles ont été concédées. »

» Nous en avons écrit à M. l'Archevêque de Toulouse, à M. le Contrôleur Général, & à M. l'Archevêque d'Aix. »

» M. l'Archevêque d'Aix s'est donné à cet égard les mouvemens, que nous attendions de sa sollicitude pour les intérêts du Pays. »

« M. le Contrôleur Général nous a fait l'honneur de nous mander, par sa lettre du 22 novembre, qu'il avoit renvoyé notre Mémoire à M. de Brou, Directeur des Economats, en le priant de fixer son attention sur les motifs de bien public, qui déterminent notre demande. »

« Et M. l'Archevêque de Toulouse, par sa lettre du 26, nous a mandé, que personne n'est plus disposé que lui, à affranchir le commerce des entraves qui nuisent à sa libre circulation, & que lorsqu'il sera question de cette affaire, nous pouvons être assurés qu'il ne s'opposera pas à notre demande. »

Nous n'avons pas perdu de vue la réparation du chemin de Marseille, dans la partie du péage des Pennes. En attendant que le Pays puisse se procurer les fonds nécessaires, nous avons entamé, avec M. le Marquis des Pennes, une correspondance, dont l'objet est de concilier l'intérêt du commerce & celui du Pays, avec celui de M. le Marquis des Pennes. »

Chemin de Marseille, dans le Péage des Pennes.

« M. de Marignane avoit fait saisir, sur François Berard, Tonnelier de la ville d'Apt, une maison, le 21 août 1781. Le 31 août 1786, il s'étoit départi de la saisie ; & Antoine Pelisson, autre créancier de Berard, avoit également fait saisir la même maison, & s'étoit ensuite départi de la saisie. »

Droit de consignation n'est pas dû, lorsqu'il y a département de saisie.

« La fille de François Berard vendit cette maison, par acte du 8 avril 1787, à Joseph Jean. Elle indiqua l'Acheteur à payer à Pelisson ce qui lui étoit dû, & à M. de Marignane 600 l., quoiqu'il lui en fût dû 900 liv. Le reſtant du prix, elle le garda à compte de la dot de ſa mere. »

» Nous ne crûmes pas que le droit de conſignation fût dû, nonobſtant la diſpoſition de l'article premier, & de l'article quatre de la Déclaration de 1747. »

» 1°. Parce que, ſuivant la loi, le droit de conſignation n'eſt dû, que lorſqu'il y a lieu à la conſignation réelle; & elle ne peut plus ſe vérifier, dès que les créanciers ſe ſont departis de la ſaiſie. »

» 2°. Parce qu'on ne peut pas même dire, que la vente ait été faite enſuite d'un accord particulier entre le débiteur & les créanciers. L'intervalle d'une année, qui s'eſt écoulée du département de la ſaiſie à la vente, ne permet pas de le ſuppoſer, ſur-tout quand on voit que M. de Marignane n'eſt pas entiérement payé; c'eſt tout ce qu'on pourroit dire à la rigueur, ſi la vente avoit été faite dans la quinzaine dont parle la Déclaration du 12 août 1747. »

ONT ASSISTÉ AUX ÉTATS,

POUR L'EGLISE.

Monseigneur Jean-de-Dieu-Raymond de Boisgelin, Archevêque d'Aix, Président né des Etats de Provence, & premier Procureur né du Pays.

Monseigneur Jean-Baptiste de Belloy, Evêque de Marseille.

Monseigneur François d'Etienne de St. Jean de Prunieres, Evêque de Grasse.

Monseigneur Louis-Jerôme de Suffren de St. Tropez, Evêque de Sisteron.

Monseigneur Emmanuel-François de Bausset de Roquefort, Evêque de Fréjus.

Monseigneur Laurent-Michel-Eon de Cely, Evêque d'Apt.

Monseigneur Charles-François-Joseph de Pisani de la Gaude, Evêque de Vence.

Monseigneur Jean-Joseph-Victor de Castellanne-Adhemar, Evêque de Senez.

Monseigneur François de Mouchet de Villedieu, Evêque de Digne.

Monseigneur Elleon de Castellanne de Mazaugues, Evêque de Toulon.

M. l'Abbé de Pazery de Thorame, Vicaire-général d'Arles.

M. l'Abbé de Mazenod, Vicaire-général de Glandeves.

M. l'Abbé de Damian, Prévôt de Pignans.

M. l'Abbé de Coriolis, fondé de procuration de M. de Lorraine, Abbé de St. Victor-lès-Marseille.

M. le Bailli de Villefranche, Commandeur d'Aix.

M. le Bailli de Resseguier, Commandeur de Marseille.

M. de Gaillard, Commandeur de Beaulieu.

M. de Tressemanes, fondé de procuration de M. de La Croix de Sayve, Bailli de Manosque.

M. de Vento des Pennes, Commandeur des Omergues.

POUR LA NOBLESSE

M. de Suffren de St. Cannat.
M. de Vintimille de Figanieres.
M. de Gaillard de Porrieres.
M. de Galiffet de Martigues.
M. de Barrigue de Montvallon.
M. de Felix d'Olieres.
M. de Camus de Puypin.
M. de Paffis de Cipieres.
M. de Vento des Pennes.
M. de Fauris de St. Vincent.
M. de Ballon de St. Julien.
M. d'Albertas de Gemenos
M. de Maurel de Valbonnette de Mons.
M. de Ginefteux de Vernon.
M. de Lyle de Callian.
M. de Clapiers de Vauvenargues.
M. de Meyronnet de St. Marc.
M. de Grimaldy de Cagnes.
M. de Trimond de Puymichel.
M. de Gras de Mimet.
M. de Perrache d'Empus.
M. de Graffe du Bar.
M. de Pazery de Thorame.
M. de Lombard de Gourdon.
M. d'Hermite de Maillanne.
M. de Glandeves du Caftellet.
M. de Faudran de Taillade.
M. de Jaffaud de Thorame-baffe.
M. de Cymon de Beauval.
M. de Ravel d'Efclapon.
M. de Monier du Caftellet de Valdardenne.
M. de Covet de Marignane.

M. de Bonaud de la Galiniere.
M. de Payan de St. Martin.
M. de Benault de Roquemartine.
M. des Michels de Champourcin.
M. de Blacas d'Aups.
M. Dedons de Pierrefeu.
M. de Fortis de Soleilhas.
M. d'Ayminy de Barreme.
M. de Villeneuve d'Anfouis.
M. de Forbin de la Barben.
M. de Montaigu de Châteauneuf-le-Rouge.
M. de Leftang Parade de Masblanc.
M. de Leuctres de Canillac.
M. d'Etienne de Lagneros.
M. de Villeneuve de St. Auban.
M. d'Arbaud de Jouques.
M. d'Albertas de Greoux.
M. d'Arlatan de Lauris.
M. de Caftellanne de Mazaugues.
M. de Roux de la Fare.
M. de Bioneau d'Eyragues.
M. de Glandeves de Niozelles.
M. de Viguier de Merveille.
M. de Renaud d'Allein.
M. d'Albertas de Velaux.
M. de Ponteves de Giens.
M. de Bernier de Pierrevert.
M. de Coriolis de Moiffac.
M. de Geoffroy du Rouret.
M. de Villeneuve de Bargemon.
M. de Bouchet de Faucon.
M. d'Albertas d'Albertas.
M. d'Auguftine de Septemes.
M. d'Arnaud de Vitrolles.
M. de Mazenod de St Laurent.

M. de Thomas de Gignac.
M. de Mongrand de la Napoule.
M. de Gautier de Ruftrel.
M. le Maître de Beaumont.
M. de Robineau de Beaulieu.
M. d'Eyffautier de Prats.
M. de Commandaire de St. Giniez.
M. de Perier de Clumans.
M. de Cabre de Belcodene.
M. de Lifle de Rouffillon.
M. de Tuffet de St. Martin de Vaux.
M. de Gautier d'Artigues.
M. de Thomaffin de Villargelle.
M. de Graffe de Fos.
M. le Blanc de Caftillon de Roquefort.
M. de Callamand de Confonoves.
M. de Barel du Reveft.
M. de Savournin des Ifles d'Or.
M. de Thoron d'Artignofc.
M. de Villeneuve de Trans.
M. de Thomas de la Valette.
M. d'Agay.
M. de Barras Lanfac de Thoard.
M. de Boyer de Fonfcolombe la Molle.
M. d'Audibert de Ramatuelle.
M. de Croze de Lincel.
M. de Boyer d'Eguilles.
M. de Thoron de la Robine.
M. d'Eymar de Montmeyan.
M. d'Efpagnet de Sue.
M. de Robert d'Efcragnolle.
M. de Sade d'Eiguieres.
M. d'Autric des Baumettes.
M. de Tournon de Banon.
M. de Bonnet de la Baume.

M. de Chiousses de Villepeis.
M. d'Hesmivy d'Auribeau.
M. de Ripert de Barret.
M. de Barras de Melan.
M. d'Allard de Neoulles.
M. d'Alpheran de Bussan de Ste. Croix.
M. d'Hesmivy de Forcalqueiret.
M. d'Albert St. Hipolite d'Andon.
M. de Boisgelin de Peyrolles.
M. de Fougasse de la Batie de Cabanes.
M. de Ponteves de la Forét.
M. de Felix Grignan du Muy.
M. d'Autane d'Allons.
M. d'Aillaud de Meouilles.
M. de Perier de la Garde.
M. de Maurelet de la Roquette.
M. de Saporta de Montfallier.
M. de Gautier du Poët du Vernegues.
M. de Demandolx de la Palu.
M. de Blacas de Carros.
M. de Suffren de St. Tropez.
M. de Collongue du Castellar.
M. de Gautier d'Aiguines.
M. de Lordonné d'Esparron.
M. de Felix du Muy Felix.
M. de Ripert de Monclar.

POUR LE TIERS-ETAT.

COMMUNAUTÉS.

M. du Roure,　　　　　} Consuls & Députés
M. Compan,　　　　　 } de la ville d' .... ARLES.
M. de Demandolx de la Palu, }
M. Pascalis.　　　　　　　　} Maire Consuls
M. Lyon St. Ferreol,　　　　 } & Assesseur de
M. Gerard,　　　　　　　　 } la ville d' ... AIX

M. Teissier de Cadillan, ⎫ Maire, premier
                         ⎬ & second Con-
M. La Croix,   ⎭ suls & Députés
                           de la Com.té de TARASCON.
M. Maisse, Maire premier Consul & Député
   de la Communauté de . . . . . . FORCALQUIER.
M. Reguis, Maire premier Consul & Député
   de la Communauté de . . . . . . SISTERON.
M. Mougins de Roquefort, Maire premier
   Consul & Député de la Communauté de GRASSE.
M. Pumenc, Maire premier Consul & Député
   de la Communauté d' . . . . . . HIERES.
M. Reboul, Maire troisieme Consul & Dé-
   puté de la Communauté de . . . . DRAGUIGNAN.
M. de Ginefte, Maire premier Consul &
   Député de la Communauté de . . . TOULON.
M. de Barras, Maire premier Consul &
   Député de la Communauté de . . . DIGNE.
M. Bellissime de Roquefort, Maire premier
   Consul & Député de la Communauté de ST. PAUL.
M. Carbonel, du Poil & de Château-neuf,
   Maire premier Consul & Député de la
   Communauté de . . . . MOUSTIERS.
M. Simon, Maire premier Consul & Député
   de la Communauté de . . . . . . CASTELLANNE.
M. Clemens de Fontienne, Maire premier
   Consul & Député de la Communauté d' . APT.
M. de Baux, Maire premier Consul &
   Député de la Communauté de . . . ST. MAXIMIN.
M. Charles, Maire premier Consul & Député
   de la Communauté de . . . . . . BRIGNOLLES.
M. Boyer, Maire premier Consul & Député
   de la Communauté de . . . . . . BARJOLS.
M. Beroard, Maire premier Consul & Dé-
   puté de la Communauté d' . . . . ANNOT.

M. Barbaroux, Maire premier Conſul &
  Député de la Communauté de . . . . Colmars.
M. Savournin, Maire premier Conſul &
  Député de la Communauté de . . . Seyne.
M. Lambert, Maire premier Conſul & Dé-
  puté de la Communauté de . . . . Fréjus.
M. Poitevin, Maire premier Conſul & Dé-
  puté de la Communauté de . . . . Riez.
M. Bonnaud, Maire premier Conſul & Dé-
  puté de la Communauté de . . . . Pertuis.
M. de Vacher de Saint-Martin, Maire pre-
  mier Conſul & Député de la Communauté
  de . . . . Manosque.
M. Ganzin, Maire premier Conſul & Député
  de la Communauté de . . . . . . Lorgues.
M. Roubaud, Maire premier Conſul & Dé-
  puté de la Communauté d' . . . . Aups.
M. Peliſſier, Maire premier Conſul & Dé-
  puté de la Communauté de . . . . St. Remy.
M. d'Hermitanis, Maire premier Conſul &
  Député de la Communauté de . . . Reillanne.
M. Salvator, Maire premier Conſul & Dé-
  puté de la Communauté des . . . . Mées.
M. Bonneaud, Maire premier Conſul & Dé-
  puté de la Communauté . . . . . D'Antibes.
M. Bœuf, Maire premier Conſul & Député
  de la Communauté de . . . . . . Valensolle.
M. de Chaps de Chapuis de Pierredon,
  Maire premier Conſul & Député de la
  Communauté de . . . . Lambesc.
M. Durand, Maire premier Conſul & Dé-
  puté de la Communauté de . . . . Trets.
M. Olivier, Maire premier Conſul & Dé-
  puté de la Communauté de . . . . Cuers.
M. Le Brun de la Valere, Maire premier

Conful & Député de la Communauté de RIANS.
M. Sauve, Maire premier Conful & Député
de la Communauté d' . . . . OLLIOULES.
M. Martin, Maire Conful & Député de la
Communauté de . . . . MARTIGUES.

VIGUERIES.

M. Lyon St. Ferreol, Député de la Viguerie D'AIX.
M. Durand Maillanne, Député de la Viguerie
de . . . . TARASCON.
M. Rafpaud, Député de la Viguerie de . . FORCALQUIER.
M. Blanc, Député de la Viguerie de . . . SISTERON.
M. Girard, Député de la Viguerie de . . . GRASSE.
M. Colin, Député de la Viguerie d' . . . . HIERES.
M. Colomp, Député de la Viguerie de , . . DRAGUIGNAN.
M. Martin, Député de la Viguerie de . . . TOULON.
M. Audibert, Député de la Viguerie de . . DIGNE.
M. Eufiere, Député de la Viguerie de . . ST. PAUL.
M. Bourret, Député de la Viguerie de . . MOUSTIERS.
M. Juglar, Député de la Viguerie de . . CASTELLANNE.
M. de Gondon, Député de la Viguerie d' . . APT.
M. Pignol, Député de la Viguerie de . . . ST. MAXIMIN.
M. Daulaux, Député de la Viguerie de . . BRIGNOLLES.
M. Garnier, Député de la Viguerie de . . BARJOLS.
M. Sauvan, Député de la Viguerie d' . . ANNOT.
M. Aillaud, Député de la Viguerie de . . COLMARS.
M. Saunier, Député de la Viguerie de . . SEYNE.
M. Gerard, Député des . . . . VALLÉES.

Signé, † J. R. DE BOISGELIN, Archevêque d'Aix,
Préfident des Etats de Provence.

TABL

TABLE
DES MATIERES.

31 Décembre 1787.	Ouverture des Etats	Pag. 3 & 4.
	Lettre du Roi aux Etats	5.
	Discours de M. le Comte de Caraman	6.
	―――― de M. des Galois de La Tour	12.
	―――― de M. l'Archevêque d'Aix, Président des Etats	18.
	―――― de M. l'Evêque de Marseille	26.
	Les Etats vont en Corps ouïr la Messe du St. Esprit	27.
2 Janvier 1788.	Nomination des Officiers des Etats	28.
	Commissaires pour la rédaction du procès-verbal	29.
	Demande des Députés pour la nomination d'un Syndic des Communautés	ibid.
	Réclamation de M. le Marquis de Trans pour la préséance à tous les Membres de l'Ordre de la Noblesse	30.
3 Janvier.	Légitimation des pouvoirs des assistans aux Etats	31.
	Les Députés de la ville de Marseille réclament sur le rang qu'occupent les Députés de la ville d'Arles	34.
	Ils protestent & se retirent	35.
	Les Etats renvoyent à une Commission l'examen des	

Y y

	difficultés, sur la légitimation des pouvoirs	35.
	Serment prêté par les Etats	36.
	Discours de M. l'Assesseur d'Aix	37.
	Renforcement de la Commission pour la rédaction du procès-verbal	41.
	Les Etats déclarent qu'il n'y a lieu à délibérer sur la réclamation de M. le Marquis de Trans	Ibid.
	Mémoire du Roi sur la formation des Etats	42.
	Nomination des Commissaires pour la formation des Etats, & la légitimation des pouvoirs des assistans	44.
	Impression des discours	45.
	Députation pour saluer & remercier MM. les Commissaires du Roi	Ibid.
	——— *pour remercier MM. du Parlement*	46.
	——— *pour remercier MM. du Chapitre d'Aix*	47.
	Remercimens à Monseigneur l'Archevêque d'Aix	Ibid.
8 Janvier.	*Entrée de M. le Commandeur des Omergues*	48.
	Rapport des Députés nommés pour saluer & remercier MM. les Commissaires du Roi	Ibid.
	——— *des Députés vers MM. du Parlement*	50.
	——— *des Députés vers MM. du Chapitre d'Aix*	51.
9 Janvier.	*Prétention de MM. les Commandeurs de l'Ordre de Malte, de précéder tous MM. les Vicaires délégués*	84.
10 Janvier.	*Entrée de MM. les Commissaires du Roi aux Etats*	85.
	Demande d'un Don gratuit de sept cent mille livres	86.

Mémoire du Roi, pour cette demande — Ibid.
Les États accordent un don gratuit de sept cent mille livres — 88.
Députation pour annoncer la Délibération à MM. les Commissaires du Roi — Ibid.
Mémoire sur l'envoi des Lettres de cachet pour la convocation des États — Ibid.
Extrait de la lettre de M. le Baron de Breteuil — 89.

11 Janvier. Rapport des Députés pour annoncer la Délibération du don gratuit, à MM. les Commissaires du Roi — 90.
Mémoire du Roi pour servir d'instruction à ses Commissaires — 91.
Milices — Ibid.
Capitation — 92.
Prorogation du second Vingtieme, & augmentation d'abonnement — 93.
Commission formée pour les demandes du Roi, & impositions — 98.
——— pour les travaux publics — 99.
——— pour les diverses affaires — Ibid.

14 Janvier. Députation pour annoncer à MM. les Commissaires du Roi, les Délibérations sur les demandes de Sa Majesté — 123.
Médaille en mémoire du rétablissement des États — 124.
Il sera présenté une Médaille d'or à Sa Majesté — Ibid.
——— à Monseigneur l'Archevêque de Toulouse, principal Ministre — Ibid.
——— à M. l'Archevêque d'Aix, Président des États — Ibid.

15 Janvier. *Rapport des Députés nommés pour annoncer à MM. les Commissaires du Roi, les Délibérations sur les demandes de Sa Majesté*   125.
Rélation des affaires du Pays, faite par M. l'Assesseur d'Aix   Ibid.

16 Janvier. *Continuation de la Rélation*   126.
Mémoire du Roi, sur l'époque à fixer pour la convocation des Etats   Ibid.

18 Janvier. *Mémoire du Roi pour servir d'instruction à ses Commissaires*
Demande du crédit des Etats, pour un emprunt de trois millions, au denier vingt   130.
——— *pour un emprunt indéfini, à quatre, ou quatre & demi pour cent; pour rembourser les capitaux au denier vingt*   131.

21 Janvier. *Mémoire du Roi pour servir d'instruction à MM. ses Commissaires*
Chemins ——— Commerce   144.

24 Janvier. *Lettre du Roi aux Etats*   156.

26 Janvier. *Il sera procédé à un affouagement & à un afflorinement général.*   175.

28 Janvier. *Le Roi accepte l'offre des Etats en supplément à l'abonnement des Vingtiemes, & accorde une remise de cinquante mille livres pour la présente année*   196.
Remercimens à MM. les Commissaires du Roi, & à M. l'Archevêque d'Aix   197.
M. l'Archevêque d'Aix est prié de solliciter la continuation de cette remise   Ibid.

Lettre de M. le Contrôleur Général à M. le Comte
de Caraman   Ibid.

30 Janvier. Secours de cinquante mille livres accordé par le
Roi, sur la demande de M. l'Archevêque d'Aix,
en faveur des Communautés ravagées   235.
Lettre de M. le Contrôleur général à M. l'Archevêque d'Aix   236.
Bibliotheque du Pays: Hommage rendu à la mémoire de M. le Marquis de Mejanes   245.
Remercimens à M. le Marquis de la Goa son neveu
& héritier   Ibid.

31 Janvier. Les Assemblées renforcées des Procureurs du Pays
nés & joints se tiendront aux époques fixées,
sans lettres de convocation   283.
Députation pour assister au compte du Trésorier du
Pays, de 1787   286.
Dotations de l'Œuvre de St. Vallier.   287.
Nomination des Procureurs du Pays joints, jusques au premier janvier 1789   288.
—— des Procureurs du Pays joints renforcés   Ibid.
—— des Députés des Trois Ordres pour présenter à Sa Majesté le Cahier des Etats   289.
Armorial des Assistans aux Etats.   Ibid.

Premier Février 1788. Délibération sur la rélation des affaires du Pays   290.
Rareté & cherté des moutons   Ibid.
Péage des Célestins à Tarascon, & de Lubieres   291.
Bordigues à Martigues   292.
Traité sur l'Administration du Comté de Provence,
par M. l'Abbé de Coriolis   293.

Entretien des Bâtards ——— Droit de compensation ——— Les Etats prient des Magistrats du Parlement, & de la Cour des Comptes, de concourir, avec l'Administration intermédiaire, pour préparer les moyens de délibérer dans les Etats prochains 293.
Clôture des Etats 294.
Les Etats délibèrent d'aller, à l'issue de la séance, remercier Monseigneur le Président Ibid.
Assistans aux Etats 345.

COMMISSION

Pour la légitimation des pouvoirs des Assistans aux États.

8 Janvier 1788. Admission de deux Députés de la ville d'Arles. 53.
——— de deux Députés de la Communauté de Tarascon 54.
——— du Député de la Viguerie de Grasse 55.
——— du Député de la Viguerie de Toulon 56.
——— du Député de la Viguerie de Digne Ibid.
——— du Député de la Viguerie de St. Maximin Ibid.
——— du Procureur fondé de M. le Bailli de Manosque 57.
——— du Procureur fondé de M. l'Abbé de St. Victor 58.

COMMISSION

Pour la formation des Etats.

Premier Rapport.

8 Janvier 1788.
DEmande du Roi de régler le nombre des Membres du Tiers qui feront admis à l'avenir dans les Etats . . . . 59.
Difcours de M. l'Affeffeur d'Aix . . . 63.
Dire de Monfeigneur l'Archevêque d'Aix, Préfident . . . . 65.
Les Etats déliberent que les voix de l'Ordre du Tiers feront égales aux voix des deux premiers Ordres réunis . . . . 81.

Second Rapport.

18 Janvier.
Les Etats fupplient Sa Majefté de les convoquer annuellement du 15 Novembre au 10 Décembre . . . . 127.
Les Greffiers des Etats exerceront leurs fonctions jufques au premier Janvier 1789 . . 128.
Demande de la Communauté d'Antibes d'être érigée en Chef-lieu de Viguerie . . . . Ibid.

Troifieme Rapport.

21 Janvier.
Demande de l'Ordre du Tiers-Etat, d'un Syndic des Communautés 136
Demande de M. l'Affeffeur d'Aix d'affifter à toutes les Commiffions émanées des Etats

Quatrieme Rapport.

22 Janvier. *Députation de la part des Vigueries aux Etats* 145.
Délibération provisoire sur la prochaite tenue——
Lettre circulaire à toutes les Communautés, pour connoître leur vœu sur cette députation 148.

Cinquieme Rapport.

24 Janvier. *La formation des deux premiers Ordres doit-elle être faite dans le sein des Etats ?* 157.
Dires respectifs des trois Ordres 158 & suiv.
Commis au Greffe des Etats : Nomination des sieurs Giraud, Duhil & Blanc, jusques au premier Janvier 1789, aux mêmes appointemens que ci-devant 161.

Sixieme Rapport.

26 Janvier. *Réglement pour l'Administration intermédiaire* 175.
Dire de Monseigneur l'Archevêque d'Aix, Président 176.
Réglement pour la formation des Assemblées des Procureurs du Pays nés & joints. 186.
Observations de MM. les Députés des Communautés sur ce Réglement 188.
Réponse de MM. du Clergé & de la Noblesse 189.

Septieme Rapport.

28 Janvier. *Bail de la Trésorerie du Pays* 199

Huitieme Rapport.

29 Janvier. *Plaintes sur ce que la Viguerie d'Aix n'a point été*

été assemblée depuis 1717, & sur ce qu'elle est représentée par le second Consul d'Aix 231.

Neuvieme Rapport.

31 Janvier. *Nomination des différentes personnes attachées au service du Pays* 284.

COMMISSION

Pour les demandes du Roi.

Premier Rapport.

14 Janvier 1788. IMposition pour les Milices 101.
———— pour la Capitation 102.
Prorogation du second Vingtieme pour les années 1791 & 1792 103.
Offre de trois cent cinquante mille livres, en supplément à l'abonnement des deux Vingtiemes & Quatre sols pour livre 104.
Dire de M. l'Archevêque d'Aix, Président 105.
Délibération des Etats sur cet objet 120.

Second Rapport.

21 Janvier. Emprunt de trois millions, au denier vingt, pour le compte de Sa Majesté 133.
Nouvel Emprunt indéfini à quatre, ou à quatre & demi pour cent 134.

Zz

COMMISSION
Pour les Travaux publics.

Premier Rapport.

22 Janvier. 1788.	État des fonds destinés aux travaux publics	148.
	Chemin d'Apt à Tarascon.	150.
	—— de Sainte Tulle à Manosque	151.
	—— d'Aix à la Ciotat	Ibid.
	—— de La-Combe-Saint-Donat	152.
	—— de Saint-Maximin à Nans	Ibid.
	—— d'Apt à Aix	153.
	—— d'Apt à Avignon	Ibid.
	—— de Barjols à Moustiers	154.
	—— d'Apt à Tarascon	Ibid.
	Ouvrages auprès du Pont de Craponne	Ibid.
	Chemin d'Apt à Forcalquier	155.
	—— de Moustiers à Castellanne	Ibid.

Second Rapport.

25 Janvier.	Pont de Vinon	169.
	Chemin d'Aix à Digne	170.
	—— de Château-Arnoux à Sisteron	Ibid.
	Digues du Pont de Mezel	Ibid.
	Chemin de Sisteron à l'Aragne	Ibid.
	—— de Barreme à Clumans	Ibid.
	—— des Clues	171.
	Pont sur la Durance, à Sisteron	Ibid.
	Descente de Telles	Ibid.
	Chemin de Digne à Seyne	Ibid.
	—— de Digne à Malijay	Ibid.
	Digues de Malijay	Ibid.

Relevement d'un mur aux approches de Digne 174.
Chemin de Valernes à Sisteron   Ibid.
——— de Draguignan à Castellanne   Ibid.

Troisieme Rapport.

26 Janvier.   Route d'Italie   190.
Chemin de Meyrargues   191.
Entretien des Chemins de premiere & seconde classe   Ibid.
Port de la Seyne   Ibid.
Pont dans le terroir de Roquebrune   192.
Ratification de la convention passée entre MM. les Procureurs du Pays, & M. le Marquis des Pennes, sur la construction du Chemin, dans l'étendue du Péage des Pennes   Ibid.

Quatrieme Rapport

28 Janvier.   Construction du Palais de Justice en la ville d'Aix   199.
Pont sur un ravin qui traverse le chemin allant de St. Remy aux antiquités.   200
Canal Boisgelin   201.
Projet d'un canal de jonction du Rhône avec le port de Bouc, à exécuter au moyen des eaux du Canal Boisgelin   202.
Dérivation du Canal Boisgelin dans la Crau   204.
Dérivation qui pourroit porter les eaux du canal Boisgelin à Marseille   205.
Etat des fonds du Canal Boisgelin & dépendances.   206.
Desséchement des marais de Fréjus   208.
Réglement sur l'administration des travaux publics   210.

Cinquieme Rapport.

29 Janvier. *Chemin de Toulon à la Valette.* —— *Contestations sur l'emplacement* 233.

30 Janvier. *Délibérations des Etats sur les différens rapports de la Commission des travaux publics* 274 & suiv.

COMMISSION

Pour les affaires diverses.

PREMIER RAPPORT.

24 Janvier 1788. *D*Emande d'une foire franche à la Seyne, & de la franchise des matériaux pour l'équipement & la construction des Navires 164.
Aumône de 100 liv. à l'Œuvre du Conseil Charitable de la ville d'Aix 166.
Hospice pour former des Eleves dans l'Art des Accouchemens Ibid.
Appui & défense contre la Régie des droits réservés, & autres 167.

Second Rapport.

29 Janvier. *Continuation de la gratification de 400 liv. au Sr. Guiot, Artiste vétérinaire* 211.
—— *de la pension de 300 liv. aux freres Vialé, Fabricans de Velours* 213.
Taux des places de bouche & de fourrage pour l'année 1787 214.
Droit de foraine de Languedoc & du Détroit de Gibraltar. ——*Remontrances* 215.
Arrêts du Conseil qui attentent à la franchise du port de Marseille 223.

Chirurgiens Lithotomiftes.——*Rejet de la demande en continuation de la penfion* 225
Aumône de cent cinquante livres à la Maifon du Refuge d'Aix 228.
Fabrique de Gazes —— *Encouragement* —— *Demande rejettée* 289.
Remburfement des fommes fournies par le Pays pour l'Arcenal de Marfeille. —— *Remontrances* 230.
Mémoire fur l'allegement de la Gabelle 231.
Pépiniere d'Oliviers à Cuers. —— *Demande d'un encouragement, rejettée* 234.

Troifieme rapport.

31 Janvier.

Demande du Cordon de l'Ordre de St. Michel pour M. Tournatoris 266.
Arrêt du Confeil qui permet aux Navires des Puiffances neutres d'approvifionner nos Ifles de l'Amérique. —— *Remontrances* 267.
Droits exceffifs fur le tranfport, l'entrée & la circulation des vins à Marfeille.—— *Remontrances* Ibid.
Droits fur l'entrée des Pozzolanes étrangeres.—— *Remontrances* 268.
Les Etats déclarent que c'eft pour l'Hiftoire de Provence du Sr. Papon feulement que le Sr. Pierres, Imprimeur du Roi à Paris, a été autorifé à prendre le titre d'Imprimeur des Etats de Provence Ibid.
Communauté de Bandol. —— *Intervention contre le Seigneur.* —— *Plaintes contre le Prépofé au Bureau de l'Hôpital* 270.
Secours de 6000 liv. à l'Hôpital général des Infenfés en la ville d'Aix 271.
Commiffion de Valence. —— *Remontrances* Ibid.
Compte du Tréforier du Pays. —— *Parties rayées* —— *Relevement & garantie de la part des Etats* 273.

COMMISSION
Pour les Impositions

30 Janvier 1788

Frais de voyage & séjour des Députés des Communautés & des Vigueries, pendant la tenue des États 237.
Dons & gratifications ordinaires 238.
Imposition de neuf cent dix livres par feu 239.
Imposition pour l'entretien des Bâtards & Enfans trouvés 244.
Encouragement à demander en faveur des Nourrices qui se chargeront d'Enfans pris aux Hôpitaux 245.
Offre de MM. de l'Ordre de la Noblesse, d'une contribution volontaire à la dépense des chemins 246.
Et d'un Don de charité pour l'entretien des Bâtards Ibid.
Offre de MM. de l'Ordre du Clergé, de la moitié de la contribution, & du Don de charité offert par MM. de la Noblesse Ibid.
Réserve de MM. les Députés des Communautés Ibid.
Mémoire de l'Ordre de la Noblesse, sur la contribution volontaire aux chemins 247.
—— sur l'aumône pour l'entretien des Bâtards 252.
Adhésion & réserve de MM. les Commandeurs de l'Ordre de Malte 253.
Dire de MM. de l'Ordre de la Noblesse Ibid.
Dire de MM. les Députés des Communautés Ibid.
Mémoire du Roi servant d'instruction à MM. ses Commissaires 255.
Demande de M. le Président à MM. les Députés

des Communautés. 264.
Réponse de MM. les Députés des Communautés Ibid.
L'Ordre de la Noblesse renouvelle ses offres 265.
L'Ordre du Clergé adhere au vœu de l'Ordre de
    la Noblesse Ibid.

RELATION

Des Affaires du Pays.

15 & 16 Janv. 1788.

Honoraires du Concierge de la Bibliotheque du
    Pays 295.
Honoraires du Préposé à la recette générale des
    droits de Consignation Ibid.
Port d'Antibes 296.
Droit de lods des fonds arrosés de la Durance 297.
Assemblée de MM. les Procureurs du Pays nés &
    joints, du 10 août 1787 298.
Droit d'Amortissement pour fondations Ibid.
Délai à la Communauté de la Bréoulle pour payer
un droit d'Amortissement 302.
Communauté de Tourrettes. Rachat de bannalité Ibid.
Taille des bestiaux qui vont dépaître dans la haute-
    Provence Ibid.
Communauté de Seillons — Déguerpissement 306.
Cession ou rachat du droit de compensation 307.
Communauté d'Empus — Compensation du sol noble
    pris pour l'emplacement d'un chemin 308.
Communauté de la Valette — Compensation deman-
    dée par Madame de la Garde 309.
Greffe des gens de main-morte Ibid.
Fournisseur des boucheries — Indemnités 310.
Huissier-Priseur — Prétentions Ibid.

Droit de franc-fief demandé à des Poſſeſſeurs d'arriere-fief 314.
Pozzolanes étrangeres — Droit ſur l'entrée 315.
Lods des maiſons priſes pour l'utilité publique 317.
Commerce des Tanneries Ibid.
Bâtards — Domicile — Gratifications 322.
Iſtres — Maladie épidémique 324.
Morve Ibid.
Raffinerie de ſucre à la Ciotat 325.
Ecole de Chirurgie d'Aix 326.
Traité ſur la culture de l'olivier, par M. l'Abbé Couture Ibid.
Bibliotheque léguée au Pays par M. le Marquis de Mejanes 327.
Canal Boiſgelin 328.
Démarcation des arroſages de Crapone & de Boiſgelin 330.
Démolition du Môle de Gauzer à Taraſcon Ibid.
Intérêts du prix des fonds occupés par les chemins 331.
Communauté de la Seyne. — Foire franche & franchiſe des matériaux pour l'équipement & la conſtruction des Navires Ibid.
Chemin de la Ciotat à Aubagne 332.
——— *de Valauris à Antibes* Ibid.
——— *de Bras à Digne* 333.
Arbitrages Ibid.
Reconſtruction du Palais de Juſtice & des Priſons à Aix 339.
Avertiſſement pour la dîme 340.
Peage de Taraſcon 342.
Chemin de Marſeille dans le péage des Pennes 343.
Droit de conſignation n'eſt pas dû, lorſqu'il y a département de la ſaiſie. Ibid.

Fin de la Table.

RÉGLEMENT
DES
ÉTATS,
POUR
L'ADMINISTRATION
DES
TRAVAUX PUBLICS.

A AIX,

De l'Imprimerie de B. GIBELIN-DAVID, & T. EMERIC-DAVID,
Avocats, Imprimeurs du Roi & des États de Provence.

M. DCC. LXXXVIII.

RÈGLEMENT DES ÉTATS,

Pour l'Administration des Travaux publics.

LIVRE PREMIER.

DE L'ADMINISTRATION.

TITRE PREMIER.

Des Procureurs du Pays nés & joints.

ARTICLE PREMIER.

IL sera délibéré dans une Assemblée des Procureurs du Pays nés & joints, qui sera tenue après la clôture des Etats, sur l'exécution des ouvrages qui auront été délibérés par les Etats ; dans une autre qui sera tenue au mois de

A ij

Juin, sur l'état de tous les ouvrages exécutés ou commencés : dans une troisieme qui sera tenue avant l'ouverture des Etats, sur l'état de tous les ouvrages exécutés ou commencés, & sur tous ceux qui doivent être proposés à la prochaine Assemblée des Etats.

ART. II.

Toutes demandes pour construction d'un nouvel ouvrage, seront adressées aux Procureurs du Pays nés & joints, pour qu'il soit fait rapport à l'Assemblée des Etats du degré d'utilité ou de nécessité du nouvel ouvrage.

ART. III.

Les Procureurs du Pays remettront à la Commission des travaux publics, dans l'Assemblée des Etats, les Mémoires détaillés sur la nécessité, ou l'utilité du nouvel ouvrage.

ART. IV.

S'il y a lieu de délibérer, l'Assemblée des Etats délibérera que les Mémoires, plans & devis seront rédigés & rapportés ensuite à l'Assemblée prochaine des Etats.

ART. V.

Les Procureurs du Pays, remettront à la Commission des travaux publics, dans l'Assemblée des Etats, les plans d'emplacement, & de construction des ouvrages dont l'Assemblée précédente des Etats aura reconnu l'utilité, ou la nécessité, & ordonné les plans & devis ; ils y joindront l'estimation précise de la totalité de la dépense pour la totalité de l'ouvrage conduit jusqu'à perfection, & une instruction détaillée sur la durée de la construction totale, sur les époques de travail, de dépense, & de payement pour chacune de ces subdivisions.

ART. VI.

Les Procureurs du Pays, en proposant aux Etats un nouvel ouvrage à faire, donneront l'état de tous les travaux délibérés, & dont la dépense n'est pas soldée, soit à commencer, commencés, ou finis ; & cet état présentera les époques de payement de chacun des travaux comparés aux rentrées des fonds qui leur ont été destinés ; ce qu'étant considéré par l'Assemblée, après qu'elle aura examiné tout ce qui est relatif au projet, elle délibérera définitivement.

ART. VII.

L'Assemblée des Etats ayant délibéré la construction d'un ouvrage déterminé, les dispositions le concernant, & fixé la somme totale des dépenses, les Procureurs du Pays remettront à l'Assemblée des Procureurs du Pays nés & joints, les Délibérations des Etats, & le détail de toutes les dispositions à prendre pour leur exécution.

ART. VIII.

Tout ce qui concerne les constructions, réparations, entretiens, & la conservation des travaux publics ne pourra être mis à exécution, sans une Délibération préalable des Assemblées des Procureurs du Pays nés & joints.

ART. IX.

Seront représentés dans ces Assemblées tous les mandats faits, les indications des mandats à faire pour tout ce qui concerne les ouvrages publics pendant l'intervalle desdites Assemblées.

ART. X.

Nul mandat ne pourra être donné pour une affaire urgente, que dans une Assemblée des Procureurs du Pays joints qui se trouveront à Aix.

ART. XI.

L'emploi des fonds suivant les destinations prescrites; les payemens des Entrepreneurs seront réglés de la même maniere.

ART. XII.

Ne pourront les Procureurs du Pays, sans appeller les Procureurs du Pays joints, séans à Aix, régler les droits des Vigueries, des Communautés, & des Particuliers dont les contestations seront relatives à l'emplacement & aux dépenses des chemins de Viguerie, ou de Communauté, les recours d'estimation formés pour le payement des emplacemens, démolitions, matériaux, & dommages dépendans des travaux publics, & les juger définitivement; diriger le service des Ingénieurs, & des autres personnes employées dans les travaux des Etats; ordonner toutes réparations hors d'une nécessité urgente & imprévue; & réprimer toutes les œuvres & entreprises nuisibles à la conservation & liberté des routes, & à la sûreté des autres ouvrages publics, en contraignant conformément au Réglement.

TITRE II.

Des Ingénieurs du Pays.

ARTICLE PREMIER.

IL y aura cinq Départemens dans la Province, tels qu'ils ont été établis en 1783 ; Aix, Orgon, Digne, Brignolle & Draguignan.

ART. II.

L'Ingénieur en Chef sera chargé du Département d'Aix, en conformité du Réglement fait en 1783, & ratifié par l'Assemblée générale de 1784; & de la tenue des registres concernant les ponts & chemins : ils seront déposés au Bureau des travaux publics de la Province, sans qu'ils puissent être déplacés, ainsi que les plans, devis, tant de construction que d'entretien, & tous actes, baux & transactions concernant les travaux publics, lesquels seront signés de lui, & des Procureurs du Pays ; & l'un des Commis au Greffe sera chargé spécialement & uniquement de tous les dépôts en plans, devis, mémoires, & autres actes quelconques, & de toutes écritures relatives aux travaux publics.

ART. III.

Ne seront employés aucuns Piqueurs, Contrôleurs, Visiteurs, sur les travaux publics, que dans le cas où l'Assemblée des Procureurs du Pays nés & joints le jugera nécessaire pour un ouvrage dont la vérification définitive seroit susceptible de doutes & de difficultés, tels que les fondations d'un pont, mur, digues, & autres ; & dans ce cas il ne pourra être choisi que des gens capables de bien remplir les commissions dont ils seront chargés.

TITRE III.

Des fonctions de l'Ingénieur en Chef.

ARTICLE PREMIER.

ENsuite des arrêtés du Bureau pour les affaires courantes, l'Ingénieur en Chef expédiera la correspondance, les avis au Greffe pour les paiemens, les Ordonnances des Procureurs du Pays; fera faire le double des plans nécessaires aux Entrepreneurs, pour le tout être signé par les Procureurs du Pays, & ensuite enrégistré.

ART. II.

Il enrégistrera les résultats des procès-verbaux de réception ou de refus pour les constructions & entretiens, les procès-verbaux de tournée & de contraventions; il les présentera à l'Administration, inscrira sans délai & à mi-marge l'arrêté du Bureau, & expédiera les Ordonnances en conséquence.

ART. III.

A l'époque de chaque Assemblée particuliere de MM. les Procureurs du Pays nés & joints, l'Ingénieur en Chef remettra aux Procureurs du Pays l'état de situation de tous les travaux finis ou commencés en vertu des Ordonnances rendues, comparé avec les fonds destinés, échus & à échoir, l'état des paiemens pour les dépenses de refactions pressantes ordonnées ou à ordonner; & à la fin de chaque année, il remettra le compte général & le tableau de situation des ouvrages des cinq Départemens.

ART. IV.

Art. IV.

Les plans, dépendans des projets des nouvelles entreprifes déterminées dans tous les départemens, ainfi que les devis eftimatifs de ces entreprifes, feront rapportés à l'Adminiftration par l'Ingénieur en Chef qui les aura préalablement examinés, & qui donnera fon avis par écrit contradictoirement avec l'Ingénieur du Département.

Art. V.

L'examen des entretiens fera fait de la même maniere.

Art. VI.

Six femaines avant l'ouverture des encheres pour une adjudication, l'Ingénieur en Chef enverra au Chef lieu le plus voifin de l'entreprife, & dans les lieux principaux, les doubles des plans & les devis des entreprifes à conftruire; il y joindra des affiches qui annonceront l'ouvrage à faire, le montant de la dépenfe, & l'époque de l'adjudication; ces affiches feront vifées par MM. les Procureurs du Pays.

Il juftifiera dudit envoi par un certificat des Confuls de chaque Communauté auxquels ces pieces auront été adreffées.

Art. VII.

L'Ingénieur en Chef fera annuellement une tournée générale, pour connoître l'état de tous les travaux en conftruction dans chaque département; il en dreffera procès-verbal qui fera remis à l'Adminiftration, & ne pourra rien ajouter à l'exécution des ouvrages telle qu'elle aura été ordonnée par l'Adminiftration, & ftipulée par les baux d'entreprife.

B.

Art. VIII.

Toutes lettres & mémoires, concernant les travaux publics qui feront adreffés à l'Adminiftration, feront remis par elle à l'Ingénieur en Chef, qui lui en fera le rapport au plus tard dans huit jours.

TITRE IV.

Des fonctions des Ingénieurs des Départemens.

Article premier.

Les Ingénieurs des Départemens, domiciliés chacun dans le lieu du Département où le plus de routes fe réuniffent, ne pourront s'abfenter de l'étendue du Département, fans un congé de l'Adminiftration.

Art. II.

Ils feront fpécialement occupés de conferver en bon état tous les ouvrages publics, chacun dans leur Département, en furveillant les ouvrages d'entretien, & verbalifant fans délai fur toutes les œuvres & entreprifes qui peuvent caufer des dégradations aux ouvrages publics.

Art. III.

Les Ingénieurs des Départemens feront annuellement deux tournées d'infpection; ils vifiteront tous les chemins & travaux publics en conftruction & en entretien.

Art. IV.

Les projets d'une entreprise admis; l'exécution des ouvrages ne concernera que l'Ingénieur du Département, & ledit Ingénieur ne pourra rien ajouter à l'exécution des ouvrages telle qu'elle aura été ordonnée par l'Administration, & stipulée par les baux d'entreprise; & dans le cas qu'il survînt quelque événement imprévu qui exigeât des changemens, ils ne pourront être faits qu'ensuite des ordres par écrit de MM. les Procureurs du Pays.

Art. V.

L'Ingénieur du Département certifiera, au bas des plans qui seront adressés à l'Administration, quant aux ouvrages à exécuter, que le tracé a été fait sur le local, conformément auxdits plans, coupes & détails qui seront numérotés & signés par lui.

Art. VI.

Ils régleront les époques de leurs tournées, de manière qu'ils puissent envoyer à l'Administration & à l'Ingénieur en Chef, l'état des travaux de leurs Départemens, dans les mois de Janvier, Mai & Septembre,

Art. VII.

Ils rendront compte de leurs tournées par deux tableaux de situation, l'un pour les constructions, l'autre pour les entretiens, adressés à l'Administration, y joignant les procès-verbaux des contraventions commises par les particuliers, au préjudice de la conservation des ouvrages ou de la liberté des routes.

B ij

Art. VIII.

Le tableau de situation pour les constructions, décrira chaque entreprise en particulier, en indiquant le nom de l'adjudicataire, l'époque & le prix de l'adjudication, les progrès du travail, son état actuel, l'évaluation des ouvrages faits à chaque époque, établissant le prix conformément à l'adjudication; enfin les remarques sur la défectuosité ou la bonté des matériaux, & du travail de l'Entrepreneur.

Art. IX.

Le tableau de situation pour les entretiens renfermera, pour chaque route, l'état du chemin comparé aux obligations de l'Entrepreneur, & la description détaillée, de cent en cent toises, des empierremens, engravemens, banquettes, fossés, talus & aut.es parties; plus les ouvrages d'art, tels que pavés, gondoles, murs, parapets, ponceaux, ponts, & tous autres, feront séparement indiqués, & leur état décrit en détail; spécifiant pour chacun, s'il y a lieu, les réparations nécessaires & l'estimation de la dépense; distinguant ce qui est à la charge de l'Entrepreneur, d'avec ce qui est à la charge du Pays.

Art. X.

L'état des rues servant au passage des routes, leur bon ou mauvais entretien seront spécifiés en détail, ainsi que les réparations & réfactions nécessaires, auxquelles sera jointe l'estimation de la dépense, qui est à la charge de la Communauté.

Art. XI.

Lorsqu'un événement imprévu détruira quelque ouvrage

dépendant d'une route, ou interceptera le passage sur un chemin, l'Ingénieur du Département viendra sans délai sur les lieux, & fera procéder sur le champ aux réparations nécessaires, lesquelles n'excéderont pas une somme de cent livres ; il en donnera avis à l'Administration, & dressera un procès-verbal visé des Consuls du lieu, & de deux Notables.

ART. XII.

Dans ce cas seulement, les Ingénieurs des Départemens seront autorisés à demander aux Communautés, les secours & les Travailleurs nécessaires, ce qui ne pourra être refusé ni différé par les Consuls ; les Communautés feront les avances de la dépense, dont le montant leur sera remboursé par le Pays, sur l'état qui en sera tenu, & visé par l'Ingénieur du Département.

ART. XIII.

Indépendamment des tournées d'inspection pour la visite des travaux en constructions, ils vérifieront l'établissement des constructions difficultueuses ou cachées, & l'achevement de tous les ouvrages d'art, en maçonnerie ou charpenterie, & aussi des empierremens & engravemens ; dresseront procès-verbaux de ces vérifications qu'ils adresseront à l'Administration, après en avoir donné copie à l'Entrepreneur.

TITRE V.

Des fonctions du sous-Ingénieur.

ARTICLE PREMIER.

Il y aura un sous-Ingénieur du Pays, lequel sera dessinateur, qui servira indistinctement dans toute l'étendue de la Province, suivant les ordres qu'il recevra de l'Administration.

Art. II.

Il suppléera les Ingénieurs des Départemens ou les secondera dans leurs fonctions, ainsi qu'il en sera chargé par l'Administration.

Art. III.

Il sera employé particuliérement à faire les cartes & plans nécessaires à l'Administration des Etats ; il travaillera, ensuite des ordres qui lui seront donnés par les Procureurs du Pays, sous la direction & inspection de l'Ingénieur en Chef ; il résidera à Aix pour la rédaction des plans & cartes, depuis le 15 Novembre jusqu'au 15 Mars.

TITRE VI.

Des Chemins de Péages & de Bacs.

Article premier.

L'Administration poursuivra l'exécution de toutes les Ordonnances rendues & à rendre, concernant l'ordre, l'entretien, & le bon état des chemins dont les propriétaires perçoivent des droits de péage.

Art. II.

Les Ingénieurs, dans leurs tournées d'inspection sur les routes, visiteront ces chemins comme ceux du Pays, & en rendront compte de la même maniere ; ce qui sera fait en addition aux mémoires descriptifs & procès-verbaux de tournées, pour y être avisé par l'Administration.

ART. III.

Ils adrefferont à l'Adminiftration les procès-verbaux de toutes les contraventions qui nuifent ou peuvent nuire à la confervation des travaux publics, & à la confervation des routes ; énonceront l'endroit du dommage ou de l'embarras ; défigneront les contrevenans par leurs noms & furnoms feulement, indiqueront leur réfidence ; & porteront l'évaluation de la dépenfe néceffaire pour rétablir les lieux en l'état d'ouvrage neuf.

LIVRE II.

Des fonds deſtinés à la conſtruction & à l'entretien des Travaux publics.

TITRE PREMIER.

Diſtinction des fonds.

ARTICLE PREMIER.

LEs fonds deſtinés aux travaux publics feront féparément diſtingués ; l'Aſſemblée feule des Etats déterminera leur deſtination particuliere, & pourra feule changer cette deſtination, ſi les circonſtances l'exigent.

TITRE II.

Fonds pour la conſtruction des ouvrages inopinés.

ARTICLE PREMIER.

LEs conſtructions & réparations imprévues, qui feront de néceſſité indiſpenſable pour aſſurer le paſſage fur une route déja établie, feront faites des fonds particuliérement impoſés pour les cas inopinés.

LIVRE III.

LIVRE III.

De la construction des nouveaux ouvrages.

TITRE PREMIER.

Des Mémoires instructifs, projets, plans, devis, & estimation.

ARTICLE PREMIER.

Toute demande faite à l'Administration pour un nouvel ouvrage public, sera rapportée à une Assemblée des Procureurs du Pays nés & joints, l'Ingénieur en Chef présent pour fournir toutes les instructions nécessaires sur la localité & sur le genre de construction du nouvel ouvrage.

ART. II.

L'examen étant ordonné par l'Administration, Mrs. les Consuls de la Communauté, dans le terroir de laquelle l'entreprise sera faite, seront avertis par affiches quinze jours avant celui que l'Ingénieur ira sur les lieux, pour déterminer son projet, à l'effet de donner avis de ses opérations à tous les propriétaires intéressés, & que ledit Ingénieur puisse avoir connoissance de toutes les observations qui lui seront faites.

En cas de discussion, l'Ingénieur dressera un procès-verbal où seront rapportées toutes les oppositions, pour le tout être référé à l'Administration.

C

S'il n'eſt fait aucune obſervation ſur le projet, l'Ingénieur en juſtifiera par un certificat des Conſuls.

L'Ingénieur levera les plans & niveaux de tous les emplacemens poſſibles, pour la totalité de l'ouvrage demandé. Il joindra à ces plans un mémoire inſtructif ſur la nature de l'emplacement, ſur les reſſources locales, & ſur l'apperçu de la dépenſe pour chacun des emplacemens.

A toutes ces pieces, l'Ingénieur joindra ſon avis par écrit; le tout ſera adreſſé à l'Adminiſtration, qui préparera le rapport qu'elle fera enſuite à l'Aſſemblée des Procureurs du Pays nés & joints, & à l'Aſſemblée des Etats.

Art. III.

Le rapport fait à l'Aſſemblée des Etats de la totalité du projet, & délibération par elle priſe de faire lever les plans & dreſſer les devis de conſtruction, l'Adminiſtration pourvoira à l'exécution de ladite délibération.

Art. IV.

Le plan général du projet, & ſon profil en long, ſeront ſéparés des autres pieces; le détail des ouvrages de terraſſement ſera exprimé particuliérement en plan & en profil marqués de numéros de vingt en vingt toiſes, & plus fréquemment ſi les inflexions du terrein l'exigent pour chacun des numéros. Il ſera fait un profil en travers ſur lequel ſeront figurés à côté les murs, les remblais, & déblais à faire, la diſtance des matériaux, la nature des matieres à déblayer, la longueur & la maniere du charroi, ainſi que l'emploi de ces matieres; à quoi ſeront joints les prix d'eſtimation pour ces détails partiels : à toutes ces pieces ſeront joints les deſſeins & figures en grand de tous les ouvrages d'art, leſquels auront toutes leurs parties cottées, & leurs diverſes dimenſions.

Art. V.

Les entreprises seront divisées, autant qu'il sera possible, & chaque devis n'excédera pas la longueur de quinze à seize cent toises.

Art. VI.

Les rues servant de passage aux routes auront leur plan particulier & profil levé sur une échelle d'une ligne pour pied; les lignes des coupemens y seront cottées par leur distance de tous les points saillans & rentrans aux façades existantes.

Art. VII.

Au mémoire indicatif & estimatif sera joint le devis de la construction totale, où seront déterminées les dimensions, les formes, la disposition, & les façons des ouvrages de terrassement & des ouvrages d'art, & pour ceux-ci seront déterminés les matériaux & la maniere de construire. Ce devis sera rédigé en articles distincts de déblais, remblais, glacis, accottemens, fossés, banquettes, empierremens, pavés, murs, gondoles, ponceaux, ponts, fouilles pour fondations, ouvrages de fondations, & détails de construction accessoire & dépendances; enfin chaque détail d'ouvrages sera compris dans un article particulier, ainsi que l'évaluation particuliere; & toutes les obligations quelconques de l'Entrepreneur y seront détaillées telles qu'elles sont établies par les anciens Réglemens.

Art. VIII.

Le devis, le mémoire de l'estimation, toutes les feuilles de plans & de profils & du dessin, signées par l'Ingénieur du département qui aura rédigé le tout, seront remises par l'Adminiſtration à l'Ingénieur en Chef qui lui en rendra compte.

ART. IX.

Si l'état des travaux exige une vérification locale, les Procureurs du Pays allant ſur les lieux, feront, avec l'Ingénieur en Chef & avec l'Ingénieur du Département, l'examen qui aura été délibéré, les Conſuls & deux Notables appellés; le procès-verbal de vérification ſera rapporté au Greffe pour être communiqué à l'Aſſemblée des Procureurs du Pays nés & joints, laquelle ſtatuera définitivement ſur la préſentation à faire du projet à la prochaine Aſſemblée générale.

ART. X.

L'Aſſemblée des Etats ayant admis la totalité ou partie du projet, & ordonné la dépenſe totale énoncée par le devis & eſtimation, ou ſeulement partie de cette dépenſe, ayant auſſi fixé les époques & la durée du travail & des paiemens, la premiere Aſſemblée des Procureurs du Pays nés & joints réglera les diſpoſitions à faire en conséquence pour l'adjudication & pour l'exécution deſdits ouvrages.

ART. XI.

Avant que les annonces publiques de la conſtruction ſoient affichées, l'Ingénieur en Chef aviſera l'Ingénieur du Département de tracer ſur le terrain l'entrepriſe à mettre aux encheres, ce qui ſera effectué par les lignes de direction, tant du ſol du chemin, que de l'extérieur des chauſſées & des déblais; & en outre ſeront placés des piquets à chacun des numéros marqués ſur les plans & profils, & rapportés dans le mémoire d'eſtimation: enſuite de quoi l'Ingénieur du Département pourvoira à ce que l'arpentement & eſtimation de remplacement des ouvrages ſoient faits ſans délai.

TITRE II.

Des Encheres, des Baux d'entreprises & des adjudications.

ARTICLE PREMIER.

Les encheres pour l'entreprise d'un ouvrage feront au rabais des prix de détail portés par le mémoire d'eſtimation, & non de la ſomme totale priſe en bloc.

ART. II.

Les encheres du bail d'entrepriſe feront ouvertes au Bureau de l'Adminiſtration, pour y être continuées de huitaine en huitaine, avec publication des rabais, & ce, pendant trois huitaines conſécutives: à la derniere enchere, le bail ſera adjugé à celui qui aura fait la condition meilleure.

ART. III.

Les offres des encheres pourront être reçues par les Conſuls des lieux, concurremment avec celles faites au Bureau de la Province; dans le premier cas, leſdits Conſuls les enverront à l'Adminiſtration, duement ſignées par les offrans & leur caution, & l'adjudication pourra leur être paſſée ſi leur offre eſt la plus avantageuſe au Pays.

ART. IV.

Dès l'ouverture de la premiere enchere pour l'adjudication d'un bail d'entrepriſe, tous les deſſins, plans, profils, mémoires eſtimatifs & devis de cette entrepriſe ſignés par les Procureurs du Pays & par l'Ingénieur en Chef feront communiqués aux Entrepreneurs qui fe préfenteront pour en avoir connoiffance, & auxquels il fera libre de prendre note & extrait du mémoire eftimatif & du devis de conftruction & des plans.

ART. V.

Chaque Entrepreneur fera la déclaration des entreprifes dont il eft chargé, ainfi que des cautionnemens; & à défaut de déclaration, l'Adminiftration fera libre de réfilier le bail, fans que l'Entrepreneur puiffe demander aucune indemnité quelconque.

ART. VI.

Les procès-verbaux de toutes les encheres porteront les difpofitions fuivantes : » A l'ouverture de chacune des trois
» encheres, publiées au rabais fur le prix de détail pour
» l'adjudication du bail d'entreprife des ouvrages, les con-
» currens ici préfens, ont déclaré avoir examiné en détail
» tous les articles de conftruction & de dépenfes à faire
» pour la conftruction, l'entier achevement, & la perfection
» defdits ouvrages dont ils reconnoiffent toutes les parties
» bien & fuffifamment eftimées ; en conféquence chacun d'eux
» fe foumet, l'adjudication lui demeurant, à ne prétendre
» aucune augmentation fur les prix de détail & fur le prix
» total, tels qu'ils font réduits par fa derniere offre, ni
» fur la quantité & nature d'ouvrages ftipulées au mémoire
» d'eftimation, & au devis repréfenté par les plans & profils annexés, toutes les pieces fignées de MM. les Procureurs du Pays : fur ce, chacun d'eux déclare que le
» tout a été par lui reconnu fur le terrain être exé-
» cutable aux formes, façons & quantités déterminées
» par les deffins, eftimations & devis, & de plus pouvoir

» être réduit au prix qu'il y mettra par sa derniere offre :
» se soumettant 1°. d'avoir fini & perfectionné tous les ou-
» vrages à l'époque fixée par l'annonce affichée dont il a
» eu connoissance ; 2°. à n'être payé d'aucuns à-comptes,
» qu'aux époques fixées par ladite annonce pour les paie-
» mens partiels, & dans le cas seulement où il y pourra
» prétendre en vertu d'un procès-verbal approbatif des ou-
» vrages faits ; 3°. de laisser pour sûreté de ses engagemens,
» le dixieme des sommes échues à chaque époque, ce dixieme
» devant servir de sûreté au Pays, & demeurer dans la
» caisse des Etats jusques à réception d'ouvrages définitive,
» qui n'aura lieu que cinq ans après l'achevement absolu
» des ouvrages ; 4°. d'entretenir & maintenir en état de
» neuf tous les ouvrages qui seront par lui faits, & ce aux
» formes, maniere & conditions stipulées par le devis d'en-
» tretien annexé au devis de construction, sans pouvoir
» prétendre aucun paiement à raison dudit entretien ; 5°. de
» demeurer garant lui & sa caution, de la bonté & solidité
» des ouvrages & construction, selon les soumissions, & de
» la maniere prescrite par le Réglement général des tra-
» vaux publics, auquel sont contenus tous les articles qui
» concernent son entreprise, & les diverses obligations
» auxquelles il se soumet, les connoissant & les admettant
» dans son engagement. »

ART. VII.

L'entreprise étant adjugée, l'Entrepreneur signera toutes les pieces qui établissent son engagement ; elles seront annexées au bail, & déposées au Greffe des Etats, & copie collationnée du tout sera remise à l'Adjudicataire.

TITRE III.

De la Conſtruction.

ARTICLE PREMIER.

AVant que les travaux d'une nouvelle entrepriſe ſoient commencés, l'Ingénieur du Département ſe rendra ſur les lieux, muni des plans, profils & deſſins de conſtruction des ouvrages, pour le tout être reconnu ſur le terrein avec l'Entrepreneur qui diſpoſera ſes atteliers en conſéquence, & pourvoira à la fourniture des matériaux pour les ouvrages d'art qui lui ſeront alors tracés en grand.

ART. II.

Dans le Cours des travaux, l'Ingénieur fera de tems à autre, & à raiſon de leur importance, la vérification des ouvrages, d'après les diſpoſitions déterminées par les plans & devis ; l'Entrepreneur préſent, il en dreſſera procès-verbal, dont il donnera note à l'Entrepreneur; & adreſſera copie dudit rapport à l'Adminiſtration pour qu'elle ordonne ce qui ſera convenable, en cas de défectuoſité & de mauvaiſe conſtruction.

ART. III.

Aux époques des payemens partiels, l'Ingénieur du Département adreſſera à l'Adminiſtration un procès-verbal d'inſpection, qui contiendra l'indication & l'état des ouvrages faits, & auſſi le montant de leur valeur, relevée ſur le memoire eſtimatif des ouvrages, ayant égard au rabais fait

par

par l'Adjudicataire, & déduisant le dixieme de retenue à faire sur le payement.

ART. IV.

Les ouvrages en construction seront visités pendant leur durée par l'Ingénieur en Chef, lors de sa tournée annuelle; & si une construction devoit être commencée & finie entre deux tournées, cette construction seroit visitée particuliérement : dans l'un & l'autre cas, il sera fait procès-verbal de l'Etat des ouvrages.

ART. V.

Les travaux, selon leur importance, seront visités durant leur construction par les Procureurs du Pays, qui seront députés à cet effet.

TITRE IV.

De la Réception d'œuvres, & du Payement des ouvrages.

ARTICLE PREMIER.

UNe entreprise étant achevée, & l'Ingénieur du Département en ayant donné avis à l'Administration, l'un des Procureurs du Pays, accompagné de l'Ingénieur en Chef, & de l'Ingénieur du Département, fera l'examen des travaux comparés aux plans & devis, en présence de l'Entrepreneur.

ART. II.

S'il y a lieu à la réception d'œuvre, les Ingénieurs dresferont leur procès-verbal, qui fera figné par le Procureur du Pays préfent, pour être le tout rapporté à l'Adminiftration qui prononcera définitivement.

Art. III.

Pour un ouvrage dont la valeur n'excédera pas trois mille livres, la réception d'œuvre pourra être faite fans les Procureurs du Pays, par l'Ingénieur en Chef & l'Ingénieur du Département, qui procéderont comme pardevant les Procureurs du Pays; leur procès-verbal fera remis à l'Adminiftration, pour ftatuer ce qu'il appartiendra ; ce qui n'aura lieu néanmoins que par ordre de l'Adminiftration.

Art. IV.

Tout procès-verbal de réception d'œuvre comprendra le compte définitif du montant de l'entreprife, les articles de ce compte réglés d'après les procès-verbaux particuliers des quantités d'ouvrages, & les prix de l'adjudication.

Art. V.

Du tout il fera ordonné payement, fauf la déduction du dixieme qui doit demeurer dans la caiffe des Etats jufques après la feconde & définitive réception à faire dans cinq ans, & felon la forme de la premiere.

Art. VI.

Les ouvrages n'étant pas de recette lors de la derniere réception, il fera pourvu par l'Adminiftration à la réfaction & réparation des parties vicieufes, ou dégradées, qu'elle ordonnera, à la folle enchere de l'Adjudicataire, pour y être employées les fommes de fûreté laiffées par lui dans la caiffe des Etats; & pour le furplus de la dépenfe, il y fera contraint par toutes les voies, jufques à l'entier payement.

TITRE V.

De la Garantie par les Adjudicataires.

ARTICLE PREMIER.

LA feconde & définitive réception d'œuvre ne terminera point la garantie des ouvrages en maçonnerie & pierre de taille: elle aura lieu pour les cinq années fuivantes, s'il s'y découvre des vices de conftruction, ou un emploi de mauvais matériaux dans le corps de l'ouvrage.

ART. II.

Dans l'efpace des cinq années qui fuivent la premiere réception, l'Entrepreneur ne pourra prétendre au payement d'aucune réfaction, réparation, ou autre ouvrage fait dans les travaux de fon entreprife, à moins de dégradations, démolitions, & ruptures caufées par force majeure, ou par cas fortuits.

ART. III.

L'Adjudicataire ne pourra exciper de la force majeure, ou des cas fortuits, qu'autant qu'il aura achevé fon entreprife à l'époque fixée par fon bail, ne lui ayant été ordonné aucune fufpenfion, ni retard; & lorfque lefdits cas fortuits feront de notoriété publique, ou conftatés avec les formalités requifes.

LIVRE IV.

De l'entretien des Chemins.

TITRE PREMIER.

De l'Entretien des Rues servant de passage aux routes.

ARTICLE PREMIER.

TOute rue servant de passage à une route sera entretenue par la Communauté du lieu, & en conformité de ce qui sera prescrit pour les réparations dans le devis général d'entretien, sauf à la Communauté d'en charger l'Entrepreneur d'entretien de la route, moyennant le prix auquel cette partie aura été estimée dans le devis général.

ART. II.

Les Communautés maintiendront ces parties de route en bon état ; & en cas de négligence, constatée par un procès-verbal de tournée de l'un des Ingénieurs, il y sera pourvu par ordre de l'Administration, aux frais & dépens de la Communauté contre laquelle il sera taxé exigat au Trésorier en la forme ordinaire.

TITRE II.

Des devis d'entretien pour les chemins neufs, après la seconde réception d'œuvre.

Article premier.

Le devis d'entretien pour un chemin neuf décrira exactement la forme & dimension d'empierrement, engravement, accottement, fossés, banquettes, glacis, & le détail de bornes, parapets, gondoles, pavés, revêtemens, ponceaux, ponts & murs de soutenement, & tous autres ouvrages principaux ou accessoires, pour tous lesquels sera prescrit le genre d'entretien, les quantités & qualités des matériaux qui devront être employés, aux époques indiquées ou journellement, pour que le chemin & ses dépendances soient constamment maintenus à neuf.

Art II.

Sera joint par articles le détail estimatif de la dépense, dont la somme totale formera le prix de l'entretien payable par semestre, en Mars & en Septembre.

TITRE III.

Des mémoires, & des devis pour le renouvellement d'entretien.

Article premier.

Six mois avant l'expiration d'un bail d'entretien, l'Ingénieur du Département adressera à l'Administration un mémoire contenant les indications exactes sur le nombre,

& l'espece de voitures qui fréquentent la route, sur son utilité, pour le genre de commerce, les foires & marchés des Vigueries & des Communautés qui communiquent avec elle; sur l'état de dépériffement ou de confervation de la partie à remettre en entretien ; sur la dépenfe à faire pour réparer convenablement ; sur le prix de la nouvelle entreprife d'entretien qui commencera après la réparation faite ; sur la qualité, l'éloignement, l'abondance ou rareté des matériaux leur prix, celui des charrois & des Travailleurs ; enfin sur toutes les convenances, les nécessités, la méthode, & les moyens de l'entretien à renouveller.

ART. II.

L'Administration ayant pris connoiffance de tous ces détails, & de l'avis par écrit de l'Ingénieur en Chef; elle ordonnera le devis, en fixant la fomme annuelle qu'elle déterminera devoir être employée à l'entretien.

ART. III.

L'Ingénieur du Département fera le devis d'entretien ; il y mentionnera la qualité des matériaux, dont la quantité fera déterminée par les repaires en bornes numérotés, fixant la hauteur constante du chemin, placés hors de fa voie, de cinquante en cinquante toifes, pour fervir conftamment de moyens de vérification ; le refte des détails fera mentionné, comme aux devis d'entretien pour les chemins neufs, à l'exception des ponts, qui auront plus de douze pieds d'ouverture.

ART. IV.

L'Ingénieur en Chef, visera le devis d'entretien dont il rendra compte à l'Administration ; & enfuite de son rapport par écrit ce devis fera admis, s'il y a lieu, & figné par les Procureurs du Pays.

TITRE IV.

Des obligations communes aux Entrepreneurs d'entretien des chemins neufs & des chemins vieux.

ARTICLE PREMIER.

IL eft prefcrit également aux Entrepreneurs d'entretien des chemins neufs & des chemins vieux, de maintenir tous les foffés dépendans des chemins, dans les mêmes dimenfions, & plus grandes fi elles leur font ordonnées ; d'ouvrir des foffés d'écoulement dans toutes les circonftances où ils feront néceffaires, pour deffécher promptement le chemin, fauf le payement après la vérification faite ; d'enlever des foffés tous les obftacles, encombremens, dépôts, barrages & ponts, dont l'ouverture feroit moindre que la largeur du foffé ; de rétablir les foffés, & leur largeur & profondeur, & emplacement lorfque les riverains les auront ou diminués ou repouffés vers le chemin ; de démolir toutes conftructions, & arracher toutes plantations que les voifins établiront fur le chemin, en deça du foffé, dans le foffé, ou fur la banquette extérieure du foffé fi elle exifte ; de combler tous les trous, fouilles & excavations faites en deça de cette banquette ; de contenir par bonnes & fuffifantes conftructions toutes les eaux d'arrofages qui nuifent aux chemins, & felon leur volume d'établir des ponceaux pour leur paffage fous la voie ; d'enlever tous les dépôts, embarras & encombremens laiffés fur les chemins ; de couper, à la hauteur de douze pieds, toutes les branches d'arbres faillantes au delà du foffé ; d'enlever ou écrafer toutes les pierres mouvantes qui feront fur les chemins, foit qu'elles faffent partie de l'empierrement, ou qu'elles y aient été laiffées ou jettées; le tout, tant fur les chemins que dans les rues de paffage, après avoir averti dans l'un & l'autre cas les Confuls du lieu par un comparant duement fignifié & communiqué aux particuliers intéreffés, lequel contiendra la teneur du préfent article, pour qu'ils aient à y faire pourvoir dans les vingt-quatre heures; & à défaut, l'Entrepreneur exécutera le préfent ordre aux frais & dépens de qui il appartiendra, pour être enfuite pourvu au remboursement de fon compte vifé par l'Ingénieur du département, & le paiement tant pour le travail que pour les frais, ordonné par l'exigat que taxera l'Adminiftration.

ART. II.

A défaut par l'Entrepreneur de procéder ainfi qu'il lui eft prefcrit par l'article précédent, l'Ingénieur en tournée fera exécuter cette partie des obligations, aux frais & dépens de l'Entrepreneur, par des Travailleurs qui feront pris dans les lieux les plus voifins.

ART. III.

Les affiches de toute entreprife d'entretien, ainfi que copie des devis eftimatifs, feront envoyées aux Communautés voifines, pour être procédé à la délivrance, ainfi qu'il a été prefcrit par les articles II, III, & IV du titre II concernant les adjudications des ouvrages en conftruction.

L'on obfervera de divifer la longueur defdits entretiens, autant qu'il fera poffible.

TITRE V.

TITRE V.

De l'inspection des entretiens pour les routes, ponts & autres ouvrages publics.

Article premier.

Les Ingénieurs du Département ou le sous-Ingénieur, lorsqu'il suppléera les Ingénieurs, visiteront dans leurs tournées pour l'entretien des travaux publics, les chemins de Province, les ponts, digues & tous les ouvrages d'utilité publique, dont la dépense en totalité ou en partie a été faite des fonds du Pays. Ils dresseront un procès-verbal de leur visite, dans lequel sera détaillé chacun des ouvrages inspectés, & un procès-verbal particulier pour ceux qui exigent paiement ; le procès-verbal sera mandé à l'Administration.

TITRE VI.

Des paiemens pour les entretiens.

Article premier.

Aucune somme, échue pour le paiement d'un entretien, ne sera ordonnée à l'Entrepreneur, s'il ne fait constater le bon état de son entreprise d'entretien par un procès-verbal signé par l'Ingénieur du Département, les Consuls du lieu, deux Notables & le Seigneur ou le Procureur Jurisdictionnel, lesquels remettront leurs observations s'il y a lieu; le mandat étant expédié, il y sera joint l'original dudit procès-verbal.

Art. II.

Un Entrepreneur d'entretien qui n'aura pas été payé du semestre échu de son entreprise, pour cause des réparations négligées & d'inexécution du devis à lui notifié par le procès-verbal d'inspection, y travaillera sans délai; & si les mêmes réparations ne sont point faites lors de la tournée suivante, l'Ingénieur en fera son procès-verbal, sur lequel l'Administration ordonnera les réparations, pour être faites aux dépens de l'Entrepreneur & à sa folle enchere publiée & adjugée en une séance, dans le lieu le plus voisin. Les frais & les ouvrages seront payés des fonds dus par le Pays à l'Entrepreneur; & pour l'excédent, il sera poursuivi extraordinairement; ensuite de quoi l'entreprise sera résiliée de droit.

Art. III.

Un mois avant que le terme de l'entreprise d'un entretien soit expiré, l'Entrepreneur requerra l'Ingénieur du Département d'aller comparer l'état de l'entretien au devis de l'entreprise: cet examen, qui ne pourra être différé, sera fait par l'Ingénieur en présence de l'Entrepreneur; s'il n'a pas rempli ses obligations, il sera tenu de completter les réparations prescrites par son bail d'entretien, & sur son refus, il y sera pourvu à sa folle enchere, comme il est dit par l'article précédent.

LIVRE V.

Des largeurs pour les chemins des rues servant de passage aux routes, des possessions contigues aux chemins & aux ouvrages particuliers.

TITRE PREMIER.

De la largeur des chemins.

ARTICLE PREMIER.

Les chemins à construire & à réparer à neuf, auront de largeur totale, prenant empierrement, pavé & banquette; savoir, les chemins de premiere classe, cinq toises, & cette largeur pourra être augmentée aux approches des villes; les chemins de seconde classe, quatre toises; les chemins des Communautés, quinze pieds : ces largeurs pourront être réduites, lorsque les Etats le jugeront convenable. Si les Vigueries ou les Communautés desirent avoir dans quelques parties de la route, des largeurs plus considérables que celles ci-dessus prescrites, la dépense que cette augmentation occasionnera sera faite à leurs frais & dépens.

TITRE II.

Des Rues servant de passage aux routes.

Article premier.

Les Confuls de chaque lieu, où eft établi le paffage d'une route, expoferont publiquement à l'Hôtel-de-Ville le plan des alignemens ordonnés par l'Adminiftration, pour cette rue ; & toutes les conftructions nouvelles feront établies fur ces alignemens, après le tracé qui en fera fait à mefure du befoin, en préfence des Confuls, par les Ingénieurs des Départemens.

Art. II.

Nul Particulier, dont la maifon fera fujette à l'alignement déterminé par le plan, ne pourra la démolir, fans en avoir averti au préalable l'Adminiftration un mois auparavant, à l'effet que l'Ingénieur du Département puiffe en avoir connoiffance, & tracer lui-même la direction déterminée, & le niveau du fol.

Art. III.

Toute œuvre faite par un Propriétaire, qui ne feroit pas conforme au plan déterminé, & qui n'auroit pas demandé l'alignement, fera démolie à fes frais & dépens, enfuite des ordres de l'Adminiftration, & d'après le procès-verbal de l'Ingénieur du Département : ce procès-verbal fera figné par l'Ingénieur, les Confuls du lieu, deux Notables, le Juge, ou le Procureur Jurifdictionnel.

TITRE III.

Des Maisons de campagne, des Murs d'enclos le long d'un chemin.

Article premier.

Tout édifice ou mur à construire au bord d'un chemin neuf, sera établi à trois pieds au-delà du fossé, & ne pourra être placé de maniere à gêner l'écoulement des eaux que ce chemin ou ce fossé versent dans la campagne; il en sera de même des dépendances de l'édifice, & des murs d'enclos.

Art. II.

Tout édifice & mur à construire le long d'un chemin vieux, ou d'une rue servant de passage à une route, ne pourra être établi, sans que le Propriétaire en ait reçu l'alignement de l'Ingénieur du Département, en exécution du plan arrêté pour la prochaine réfection de cette partie de chemin; la partie de plan concernant l'alignement, signé des Procureurs du Pays, sera remis au propriétaire pour lui servir de titre; cette Ordonnance fixera la hauteur desd. murs, & les conditions; & faute par lui d'observer ce préalable, il ne pourra prétendre aucun payement, si la démolition avoit lieu lors des constructions, réparations ou redressement du chemin ou rue, & pour les ouvertures & percements qui pourroient être alors nécessaires pour l'écoulement des eaux.

Art. III.

Les Propriétaires de tous les édifices ruraux, & des

maisons habitées qui sont placées sur un chemin en deçà du fossé, & entre le fossé & sa banquette extérieure vers la campagne, seront & demeureront obligés d'entretenir, réparer & maintenir le chemin en bon état dans toute la longueur de leurs édifices; & l'Entrepreneur tiendra la main à l'exécution du présent article, sous peine d'en répondre en propre.

ART. IV.

Pour parvenir à toute habitation ou propriété située au-delà du fossé d'un chemin, les Propriétaires établiront sur le fossé des ponts solidement construits, & dont l'ouverture soit égale à la hauteur & largeur exacte du fossé. En cas d'encombrement, ou de défectuosité audit fossé, l'Entrepreneur y pourvoira, ainsi qu'il a été réglé en l'article précédent.

TITRE IV.

Des Eaux utiles qui traversent ou suivent les chemins.

ARTICLE PREMIER.

Les Propriétaires des eaux utiles pour moulins, ouvroirs & fabriques, & pour l'arrosement des terres, les contiendront, aux approches des chemins, dans des canaux ou fossés suffisans, pour qu'elles ne puissent se répandre sur le chemin, ou dans des fossés.

ART. II.

Les eaux utiles pourront être mises dans les fossés du chemin, & les suivre; le Propriétaire qui en aura l'usage, sera tenu d'entretenir ce fossé, & d'empêcher que lesdites eaux n'occasionnent aucun dommage à la route. Ces eaux ne pourront traverser les chemins qu'au moyens des ponceaux construits & entretenus aux frais desdits Particuliers; & en cas de négligence de leur part, sur le procès-verbal de l'Ingénieur du Département, l'Administration ordonnera ce qu'elle jugera convenable ; & conformément aux dispositions des anciens Réglemens, les deblais provenant du recurage desdits fossés, feront déposés du côté des terres, & non sur la banquette du chemin. Lorsque la Province fera un changement à un chemin, & que sa nouvelle direction traversera des fossés, des canaux d'arrosage, des béals de moulins, &c. ce sera à la Province à pourvoir à l'exécution des ouvrages nécessaires, comme ponts, ponceaux, murs, & autres, & à les entretenir.

LIVRE VI.

Des matériaux & du paiement de leur prix.

TITRE PREMIER.

Des carrieres, fouilles de gravier, & de sable, & des clapiers.

ARTICLE PREMIER.

TOus les matériaux, néceffaires pour la conftruction des travaux publics, feront pris là où ils auront été indiqués par le devis de conftruction & d'entretien.

ART. II.

Les Entrepreneurs pourront fe fervir de carrieres ouvertes & en ouvrir de nouvelles ; faire toutes les fouilles néceffaires pour l'extraction du gravier & du fable ; employer les pierres amoncelées en clapiers, lorfqu'elles ne feront pas utiles aux propriétaires ; raffembler & enlever les pierres & les rochers épars ; enfin rompre & employer celles qui font adhérentes, fi elles ne foutiennent pas des terreins cultivés ou des bois ; le tout après avoir préalablement prévenu le Propriétaire par un comparant fignifié huit jours à l'avance pour les conftructions, & vingt-quatre heures feulement pour les entretiens & réparations preffantes.

TITRE II

TITRE II.

Du prix des matériaux, des dédommagemens dus pour les dégats faits dans les propriétés, & du payement.

ARTICLE PREMIER.

Les Entrepreneurs conviendront de gré à gré, & par écrit avec les propriétaires, du prix des matériaux qu'ils extrairont; ou bien ils les payeront à fix fols la toife cube mefurée dans les fouilles. Quant aux matériaux épars qu'ils raffembleront, il ne fera exigé d'eux aucun payement.

ART. II.

Les mefures des excavations feront conftatées par les buttes, témoins ou dames qui feront laiffées à cet effet dans le déblai.

ART. III.

Il fera expreffément défendu à tout Entrepreneur de déplacer aucune pierre ayant un ufage utile; de démolir aucuns murs; d'enlever aucun approvifionnement de matériaux, bois, attraits & échaffaudages, à peine de tous dépens, dommages & intérêts envers le Propriétaire.

ART. IV.

Les dégats caufés dans les propriétés par le charroi des matériaux, & les dédommagemens pour caufe de non jouiffance, feront dus par l'Entrepreneur au Propriétaire du fol; ils traiteront du prix par écrit, avant tout ouvrage, & s'ils n'en conviennent pas, l'eſtimation en ſera faite enſuite par Experts.

ART. V.

Pour l'emplacement des terres, pierres, graviers, & autres matieres entrepoſées ſur les poſſeſſions des Particuliers, tant pour les travaux en conſtruction que pour les travaux à l'entretien, les Entrepreneurs procéderont de la maniere preſcrite par l'article précédent.

LIVRE VII.

De l'eſtimation & du payement pour les terreins & démolitions néceſſaires à l'établiſſement des Travaux publics.

TITRE PREMIER.

Des Experts - Eſtimateurs, & de leurs eſtimations.

ARTICLE PREMIER.

LEs Experts-Eſtimateurs de chaque Communauté feront, pour ce qui eſt relatif aux travaux publics, l'eſtimation des objets occupés ou détruits pour l'emplacement & dépendance de ces travaux, & pour alignemens, redreſſemens, & élargiſſemens des rues ſervant de paſſage, & n'y pourront opérer qu'avec un Géometre - Arpenteur & Toiſeur de la Province.

ART. II.

Ils fixeront la valeur des fonds de terre, ſelon les prix établis par partages, contrats d'acquiſition, & autres titres valables les plus récens de ces terres ou d'autres de même qualité & produit, y ajoutant l'augmentation acquiſe par le laps du tems, ou par les améliorations que les Propriétaires y auront faites; les actes ſeront indiqués, ainſi que les motifs à l'augmentation du prix, ſi elle a lieu.

F ij

Art. III.

Les plantations, les récoltes, les murs d'enclos, les rigoles de maçonnerie pour les arrosemens, seront séparément estimés selon le prix du Pays & leur état, en indiquant si les propriétaires conserveront les bois & les matériaux.

Art. IV.

L'estimation du coupement des maisons sujettes à l'alignement, ne fera point mention des façades qui seront ruineuses, par ruptures des cintres aux ouvertures ou hors d'aplomb de la moitié de leur épaisseur, pour lesquelles il n'est dû aucun dédommagement aux propriétaires, & l'état des façades sera particuliérement détaillé ; l'estimation comprendra en détail le toisé & la valeur aux prix du pays, & dans leur état actuel, du sol, des fondemens, caves, planchers, toits, murs mitoyens & de refend, cloisons, escaliers, cheminées, enduits, moulures, carrelage, & généralement tout ce qui se trouvera compris dans le coupement : ces prix étant fixés sur cette valeur totale, il sera fait la déduction des prix partiels des matieres qui seront remises en œuvre, telles que pierres de tailles, bois, fer, carreaux, tuiles & autres, ayant égard à la détérioration qu'elles pourront éprouver, & aux frais de remaniment.

Les Experts & les Géometres employés pour faire lesdits rapports se conformeront au présent article, & aux trois précédens, à peine de nullité de leur rapport, lequel sera refait à leurs frais & dépens.

Art. V.

Les Communautés, chacune dans leur terroir, payeront aux Propriétaires les objets occupés ou détruits, pour

l'emplacement des travaux publics, & pour les redresse-
mens & élargissement des rues servant de passage.

TITRE II.

Des Contestations sur les estimations, & des recours de leur jugement.

ARTICLE PREMIER.

Toute contestation, sur une estimation relative aux travaux publics, sera portée pardevant l'Administration, pour que le rapport soit par elle examiné, avant qu'il en soit déclaré recours contre la Communauté.

ART. II.

S'il y a lieu au recours, il sera jugé par l'un des Procureurs du Pays, accompagné par l'Ingénieur du Département, & présent, pour être entendu un Expert d'une Communauté voisine ; l'Ingénieur en Chef étant seul en tournée pourra également vuider le recours, étant présent l'Ingénieur du Département, & un Expert d'une Communauté voisine.

Fait & arrêté dans l'Assemblée des Etats généraux du Pays & Comté de Provence le 28 Janvier 1788.

Signé, † J. R. DE BOISGELIN, Archevêque d'Aix, Président des Etats de Provence.

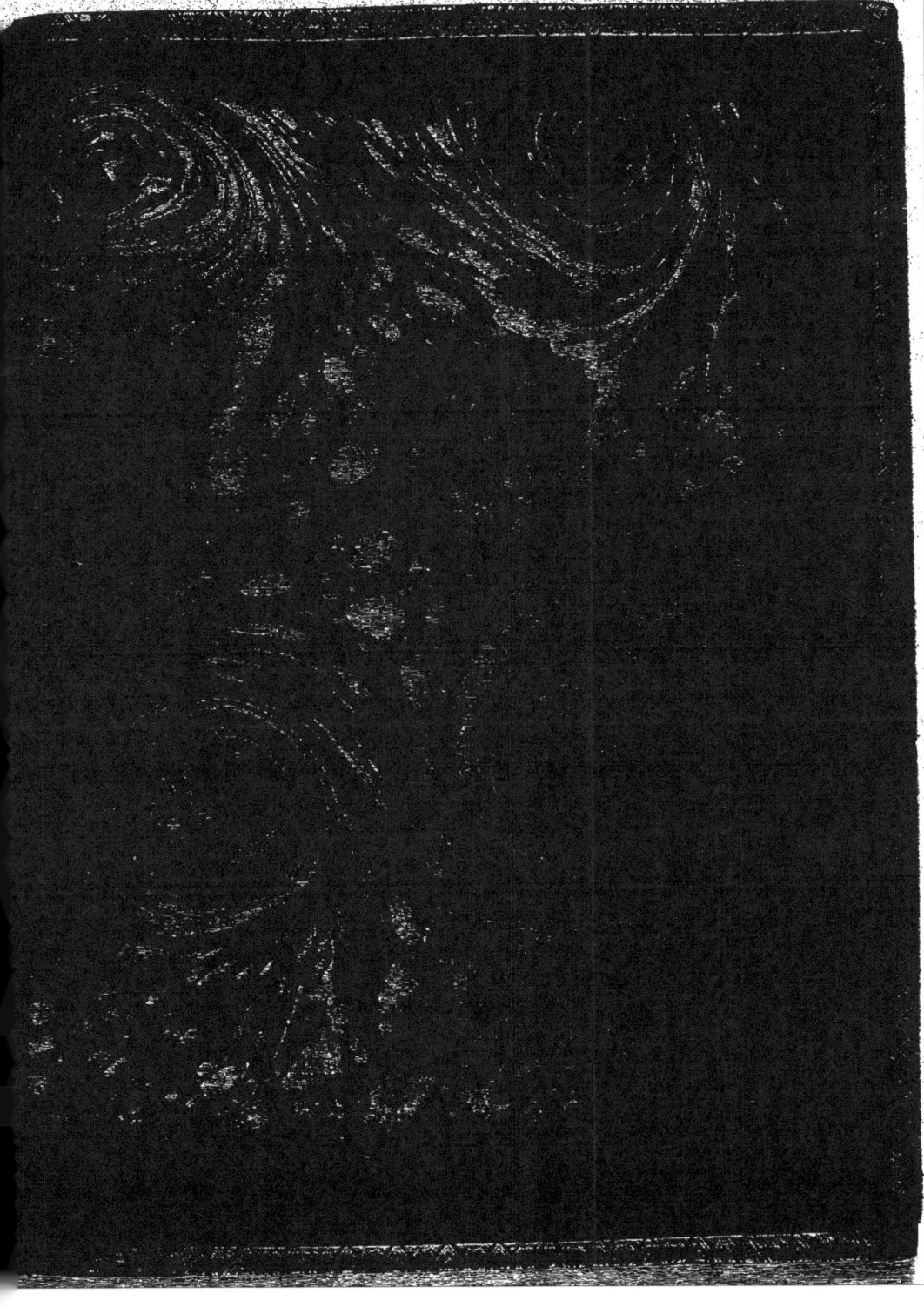

www.ingramcontent.com/pod-product-compliance
Lightning Source LLC
Chambersburg PA
CBHW060547230426
43670CB00011B/1716